Glanzlichter der Wissenschaft

Ein Almanach

herausgegeben
vom Deutschen Hochschulverband

Bibliografische Information der Deutschen Nationalbibliothek
Die Deutsche Nationalbibliothek verzeichnet diese Publikation in der Deutschen Nationalbibliografie; detaillierte bibliografische Daten sind im Internet über http://dnb.d-nb.de abrufbar.

ISBN 978-3-8282-0452-2
Redaktion: Felix Grigat, M.A. (verantwortl.)
Dr. Michael Hartmer
Friederike Invernizzi, M.A.
Ina Lohaus
Vera Müller, M.A.
Druck: Saarländische Druckerei und Verlag GmbH, 66793 Saarwellingen

Inhaltsverzeichnis

Ernst Benda und Christine Landfried

Politik als Beruf

Das Scheitern des jüngsten Versuchs, die Bezüge der Abgeordneten des Deutschen Bundestags zu erhöhen, sollte Anlass für eine grundlegende Neuordnung sein. Die umfangreiche Regelung der Diäten braucht eine Diät. An Vorarbeiten mangelt es nicht.

Billige Abgeordnete sollte sich eine repräsentative Demokratie nicht leisten. Denn Abgeordnete sind Vertreter des ganzen Volkes. Sie repräsentieren nicht allein die Partei, die sie nominiert hat, oder die Wähler, die ihnen ihre Stimme gegeben haben. Als gewählte Mitglieder des Bundestags haben sie die einzigartige Aufgabe, in einem kontinuierlichen Austausch mit den Bürgern die gesellschaftlichen Probleme zu erkennen und Lösungen zu finden, die für alle Bürger mit ihren unterschiedlichen Interessen, Wertvorstellungen und Bedürfnissen verbindlich und zugleich anerkennungswürdig sind. Dieser Verantwortung können die Abgeordneten nur gerecht werden, wenn die Bürger ihnen vertrauen und Wertschätzung entgegenbringen.

Das Ansehen der Volksvertreter kommt auch in der Höhe und der Art ihres Einkommens zum Ausdruck. Wie steht es um die Wertschätzung, wenn wir das Diätensystem des Deutschen Bundestags betrachten? Ein erster Befund ergibt sich aus dem Abgeordnetengesetz. 33 von 55 Paragraphen dieses Gesetzes befassen sich mit den finanziellen Leistungen für die Mitglieder des Bundestages. Hier kann etwas nicht stimmen. Das gegenwärtige Diätensystem setzt sich aus so vielen Bestandteilen zusammen, dass es unübersichtlich ist.

Die Unübersichtlichkeit befördert geradezu, dass die Bürger misstrauisch werden. Immer wieder ist die Rede von der „Selbstbedienung" der Abgeordneten. Wer sonst kann schon über sein Einkommen selbst bestimmen? Ja, das wünschten sich die Bürger auch: ein ordentliches Einkommen, das man sich regelmäßig selbst erhöht, dazu eine steuerfreie Kostenpauschale zur Finanzierung eines Büros und das Recht auf freie Benutzung aller Verkehrsmittel der Deutschen Bahn AG. So weit das Missverständnis der Bürger.

Die Abgeordneten wiederum fürchten jede Diskussion über eine Diätenerhöhung. Sie kennen das schon: Die Bürger sind einfach nur neidisch. Sie gönnen den Abgeordneten weder ein vernünftiges Einkommen noch eine gute Ausstattung. Sie haben kein Verständnis für die vielfältigen Aufgaben, die mit einem Mandat im Deutschen Bundestag verbunden sind. Kaum ist eine Diätenerhöhung auf der Tagesordnung, beginnt die unsachliche Kritik der Öffentlichkeit. So weit das Missverständnis der Abgeordneten.

Seit Jahren schaukeln sich die Missverständnisse zwischen Bürgern und Abgeordneten in Fragen der Diäten in einer Art selbstverstärkendem Prozess hoch. Letzter Höhepunkt dieser Entwicklung war die Entscheidung der großen Koalition, eine Anfang Mai geplante Diätenerhöhung schon zwei Wochen später wieder zurückzunehmen. Zwar sind die Vorsitzenden der Fraktionen von CDU/CSU und SPD weiterhin der Meinung, dass eine Erhöhung der Diäten sachlich geboten sei. Nur erscheint das Vorhaben derzeit als nicht durchsetzbar.

Diese verfahrene Situation macht deutlich, dass es an der Zeit ist, über eine grundlegende Neuordnung der Diäten der Mitglieder des Bundestages nachzudenken. Drei Prinzipien müssen im Mittelpunkt einer solchen Neuordnung stehen: Öffentlichkeit, Klarheit und Angemessenheit.

Die öffentliche Diskussion über die Frage angemessener Diäten ist notwendig und kein zu vermeidendes Übel. Nur ein Austausch der Argumente in der Öffentlichkeit kann langfristig dazu beitragen, die skizzierten Missverständnisse zwischen Bürgern und Abgeordneten aufzuklären. Alle Methoden, mit denen die angemessene Höhe der Diäten ermittelt werden kann, sind also zunächst unter dem Gesichtspunkt zu betrachten, ob und inwieweit sie eine öffentliche Debatte fördern.

Naheliegend ist der Vergleich des Abgeordnetenmandates mit anderen Berufen. Dann können die Einkommen in vergleichbaren Berufen ein Anhaltspunkt unter anderen für die Höhe der Diäten werden. Und so steht es auch im Abgeordnetengesetz in der aktuellen Fassung vom 22. Dezember 2007: „Ein Mitglied des Bundestages erhält eine monatliche Abgeordnetenentschädigung, die sich an den Monatsbezügen eines Richters bei einem obersten Gerichtshof des Bundes..., eines kommunalen Wahlbeamten auf Zeit ... orientiert."

Diese Orientierung darf nicht so verstanden werden, als knüpfe die Höhe der Diäten automatisch an die Höhe der Einkommen in einer bestimmten Besoldungsgruppe an. Ein solcher Automatismus ist verfassungswidrig, weil das Grundgesetz in Artikel 48 Absatz 3 festschreibt, dass die Diäten in einem eigenen Gesetz festgelegt werden. Auch für eine Erhöhung der Diäten müssen die gewählten Volksvertreter jeweils ein eigenständiges und als solches erkennbares Gesetz verabschieden. Mit „Selbstbedienung" hat dies nichts zu tun.

Die Höhe der Diäten ist eine Frage des Haushalts, und es ist das Parlament, das über den Etat des Bundes entscheidet. Aus diesem Grund können die Abgeordneten die Regelung der Diäten auch nicht an eine Gruppe von Fachleuten delegieren. Der Sinn des demokratischen Verfahrens besteht darin, dass die parlamentarische Gesetzgebung öffentlich ist und dass sich daraus Debatten auch außerhalb des Parlamentes ergeben können.

Es ist daher verfassungsrechtlich nicht zulässig, wenn die große Koalition das Abgeordnetengesetz so interpretiert, als knüpften die Diäten automatisch an die Höhe und die Steigerung von Beamten- und Richtergehältern an. Eine solche Vorstellung fand sich aber im Gesetzentwurf zur Anpassung der Beamten- und Richterbesoldung vom 6. Mai 2008. Dabei ging aus dem Titel „Entwurf eines Gesetzes über die Anpassung von Dienst- und Versorgungsbezügen im Bund 2008/2009" nicht hervor, dass in diesem Gesetzentwurf auch die Diäten behandelt werden. In

Punkt 5 erschien plötzlich die „Anpassung der Abgeordnetenentschädigung und -versorgung an die neue Höhe der Orientierungsgröße". Die Erhöhung der Diäten sollte in einem Gesetz zur Beamten- und Richterbesoldung quasi versteckt werden. Eine Camouflage, über die man sich nur wundern kann.

Auch wenn die große Koalition wegen öffentlicher Kritik die automatische Anpassung der Diäten an die Beamten- und Richtergehälter zurücknahm und am 29. Mai im Bundestag ein geänderter Gesetzentwurf verabschiedet wurde, heißt dies noch lange nicht, dass in Zukunft dieses Verfahren nicht wieder eine Rolle spielen wird. Für eine Neuordnung der Diäten kann aus dieser Fehlentwicklung gelernt werden. Das Einkommen vergleichbarer Berufsgruppen mag in die Überlegungen zur angemessenen Höhe der Diäten einbezogen werden. Doch als Maßstab sind die Einkommen anderer Berufsgruppen wegen des besonderen Charakters des Mandates eines Abgeordneten nicht geeignet. Die Erfahrung zeigt, dass aus einer Orientierung der Diäten an den Einkommen in vergleichbaren Berufen schnell eine automatische Anpassung werden kann. Eine Neuordnung böte die Chance, die Orientierung der Diäten an den Bezügen von Richtern und Beamten aus dem Abgeordnetengesetz zu streichen.

Mitglieder des Bundestages erhalten im Monat eine steuerpflichtige Abgeordnetenentschädigung von gegenwärtig 7 339 Euro. Hinzu kommt eine steuerfreie Kostenpauschale von 3 782 Euro, die unter anderem der Einrichtung und Unterhaltung eines Wahlkreisbüros dient. Die pauschalierte steuerfreie Aufwandsentschädigung ist ein Privileg der Abgeordneten. Während die Bürger berufsbedingte Aufwendungen nur im Rahmen der Einkommensteuer als Werbungskosten geltend machen können und sie dafür fleißig Belege sammeln müssen, wird den Abgeordneten ein nicht geringer Betrag pauschal und steuerfrei überwiesen. Das lästige Sammeln von Quittungen wird den Abgeordneten erspart.

Über Diäten und Kostenpauschale hinaus erhalten Abgeordnete Geld für die Beschäftigung von Mitarbeitern bei der Erledigung der Parlamentsarbeit, Zuschüsse zu den Kosten in Krankheits-, Pflege- und Geburtsfällen sowie ein Übergangsgeld beim Ausscheiden aus dem Bundestag. Wer mindestens ein Jahr lang Mitglied des Bundestages war, besitzt einen Anspruch auf die sogenannte Altersentschädigung. Für jedes Jahr seiner Mitgliedschaft im Parlament bekommt ein Abgeordneter 2,5 Prozent der Diäten und erhält dann beispielsweise nach acht Jahren im Bundestag 20 Prozent der Diäten als „Altersentschädigung", wie es so schön heißt.

Betrachtet man also die Gesamtstruktur des Einkommens der Abgeordneten, dann erweist sich rasch, dass ein System ohne Haupt-, aber mit umso mehr Nebenwegen für die Bürger nicht zu durchschauen ist. Eine Neuordnung der Diäten ist geboten, weil die Bürger über die wichtige Frage des Einkommens ihrer Vertreter im Bundestag Klarheit möchten und auch ein Recht auf Klarheit haben. Die umfangreichen Paragraphen der Diäten brauchen eine Diät.

Zwei unabhängige Sachverständigenkommissionen, die 2001 von den Landtagen in Schleswig-Holstein und in Nordrhein-Westfalen eingesetzt wurden, haben auf diesem Gebiet Neuland betreten. Sie haben Empfehlungen für ein Abgeordneteneinkommen entwickelt, die auch für den Bundestag Modellcharakter haben könnten.

Die Neuordnung basiert auf zwei Leitlinien. Erstens: „Die Entschädigung der Abgeordneten während und nach der Mandatsausübung sollte möglichst transparent sein. Daraus folgt, dass die Höhe der Abgeordnetenentschädigung vollständig aus dem Gesetz ersichtlich sein muss." Zweitens: „Die Entschädigung sollte sich am Prinzip der Gleichbehandlung der Abgeordneten mit den Steuerbürgerinnen und -bürgern orientieren. Daraus folgt, dass die steuerpflichtige Entschädigung so bemessen sein muss, dass alle mit dem Mandat verbundenen Aufwendungen sowie die Kosten für die soziale Sicherung in der Entschädigung enthalten sein sollten" (Empfehlungen der Sachverständigenkommission des Landtages von Schleswig-Holstein vom 19. November 2001).

Mit der Neuordnung gäbe es einen klaren Hauptweg im System der Diäten: das steuerpflichtige Gesamteinkommen der Mitglieder des Bundestages. Mit dem Privileg einer hohen steuerfreien Kostenpauschale wäre es vorbei. Die Abgeordneten würden ihre mandatsbedingten Aufwendungen steuerlich beim Finanzamt geltend machen und auf diese Weise wie alle Steuerbürger behandelt werden.

Dabei entsteht die knifflige Frage, zu welcher Berufsgruppe die Abgeordneten gehören und welche Aufwendungen sie von ihrem Einkommen als Werbungskosten abziehen können. Der Landtag von Nordrhein-Westfalen kam in Absprache mit dem Finanzministerium zu dem Ergebnis, dass die Diäten weder als Einkünfte aus nichtselbständiger noch als Einkünfte aus selbständiger Tätigkeit einzustufen sind. Die mandatsbedingten Aufwendungen der Abgeordneten werden daher bis zu der Höhe steuerlich berücksichtigt, bis zu der Arbeitnehmer Werbungskosten oder Selbständige Betriebsausgaben geltend machen können.

Die Neuordnung wäre langfristig für die öffentlichen Haushalte kostengünstiger als das bisherige System. Einer deutlichen Erhöhung der Diäten stünden sowohl der Wegfall der Kostenpauschale wie der Aufwendungen für die Altersvorsorge und für die soziale Sicherung der Abgeordneten gegenüber. Nehmen wir das Beispiel des Landtags von Nordrhein-Westfalen. Hier wurden die Empfehlungen der Sachverständigenkommission mit einigen Änderungen verwirklicht. Die monatliche Entschädigung der Landtagsabgeordneten wurde von 4 722 Euro im Jahr 2002 auf 9 500 Euro im Jahr 2005 erhöht und beträgt gegenwärtig 9 633 Euro. Als Altersvorsorge zahlen die Abgeordneten monatlich 15,8 Prozent der Diäten oder 1 520 Euro an ein Versorgungswerk. Diese Beiträge werden mit einer Rendite von mindestens 3,25 Prozent am Kapitalmarkt angelegt. Insgesamt wird die Neuordnung für die Steuerzahler auf lange Sicht kostengünstiger sein, weil die Altersvorsorge nach dem alten System viel teurer ist als die eigenständige Altersvorsorge der Abgeordneten. Nach Berechnungen der Verwaltung des Landtages wird es am Ende des Umstellungsprozesses um das Jahr 2040 auf das neue System zu Einsparungen für den Landeshaushalt in einer Höhe von mindestens fünf Millionen Euro im Jahr kommen.

Bei einer Übertragung des Modells auf den Bundestag wäre nun zu überlegen, welches steuerpflichtige Gesamteinkommen für die Mitglieder des Bundestages als angemessen gelten könnte.

Die Diäten müssen nach Artikel 48 Absatz 3 des Grundgesetzes der Bedeutung des Abgeordnetenmandates gerecht werden und darüber hinaus die Unabhängigkeit der Mitglieder des Bundestages gewährleisten. Im Laufe der Geschichte der parlamentarischen Demokratie hat sich der Status des Abgeordneten gewandelt. Erhielten Abgeordnete ursprünglich eine Aufwandsentschädigung für ein Ehrenamt, so ist die Bezahlung für die Berufstätigkeit im Parlament zu einem Einkommen geworden.

„Politik als Beruf" – so brachte der Soziologe Max Weber diese Entwicklung schon 1919 auf den Punkt. Der Abgeordnete behält freilich mit seinem Mandat eine Sonderstellung im Vergleich zu anderen Berufen. Die Wähler haben ihm eine verantwortungsvolle Aufgabe anvertraut. Der Abgeordnete ist weder Beamter noch Richter. Er ist Vertreter des ganzen Volkes. Aus diesem Grund kann für eine angemessene Höhe der Diäten die Anknüpfung an die Einkommen vergleichbarer Berufe nur ein Indikator unter anderen sein.

Die Umstellung der Diäten der Bundestagsabgeordneten auf ein steuerpflichtiges Gesamteinkommen würde wie bei den Abgeordneten des Landtags von Nordrhein-Westfalen zu einer deutlichen Erhöhung des Einkommens führen. Eine Erhöhung der Diäten von 7 339 auf etwa 11 000 Euro schiene angemessen. Wenn man einen Betrag von 1 500 Euro für die Altersvorsorge und einen Betrag von 500 Euro für die Krankheitsvorsorge hinzufügte, dann erhielte man ein Gesamteinkommen für die Mitglieder des Bundestages in Höhe von etwa 13 000 Euro. Die Abgeordneten hätten dieses Einkommen zu versteuern und könnten die mandatsbedingten Aufwendungen auf Nachweis von der Steuer absetzen. Für die Altersvorsorge und die Krankheitsvorsorge müssten sie selbst aufkommen.

Da andere Leistungen entfielen, bliebe den Abgeordneten während der Zeit ihres Mandats der finanzielle Status quo etwa erhalten. Freilich würde mit dem neuen System keine vergleichbar hohe Altersvorsorge getroffen wie mit der bisherigen, großzügigen staatlichen Altersvorsorge. Für den Bundeshaushalt wiederum ergäben sich aus der eigenständigen Altersvorsorge der Abgeordneten nach einer Übergangszeit erhebliche Einsparungen.

Die Neuordnung der Diäten würde sich also langfristig für den öffentlichen Haushalt rechnen. Die Bürger hätten Klarheit über das Einkommen ihrer Vertreter im Parlament. Sie müssten nicht mehr misstrauisch überlegen, welche Privilegien und Pauschalen zu den Diäten wohl noch hinzukommen. Und es könnte öffentlich darüber diskutiert werden, ob das hier vorgeschlagene hohe Einkommen für Bundestagsabgeordnete angemessen ist oder nicht.

In der Tat: Die avisierte Neuordnung der Diäten erforderte selbstbewusste Mitglieder des Bundestages, die sich zutrauten, mit einer langfristigen Perspektive zu handeln und eine intensive öffentliche Debatte über die wichtige Frage der Diäten zu führen. Genau solche Abgeordnete brauchen wir.

Thomas Buchheim

Unser Verlangen nach Freiheit

Seit Kant rätseln wir unter dem Thema ‚Freiheit' fast ausschließlich über die *Möglichkeit*, ob sie uns zukommen kann – zukommen, obwohl wir zugleich Wesen sind, die der Natur entstammen und mitten im materiellen Kontext natürlicher Dinge ihr Leben zu verbringen haben. Die *Möglichkeit* von etwas ist aber etwas anderes als die Sache selbst. Die *Möglichkeit* der Freiheit liegt an den Verhältnissen der Natur; ihre Wirklichkeit jedoch bei uns. Wir debattieren also mehr über die *Natur* und die Verhältnisse in ihr als über die Freiheit, die, falls wir sie besäßen, nicht eine Sache unserer Natur, sondern unseres eigenen Tuns wäre. Der Verdacht liegt nahe, dass wir uns an der Möglichkeit der Freiheit gerade deswegen so sehr abarbeiten, um den Forderungen ihrer Wirklichkeit, die an unser eigenes Tun ergingen, auszuweichen; uns von der riskanten Lage abzulenken, in der wir uns befänden als welche, die wirklich frei genannt werden dürften. Wäre es nicht ein Trost für so manches, was wir tun und uns gegenseitig zugefügt haben, wenn wir gar nicht die *Möglichkeit* gehabt hätten, es anders zu machen? Und könnten wir nicht in gewisser Weise beruhigter fortexistieren, wenn wir wüssten, dass anders zu sein, als der natürliche Lauf aller Dinge uns zu sein treibt, für alle Zeiten ausgeschlossen ist?

Ein Verlangen nach Freiheit kann paradoxerweise auf zwei Arten gestillt werden: Zum einen durch die Bejahung gänzlicher Unfreiheit; zum andern durch das Erreichen gänzlicher Freiheit. Während das erste uns jedenfalls leicht möglich ist, scheint das Zweite nachgerade unmöglich zu sein. Denn *gänzlich* frei kann nur Gott sein. Das bedeutet nun – noch paradoxer – dass nur *eine* Möglichkeit übrig bleibt, unser Verlangen nach Freiheit wirklich zum Schweigen zu bringen: durch die definitive Erkenntnis unserer Unfreiheit. Auf dem anderen Weg, dem der Behauptung von Freiheit, wird das Verlangen niemals gestillt werden, sondern im Freisein bleibt das Verlangen nach Freiheit zugleich anwesend: erfüllt und doch ungestillt. Unser Verlangen und das, wonach es verlangt, hängen im Falle der Freiheit aufs Innigste miteinander zusammen. Mit der Freiheit verhält es sich ähnlich wie mit der Liebe: Liebesverlangen denken wir so, dass es durch

Erfüllung niemals wie der Durst gestillt, sondern als Verlangen ein Bestandteil seiner Erfüllung ist. Ähnlich, glaube ich, ist auch das Verlangen nach Freiheit so zu begreifen, dass es Bestandteil und Motor der Freiheit selbst ist; und dass wir keinem endlichen Wesen, das nicht nach Freiheit verlangt, die Freiheit als Eigenschaft zusprechen würden. Das Verlangen nach Freiheit ist gleichsam der Stoff, aus dem die Freiheit sich selber macht. Freiheit besteht immer in einem selbstgewagten Schritt zur Befreiung, die jedoch für uns nie eine endgültige ist.

Ich möchte mit Ihnen drei Sachverhalte in Bezug auf die Freiheit genauer in Augenschein nehmen, um daran sowohl das Wesen der Freiheit wie auch die philosophische Tradition des Nachdenkens über sie etwas eingehender zu illustrieren.

Der erste Sachverhalt ist der schon genannte: Zur Freiheit gehört unmittelbar ein Verlangen nach ihr. D.h. die Freiheit ist kein statischer, ein für allemal eingenommener, sondern ein eminent dynamischer Zustand. Freiheit besteht in einem Schritt hinaus zur Freiheit.

Der zweite Sachverhalt hängt ebenfalls, wenn auch nicht so offensichtlich, mit dem Verlangen nach ihr zusammen, nämlich: Freiheit kann nur einer *Person* zukommen, nicht einem Ding und auch nicht einem Tier. Warum ist das eigentlich so?

Der dritte Sachverhalt besteht darin, dass Freiheit niemals ohne Risiko stattfindet. Die Freiheit *nehme ich mir*, so sagt man mit vollem Recht. Und in diesem Nehmen liegt eine Ausdrücklichkeit, die etwas *beansprucht*, was nicht mir allein gehört. Wofür ich eben deswegen auch Rechenschaft schuldig bin und zur Rechenschaft gezogen werde.

1. Die Freiheit besteht im Schritt hinaus zur Freiheit

Die philosophische Tradition unterscheidet zwischen *Handlungsfreiheit* und *Willensfreiheit*. Die Handlungsfreiheit wird von Leibniz unübertrefflich kurz definiert als „tun können, was man will“. Diese Art von Freiheit wird von den meisten Leuten, auch streng deterministischen Naturwissenschaftlern, zugegeben. Denn sie besteht in einem Verhältnis zwischen manifesten Vermögen des Menschen (dass er will, Absichten hat und diverse Möglichkeiten und Machtmittel, dieselben zu verfolgen, wird nicht in Zweifel gezogen) und dem, was ihm durch äußere Umstände erlaubt oder verboten ist. Die Handlungsfreiheit ist auch diejenige Freiheit, die empfindlich eingeschränkt wird, wenn jemand ins Gefängnis kommt; und die durch politische Organisation solche Grenzen auferlegt bekommt, dass sie mit der Freiheit anderer Menschen zusammen bestehen kann.

Die Willensfreiheit dagegen ist umstritten. Gegen sie vor allem richten sich die Einwürfe der neurowissenschaftlichen Debatte, die heute so laut bis in die Zeitungen hinein geführt wird. Aber die Angriffe gegen die Willensfreiheit sind keineswegs neu. Schon John Locke hat ein entscheidendes Argument gegen sie vorgebracht. Locke sagte nämlich, dass die Freiheit als ein *Vermögen* des Menschen definiert wird, sein Verhalten entsprechend seinem Denken und Wollen zu steuern. Nun sind aber das Denken und Wollen selbst Vermögen des Menschen. Wie kann, so lautet Lockes Frage, ein Vermögen des Menschen – nämlich der Wille – wiederum ein Vermögen – nämlich die Freiheit – besitzen? Vielmehr wollen wir, was immer wir wollen, nicht frei, sondern aus irgendwelchen Gründen und Ursachen gerade so, wie wir es wollen. Und dies fertige Wollen erst (das wir sozusagen hinnehmen müssen) vergleichen wir mit unseren Neigungen, Handlungsmöglichkeiten und den übrigen Umständen, so dass wir das Gewollte dann eben tun oder lassen können. Das aber ist, wie gesagt, nur Handlungs-, nicht Willensfreiheit. Es ist klar, dass ein solches Bild der Freiheit, wie Locke es zeichnet, gut mit allen neuro- und naturwissenschaftlichen Entdeckungen in Einklang steht. Denn die Ursachen, aus denen wir zu unserem Wollen kommen, sind nach These der Gehirnforscher eben neuronale Prozesse. Diese „machen" es, dass wir uns z.B. überlegen, ob und wie wir unser Wollen und Wünschen in die Tat umsetzen können oder nicht. Und je nachdem, wie diese Prozesse das machen, münden sie in bestimmte Nervenimpulse und Muskelkontraktionen, welche uns so oder so handeln lassen.

Jedoch hat *Leibniz* das Argument von Locke gegen die Willensfreiheit, wie ich meine, schlüssig zurückgewiesen. Leibniz sagt, dass es zwar richtig sei, dass ein Vermögen nicht ein weiteres Vermögen habe, so dass wir nicht frei *handeln* wollen, indem wir frei *wollen* wollen und frei *wollen*, wollen zu wollen usf. Jedoch, so sagt Leibniz, ist es sehr wohl denkbar, dass wir – also jeweils ein Mensch, der diese Vermögen hat – durch das eine Vermögen, das wir haben, ein anderes Vermögen, das wir ebenfalls haben, verändern, bearbeiten, bilden usw. Das Vermögen der Willensfreiheit ist deshalb nicht als die (freie) *Auslösung* eines Wollens durch ein weiteres Wollen zu begreifen, sondern als Vermögen der (freien) Bildung und Veränderung unseres Willensvermögens durch unser Nachdenken, die Erinnerung und die Erfahrungen, die wir machen.

Die Willensfreiheit definiert Leibniz deshalb ebenso kurz und treffend wie vorher die Handlungsfreiheit als „wollen können, was man *soll*". D.h. wir sind, wenn wir uns eines gewissen Sollens bewusst sind, in der Lage – wir *können* dem betreffenden Sollen entsprechend wollen, auch wenn wir uns ihm de facto verweigern und anders wollen oder tun, als wir sollen. Das aber können die oben erwähnten Neuroprozesse beim besten Willen nicht leisten. Sie haben keinerlei innere Ausrichtung auf ein Sollen, eine Normativität, einen selbst erhobenen Anspruch, dem wir uns beim freien Wollen und Handeln ausgesetzt sehen. Denn das natürliche Sein ist, wie man sagt, dem Sollen gegenüber völlig neutral. Erst mit der Willensfreiheit (nicht schon der Handlungsfreiheit) ist menschliches Denken aus der Natur gleichsam herauskatapultiert.

Entscheidend für die Willensfreiheit in diesem Sinn ist also ***erstens*** die Behauptung, dass unser Wollen, wenn es frei ist, einem internen *Verhältnis zu einem Anspruch*, dem wir uns ausgesetzt sehen, entspringt; ***zweitens*** die Auffassung, dass wir, wenn wir einem gewissen Anspruch zuwider wollen, dies doch *nicht müssen*, und wenn wir ihm entsprechend tatsächlich wollen, wir auch dies *nicht mit Notwendigkeit* tun.

Über dieses Zweite möchte ich hier nicht sprechen. Ich habe dazu schon zu viel gesagt und geschrieben. Es lässt sich gewiss niemals naturwissenschaftlich beweisen, dass das, was faktisch, ob im Neuro-Bereich oder irgendwo anders geschieht, mit Notwendigkeit geschieht. Wie sich allerdings auch nicht umgekehrt *beweisen* lässt, dass es nicht mit Notwendigkeit geschieht, sondern eben nur faktisch, d.h. kontingent. Strenge und empirisch untermauerte Naturwissenschaft hat keinerlei Handhabe, um zwischen Modalitäten (ob es notwendig ist oder nicht) eines vorkommenden Geschehens zu unterscheiden. Doch möchte ich diese Frage hier und heute auf sich beruhen lassen.

Viel wichtiger ist jedoch die Aussage, dass der freie Wille immer ein Wille ***im Verhältnis*** zu einem bewussten Anspruch an einen selbst ist. Dadurch ist die Freiheit auf sogar doppelte Weise *dynamisch*: Erstens dadurch, dass wir in der Freiheit immer uns gleichsam vorgehaltenen und vorauseilenden Ansprüchen oder Vorsätzen zu genügen oder nicht zu genügen haben. Es ist ein Ringen, eine Anstrengung nötig, um zu genügen; eine Anstrengung, die wir freilich auch verweigern können. Zweitens aber ist die Freiheit auch niemals ohne einen Handlungs*versuch*, sei er ein positiver, d.h. ein Versuch, dem Anspruch auch im Handeln gerecht zu werden; oder sei er ein negativer, d.h. ein Versuch, sich ihm zu entziehen, das ‚Gesollte' bewusst zu unterlassen. Jede freie Handlung versucht also entweder oder weigert sich, einem gewissen Anspruch Genüge zu tun. Liegt kein Versuch (oder eine Weigerung) gegenüber einem mir angesonnenen Anspruch vor, so handelt es sich nicht um freies Tun.

Die beschriebene Dynamik der Freiheit ist auch der Grund, weswegen ich glaube, dass man Handlungsfreiheit und Willensfreiheit zwar unterscheiden, aber nicht voneinander trennen kann. Denn die willentliche Anerkennung eines Sollens oder Anspruchs, dem ich mich ausgesetzt sehe, schließt eben ein, dass ich zu ***handeln versuche*** oder, wie man sagt, mein Möglichstes tue. Es hat keinen Zweck, mit Karl Valentin zu sagen: „Wollen hätt' ich schon mögen, aber dürfen hab' ich mich nicht getraut!" So als wäre, nachdem ich den rechten Willen hatte, das Vermögen zur Ausführung irrelevant für die Freiheit. Kant war der Philosoph, der dieses Prinzip am meisten und umgekehrt wie viele andere Philosophen vertreten hat. Denn Kant meinte, dass es für die Freiheit allein auf die Gesinnung meines Willens, die ich mir angesichts des Sollens bestimme, ankommt, aber gar nicht auf die Berücksichtigung des Vermögens, das ich habe, das Gewollte in der Sinnenwelt auch zu verwirklichen. Kant hat so die Freiheit des Willens von der Handlungsfreiheit unabhängig zu machen versucht. Die anderen Philosophen, wie z.B. der schon erwähnte John Locke, versuchten dagegen das Umgekehrte: Die Freiheit des Handelns von der Willensfreiheit zu trennen und für sich genommen als Freiheit des Menschen behauptbar zu machen. Beides geht jedoch nicht an. Die Freiheit muß, wenn es sie überhaupt gibt, sowohl in Willens- wie Handlungsfreiheit bestehen. Denn der Wille, den ich mir angesichts gewisser Ansprüche an mich bilde, kann ihnen nur gerecht werden, wenn er sich auch unter meinen sinnlichen Bedingungen und Beschränkungen zu handeln „traut", um noch einmal mit Valentin zu sprechen.

Das Verlangen nach Freiheit in der Freiheit selbst tritt also, so zeigt es sich, in Erscheinung als ein Verlangen, das ich an mich selbst stelle oder mir selbst vorhalte. Ob ich ihm nun in meinem Wollen und Handeln entspreche oder nicht. Denn ein ‚Sollen', wenn es mir überhaupt als solches bewusst wird, ist die Selbstvorhaltung eines Tuns, das sich als *angeraten* oder *richtig* präsentiert – ohne es unbedingt zu sein. Die Freiheit ist sozusagen stets sich selbst voraus als ein Verlangen an mich, vor dem sie sich erst noch zu bewähren hat. Dies ist das jeweils mir bei der Bildung meines Willens vorschwebende ‚Sollen', der Anspruch, dem ich mich ausgesetzt sehe, der keineswegs immer, wie bei Kant, ein moralischer sein muß, sondern der auch ein bloß menschlich-kommunikativer, ökonomischer, künstlerischer oder wissenschaftlicher sein kann. Ich denke, dass das die Dynamik der Freiheit ausmacht, dass ich als *frei* wollender und handelnder Mensch jeweils einem noch weitergehenden Anspruch an mich gerecht zu werden versuche oder aber mich ihm zu entziehen versuche.

2. Freiheit kommt nur Personen zu. Personen sind per se über sich hinaus

Die Person gibt es nur in der Mehrzahl. Das gilt für die Kategorie der Person sowohl im grammatischen Sinn (1. Person, 2. Person, 3. Person), als auch im existentiellen Sinn des Worts. Denn Person ist definiert durch das Verhältnis zu einem Gegenüber, für das sie und das für sie eine Person ist. Eine Person, die sich selbst als solche versteht, verlangt immer, nicht nur von innen und für sich, sondern auch von außen als solche erkannt zu sein. Selbst wenn einer Person die Anerkennung durch andere verweigert wird, so ist es doch gerade das, was sie für sich selbst zur Person macht, dass sie es (eine Person) nicht nur insgeheim und gleichsam unsichtbarer Weise ist. Darin liegt ja auch die Brutalität der Verweigerung von Anerkennung. Das Selbstverständnis der Person kann also so charakterisiert werden, dass sie jederzeit *sich selbst unter Beobachtung von außen als eine Person* sieht. Was sie auch tut, denkt oder empfindet, wird, wenn sie sich als Person versteht, ihr *durch sich selbst* auch von außen betrachtet als Äußerung ihrer Person zugeschrieben. Hingegen da, wo wir uns selbst nicht als Personen verstehen, da zergehen wir gleichsam in unser Befinden und Verhalten, wir breiten uns einfach aus in unserem Da- und Sosein. Wie Goethe sagt: „Hier bin ich Mensch, hier darf ich's sein" – nämlich als bloßes Naturwesen, nicht als Person.

Die Freiheit, sage ich, und das aus ihr her bestimmte Wollen und Handeln, ist dagegen nie ein solches impersonales Sich-Gehen-Lassen. Sondern in der Freiheit wollen und handeln wir als Personen. D.h. wir wollen und handeln so, dass diese Tätigkeiten als Äußerungen meiner Person von außen kenntlich, damit beurteilbar sind und mir als solche zugeschrieben werden können. Kann ein Verbrecher etwa nicht wollen, dass sein Handeln, z.B. ein Mord, nicht als solcher kenntlich, sondern verborgen und ihm folglich nicht als sein Handeln zugeschrieben werde? Doch, er kann dies sehr wohl wollen, und viele Verbrecher wollen am liebsten dies, dass ihnen ihr Handeln nicht als Handeln ihrer Person zugeschrieben werde. Aber gerade, indem ein Verbrecher dies *will*, war er sich bewusst, als Person zu handeln und etwas zu tun, was diesen für Beobachter kenntlichen Charakter besitzt. Während da, wo jemand in Umnachtung oder fahrlässig handelt, eben keine *Freiheit* des Handelns und Wollens unterstellt wird. Die Freiheit hat etwas mit dem sehenden Auge zu tun. Und zwar einem Auge, das zugleich meines und das eines anderen ist. Handlungen, die wir mit diesem sehenden Auge begehen, sind frei und können uns – auch gegen unseren Willen – zugerechnet werden. Doch hat nur eine Person *solch* ein sehendes Auge, das zugleich mit den Augen anderer sieht, was sie tut.

Es ist deshalb nicht leicht, eine Person zu sein. Und auch nicht besonders *leicht*, frei zu sein. Freiheit ist nicht die pure Ausbreitsamkeit oder Schrankenlosigkeit eines Wesens. Sondern Freiheit ist diszipliniert nach meinem mich selbst sehenden Auge der Andern. Darum muten wir kleinen Kindern die Freiheit nicht zu. Und muten sie auch geistig kranken oder behinderten Menschen nicht zu.

Es ist trotzdem keineswegs so, dass deswegen Kinder und geisteskranke Menschen, denen wir Freiheit nicht zumuten, keine Personen sind und keinen Anspruch auf diese Würde hätten. Denn so, wie eine Person sich auch dann unter Beobachtung als Person sieht, wenn ihr die Anerkennung durch andere faktisch verweigert wird, so ist es umgekehrt Teil unseres Selbstverständnisses als Personen, ein Gegenüber unter gewissen Bedingungen als Person anzusehen, gleichgültig, wie es sich aktuell damit verhält. Die Person, jede Person hat an sich selbst nur einen Bruchteil *ihres eigenen Daseins* als Person. Andere Bruchteile *davon* (vom eigenen Dasein als Person) haben *andere* Personen. Und so können eben die Personen, die sich selbst als solche verstehen, auch gewisse Bruchteile des Personseins derjenigen innehaben, die sich augenscheinlich nicht als Personen verstehen, obwohl sie es sind. Das Dasein von Personen ist folglich nicht so zu individualisieren, wie das Dasein natürlicher Individuen. Während dieses (das Dasein natürlicher Individuen) jeweils zur Gänze im einzelnen Individuum ist und das Sein der anderen Individuen nicht von dem Sein des einen berührt wird noch es dieses berührt, ist das Dasein der einzelnen Person sowohl berührt vom Dasein anderer Personen als auch berührt es deren Dasein. Eine einzelne

Person hat also jederzeit nur ein Bruchstück ihres Seins als Person inne. Sie besitzt es nicht für sich allein. Deshalb muß das Personsein *anderer* jederzeit ihr eigenes Interesse als Person tangieren.

Die Freiheit wurde von jeher so gedacht, dass sie zwar nur der Einzelperson zukommen könne, aber doch zugleich ihr Stattfinden in jedem einzelnen ihr Stattfinden in jedem anderen berührt. Deswegen muß ja immer die Freiheit des einzelnen durch Gesetz und Recht mit der Freiheit aller anderen einstimmig gemacht werden. „Eine jede Handlung ist *recht*", so schreibt Kant in der *Metaphysik der Sitten* (AA VI, 230), „die oder nach deren Maxime die Freiheit der Willkür eines jeden mit jedermanns Freiheit nach einem allgemeinen Gesetze zusammen bestehen kann." Nach meiner These ist dieser Zusammenhang nicht eine nachträgliche Konzession, unter die die schon fertige Freiheit der einzelnen Individuen gestellt wird, sondern Teil des Sachverhalts der Freiheit von Anfang an. Wie also ein Individuum nicht *Person* ist ohne das Gegenüber anderer Personen; so ist auch der Impetus des einzelnen nicht *Freiheit*, ohne den Bezug auf solche Handlungen und Willensbestimmungen, die auch anderen als Ausdruck meiner Person kenntlich sind. *Freie* Handlungen sind stets solche, in denen sich eine Person anderen Personen in von ihr bestimmten Qualitäten zu erkennen gibt. Sie haften ihr an, und die Person haftet für sie.

Fragt man nun, was all dies mit dem *Verlangen* zu tun habe und mit der These, dass Freiheit in ihrem Sein zugleich ein Verlangen nach ihr enthalte, so scheint mir genau dies noch einmal durch den personalen Charakter der Freiheit unterstrichen zu werden. Denn wir haben alle, wie es scheint, ein tief sitzendes Verlangen danach, in dem, was wir für uns und in unserem Selbstverständnis sind, auch von außen und durch andere erkannt zu werden. Dies aber ist, wenn überhaupt, nur durch für andere kenntliche Handlungen möglich. Wenn wir so – aus Freiheit – handeln, dass das, was wir für uns selbst sind, kraft unserer Handlungen auch für die anderen sichtbar ist und gebilligt wird, dann ist dies eine, wenn nicht *die* Form des Glücks und der Glückseligkeit. So denken wir uns auch den Himmel und das Paradies, dass jeder für alle andern und sich selbst dasjenige ist und hat, was er in seinen und der anderen Augen auch verdient Es wäre dies zugleich der höchste Zustand der Freiheit, in dem ihr Verlangen endlich gestillt wäre.

3. Freiheit setzt ein Risiko

Seit Kant und bis in die aktuelle Debatte hinein hat man die Freiheit fast ausschließlich unter der Kategorie der *Kausalität* diskutiert, d.h. als eine Ursache oder Quelle des Wollens und Handelns, statt auch als eine gewisse *Qualität* dessen, *was* man will oder tut.

Die alleinige Fokussierung auf Kausalität in Sachen Freiheit scheint jedoch aus mehreren Gründen unzureichend zu sein, um ihr Wesen angemessen zu fassen. Denn wenn nur auf den Quell- oder Anfangspunkt der Freiheit geachtet wird, dann fragt sich erstens, warum nicht gegebenenfalls *alle* unsere Handlungen und Tätigkeiten ständig aus dieser Quelle fließen sollten, wenn wir doch überhaupt über eine solch besondere Quelle verfügen. Oder aber man müsste zweitens eben die *Art des Hervorquellens* von Tätigkeiten aus ihrer jeweiligen Ursache dafür verantwortlich machen, dass die einen Handlungen des Menschen Handlungen aus Freiheit, andere Handlungen und Tätigkeiten aber solche aus natürlichen Ursachen sind. Kant erklärte bis zum Überdruß, dass die Art des Hervorquellens von Handlungen aus ihrer Ursache, dann, wenn sie frei sind, so sein müsse, dass ihre Quelle nicht wiederum durch irgendetwas anderes dazu gebracht werde zu fließen, sondern dass sie ohne vorangehenden Vorgang in der Zeit einfach aus sich heraus anfange. Damit – wenn es sich so verhält – ist klar, dass die Freiheit als Ursache von Handlungen (oder Willensmeinungen) niemals eine Gegebenheit in der Zeit sein kann, sondern, wie Kant sich ausdrückt, in einer zeitfreien, nur intelligiblen Welt anfangend gedacht werden muß.

Ich für meinen Teil glaube aber nicht, dass wir nicht mit Haut und Haar zeitlich existierende Wesen sind. Deshalb glaube ich auch nicht, dass eine freie Handlung oder Tätigkeit (wie z.B. ein bestimmtes Wollen) im Prinzip anders anfängt als in den zeitlich geordneten Zusammenhängen, in denen wir auf Erden existieren. Und daher schließlich stammt meine Meinung, dass die freien Akte nicht allein oder in erster Linie durch die Art ihrer Verursachung ausgezeichnet sind, sondern vielmehr durch die Qualitäten des Verursachten, also die *Beschaffenheit* der Akte und Aktionen, die man ‚frei' oder ‚mit Freiheit unternommen' nennt.

Um zu erfassen, was Freiheit ist, muß man auf die *ganzen* Handlungen und ihren Entfaltungsweg und -spielraum achten, nicht nur auf ihren Anfang. Die Freiheit einer künstlerischen Aktion z.B., also das, was man ihre *Kreativität* nennt, liegt doch auch nicht nur darin, wie und wo sie beginnt, sondern in der ganzen Durchführung. So die Freiheit eines Gedankens; die Freiheit einer wissenschaftlichen Betrachtung; die Freiheit der Zuwendung zu einem Menschen; überhaupt die Freiheit des Umgangs mit anderen; die Freiheit des Sprechens und des Lügens; die Freiheit eines Verbrechens usf. Gerade am Verbrechen kann man förmlich studieren, wie die Freiheit einer solchen Handlung sich vertieft in der ganzen konkreten Durchführung der Tat. Wer zurückschreckt vor der Konsequenz, dessen Freiheit ist brüchig.

Ich insistiere deshalb so lange auf diesem Punkt: dass die Gesamtgestalt einer Handlung beurteilt werden muß, um ihre Freiheitlichkeit zu erfassen - weil allein so der rätselhafte Unterschied zwischen einer nur *vorgestellten* Handlung und einem nur *vorgestellten* Wollen und einem wirklichen Wollen bzw. wirklichen Handeln wenigstens ansatzweise zu begreifen ist. Die Freiheit aber bezieht sich nur auf das wirkliche Wollen und Handeln, nicht auf das nur vorgestellte. Wenn auch auf das vorgestellte, dann wären wir z.B. auch im Träumen frei – was m.E. niemand behauptet. Wir sind dann aber auch nicht frei in unseren Phantasien, einer Gewaltphantasie oder Rachephantasie oder Liebesphantasie. Warum eigentlich nicht? So lautet meine Frage. Warum sind wir nicht frei, wenn wir uns vorstellen, einen mathematischen Beweis zu führen, oder uns vorstellen, ein Publikum durch unsere Rede zu begeistern, oder wenn wir uns ausmalen, wie wir jemanden erwürgen, der uns gekränkt hat? Wir tun es nicht, sondern wir stellen es uns vor oder wünschen es uns. Aber wir *wollen* es nicht einmal. Es fehlt das *Moment des Definitiven*, das nicht mehr rückgängig zu machen ist, es sei denn durch langwierige Gegenanläufe und Wiedergutmachungen. Es fehlt mit anderen Worten das *Risiko* beim Träumen und Wünschen und sich Vorstellen; das Risiko, einen Weg eingeschlagen zu haben, der mein Leben unwiderruflich von der Stelle wegbewegt hat, an der es vorher stand. Und die Freiheit gibt es erst, wo dieses Risiko eingegangen wird.

Womit hängt es nun zusammen, dass manche unserer Regungen und Tätigkeiten uns von der Stelle bringen, andere aber nicht? Was ist der Unterschied, zwischen dem wirklichen Führen eines mathematischen Beweises und der bloßen Vorstellung, ihn zu führen? M.E. ist es die *Vorweisbarkeit* in den Augen der Anderen, welche diesen Unterschied macht. Immer dann, wenn andere Menschen das, was ich tue oder getan habe, als einen Sachverhalt der *gleichen* Art beurteilen würden, der er auch mir zu sein scheint, immer dann handelt es sich um einen wirklichen Schritt in meinem Leben. Und nur dann *kann* (nicht muß) ein solcher Schritt das Prädikat der Freiheit erhalten. Die Philosophie des deutschen Idealismus hat für diese Art, etwas definitiv zu tun, das Wort ‚setzen' gebraucht. Freie Akte oder Akte aus Freiheit sind *gesetzt* von mir als Person. Träume oder Wünsche oder bloße Vorstellungen sind nicht gesetzt. Zur Freiheit gehört die Setzung des Aktes. Eine Setzung aber, die vorweisbar auch in den Augen der Anderen nach denselben Ansprüchen beurteilt wird, unter denen ich sie unternommen habe, eine solche Setzung ist immer ein Risiko. Denn es könnte sein, dass die Anderen bei Anlegung derselben Ansprüche sagen, dass meine Handlung oder mein Wollen *verfehlt* ist oder den Ansprüchen nicht gerecht wird. Eine bloße Vorstellung ist nicht verfehlt oder richtig, dazu ist sie gar nicht *bestimmt* genug. Sie hat keinen Anspruch zu erfüllen. Deswegen besteht kein Risiko darin, sie sich zu erträumen oder darin zu schwelgen. Und darum sind wir im bloßen Vorstellen nicht frei. Wir verlangen immer nach *mehr* als dem bloßen Vorstellen. Niemand ist glücklich durch seine Vorstellung allein. Denn sie ist noch nichts *wirklich* Gutes, von dem wir einen realen Nutzen haben. Platon sagt ein äußerst tiefsinniges Wort über das Gute: dies sei die einzige Idee, von der niemandem der bloße Anschein genüge. Anders verhielten sich demgegenüber das Schöne und das Gerechte, wo es, wie Platon sagt, uns genügt, es nur zum Schein zu haben.

Die Freiheit ist auf das Gute aus. Sie verlangt – und zwar in sich als bloße Freiheit – nach dem Guten. Gutes aber gewinnen wir nur durch definitive Schritte in unserer Existenz, Schritte, die auch ein Anderer als Fortschritt beurteilen würde. Unternehmen wir aber, aus diesem Verlangen heraus, definitive Schritte, so besteht immer das Risiko, dass das, was ich will und tue, von anderen eher als Rückschritt und Einbuße beurteilt wird, als etwas, das *sie* nicht ebenfalls gut finden, sondern vielmehr schlecht. Darum ist, was wir frei und aus Verlangen nach Freiheit tun, doch nicht immer das, was wir tun sollten. Es bleibt ein Risiko.

Insgesamt ergibt sich als Charakterisierung der Freiheit, die zugleich Willens-Handlungsfreiheit einschließt und verbindet:
Was ohne Notwendigkeit von einer Person mit Blick auf die Handlung betreffende Ansprüche willentlich gesetzt wird, ist frei.

Wolfgang Frühwald

Die Autorität des Zweifels

Verantwortung, Messzahlen und Qualitätsurteile in der Wissenschaft

Vorbemerkung

Wenn ich zurückschaue auf die 45 Jahre, die ich als Assistent, Dozent und Professor an deutschen Universitäten gearbeitet habe, dann gab es in diesem halben Jahrhundert nur eine wirkliche Reformperiode. Sie begann in den sechziger Jahren des vorigen Jahrhunderts und ist ebenso schnell wieder entschwunden, wie sie erschienen ist. Definiert ist sie dadurch, dass in diesen Jahren die Zahl der Personalstellen an den Universitäten schneller wuchs als die Zahl der Studierenden und sich die Relation von Lehrenden zu Lernenden verbesserte. Bald schon kehrten die Überfüllungsphänomene, die meine Studenten- und die Assistentenzeit zwischen 1954 und etwa 1960 bestimmt hatten, wieder. Sie wurden jetzt schmerzhafter als zuvor empfunden, weil die sechziger Jahre gezeigt hatten, wie es besser hätte sein können. Die Universitäten entwickelten sich nun – vor allem durch die Expansion der experimentellen Fächer – aus einer Schule zu einem Betrieb, in dessen Struktur (notwendig) betriebswirtschaftliches Denken eindrang, Begriff und Realität von Wettbewerb, Management, Effizienz und Bilanz. Dieses Denken ist zunächst in den Forschungsalltag eingezogen und greift nun langsam auch vom Lehrbetrieb Besitz. Ich bin weit davon entfernt, diese Entwicklung zu tadeln, aber ich bin nach wie vor davon überzeugt, dass die Universität ein Betrieb *eigener* Art ist, der *nicht* nach den Prinzipien von Kauf und Verkauf, von Kunden und mehr oder weniger freundlichen Verkäufern zu ordnen ist.

Dabei haben die vielen kleinen Reformschritte der letzten 50 Jahre einen Umfang angenommen, der es notwendig macht, die Universität grundlegend neu zu denken, wenn wir nicht den

Inkrementalismus (also das bloße Durchwursteln) als Prinzip institutionalisieren wollen. Ich behaupte, dass die neu zu denkende Universität dem Prinzip der Verantwortung folgen wird und folgen muss, der Verantwortung für sehr gute Forschung und für sehr guten Unterricht, also in erster Linie der Verantwortung für die Studierenden, für deren Einführung *in die* und deren Beteiligung *an der* Wissenschaft. Diese Einführung müsste so beschaffen sein, dass Denken und Erkennen zu einer lebensleitenden Erfahrung werden. Ich versuche dieses Prinzip durch einen historischen Vergleich (mit der letzten großen Reform der deutschen Universität, im Jahr 1810) zu verdeutlichen. Daran nämlich ist zu erkennen, was zur Substanz und was nur zu den Akzidenzien der Universität gehört, was aufgegeben werden kann, was als Substanz erhalten bleiben muss.

1. Zum Begriff der Universität

Über die Gründung der Universität Berlin 1810 und die mit ihr verbundene grundlegende Universitätsreform durch Wilhelm von Humboldt, Friedrich Schleiermacher und Johann Gottlieb Fichte ist viel geschrieben und geredet worden. Mehr allerdings über die theoretischen Grundlagen der Reform als über ihren Alltag. Dabei wird stets auf das preußische Wunder verwiesen, bei dem eine kleine Gruppe bedeutender Denker, ganz unabhängig vom Alltag Preußens, in einer Zeit politischer und sozialer Depression eine Reform gedacht und ins Werk gesetzt hat, die dann zweihundert Jahre Bestand hatte und noch die Basis der amerikanischen Research-Universities im 21. Jahrhundert bildet. Am Anfang der Berliner Gründung 1810 stand die Schließung der preußischen Friedrichs-Universität in Halle durch Napoleon und die Vertreibung der Studenten aus dieser Stadt im Oktober 1806. Bei den Hallenser Studenten Wilhelm und Joseph von Eichendorff kam die Nachricht von „Halles traurigem Schicksal“ am 30. Oktober dieses Jahres im schlesischen Lubowitz an. Die Studenten – so notierten sie in ihrem Tagebuch – hatten auf Napoleons Befehl innerhalb von 24 Stunden die Stadt zu verlassen, „begleitet von dem Jammergeschrei der hallischen Philister, die bei ihrem Ausmarsche mehr weinten als beim Einmarsche der Franzosen“. Die Studenten nämlich und die Universität waren die Basis für den bescheidenen Wohlstand der Hallenser Bürger. Hermann Wellenreuther hat auf eine Schätzung aus dem Jahr 1824 für die (damals) von rund 10.500 Bürgern bewohnte Universitätsstadt Göttingen verwiesen. Demnach „verbrauchte jeder Student jährlich etwa 400 Taler, von denen ein beträchtlicher Teil in bürgerliche Taschen und Gewerbe floss“. Unmittelbarer Anlass der Berliner Gründung wurde dann das berühmte, vom preußischen König Friedrich Wilhelm III. 1807 gegenüber Abgesandten der Universität Halle gesprochene Wort, „der Staat müsse [nun] durch geistige Kräfte ersetzen, was er an physischen verloren habe“.

Im gleichen Jahr (1807) noch verfasste Fichte seinen „Deduzierten Plan einer zu Berlin zu errichtenden Höhern Lehranstalt“. Dieser Plan war der kühne und zugleich der radikale Entwurf einer Scheideanstalt von Wahrem und Falschem, in welcher das, was in der Wirklichkeit zu geschehen habe, aus dem reinen Begriff dessen abgeleitet wurde, „was eine Universität, und was das Wissen überhaupt sein können“. Die „höhere Gelehrtenschule“, der Fichte eine niedere (das Gymnasium) voransetzte, sollte „die Kunst der Kritik, des Sichtens des Wahren vom Falschen, des Nützlichen vom Unnützen, und das Unterordnen des minder Wichtigen unter das Wichtige, zum ausschließlichen Eigentum“ erhalten, sie sollte eine „Kunstschule des Verstandesgebrauches, als Beurteilungsvermögens" sein. Daran sollten wir nicht deuteln und rütteln, denn Urteilsvermögen ist tatsächlich das Ziel jedes akademischen Unterrichts. Fichte war freilich auch davon überzeugt, dass „seine" Universität eine „Erneuerung aller menschlichen Verhältnisse möglich" machen und „der armen, jetzt in ihrer ganzen Hilflosigkeit dastehenden Menschheit Hilfe und Rat bringen" werde. Dies wiederum hat die Universität und ihre Fähigkeiten überfordert, da es in Fichtes Modell eine Differenz zwischen Theorie und Praxis nicht gab. So wurde dieser wahrhaft idealistische Philosoph, der (nach Wilhelm Weischedel) ein „zugleich meditativer und gewalttätiger Mensch" war, zeitlebens in die größten Schwierigkeiten verwickelt. Seiner „Anweisung zum seligen Leben", in der die „eine absolute und in sich selber vollendete" Wissenschaft die höchste Weise vermittelt, die Welt anzuschauen, indem sie allen Glauben aufhebt und ihn auf fast mystische, an Meister Eckhart erinnernde Weise „in Schauen [verwandelt]", wollten sich auch die wohlmeinenden Kollegen nicht fügen. Karl Wilhelm Ferdinand Solger schrieb am 22. März 1812 an Friedrich von Raumer über den Streit der Universität mit ihrem Rektor Fichte: „Wenn einer beständig dadurch imponieren will, dass er sagt: ‚Nicht ich als Individuum sage und will das, sondern es ist die Idee, die durch mich spricht und wirkt', so ist das eine schöne Redensart [...], aber wenn er nun überall, im Kleinsten wie im Größten, von dem Axiome ausgeht, nur dieses eine Organ, den Herrn Fichte, habe sich die Idee gewählt, so dünkt mich, die Individualität, die doch sonst grade das Böse ist, das vernichtet werden soll, wird so ziemlich wieder in ihre Rechte, oder vielmehr erst recht in ihre Alleinherrschaft eingesetzt."

Auf Fichtes, vom Pathos reiner Begrifflichkeit getragene, Denkschrift folgten (1808), als zweiter Entwurf von Bedeutung, Friedrich Schleiermachers „Gelegentliche Gedanken über Universitäten im deutschen Sinn. Nebst einem Anhang über eine neu zu errichtende". Diese „behutsamen Gedanken", die das Grundsätzliche ebenso vermieden, wie es Fichtes Denkschrift betonte, und somit nach Wilhelm Weischedel die „Anmut des Gelegentlichen" tragen, haben ihren Mittelpunkt im Begriff der akademischen Freiheit; insbesondere auch in den Freiheitsprivilegien, welche den Studenten in den alten Universitätsstädten gewährt waren. Während Fichte als Berliner Rektor – nach Solgers Hinweis – die Studenten „bei den geringsten Vergehungen" behandelte, als wären sie „Ausgeburten der Hölle", hat Schleiermacher die ihnen während des Studiums (zwischen den Zwängen der Schule und des Berufslebens) geschenkte Freiheit als Bedingung dafür genannt, ihre Neigungen und ihren Charakter, das besondere Talent und ihre Persönlichkeit so auszubilden, dass sie zur Selbständigkeit des Lebens fänden. Das ist für Schleiermacher Inbegriff der Bildung, die auf der Universität zu erwerben ist. „Darum eben [sagte er von den Studenten und der ihnen zu gewährenden Freiheit] sorgt man sie aus der Familie zu entfernen, damit nicht das Gemeinsame derselben die persönliche Eigentümlichkeit zu überwältigen scheine; darum hält man sie noch zurück von der Verbindung mit dem Staate. Damit sie dieser großen Gewalt nicht eher anheimfallen, bis sie ihr eigentümliches Dasein, so wie es einem Erkennenden geziemt, festgestellt haben." Die besonderen, pennalistisch rohen und lärmenden Sitten der Studenten, ihre Eigensprache, ihre Kleidung, ihr Korpsgeist, der sie von allem unterscheiden sollte, was der Philister-, also der nicht-studentischen Welt bedeutsam schien, waren für Schleiermacher nur Ausfluss dieser einmaligen und im Leben niemals wiederkehrenden Zwischenstellung.

Er war – ganz im Gegensatz zu Fichte, der das Duell mit aller Kraft bekämpfte – sogar geneigt, die zunehmende Unsitte des Duellierens und die Scheidung der studentischen Welt in satisfaktionsfähige und nicht satisfaktionsfähige Kommilitonen hinzunehmen, obwohl sich diese Unart mit dem um 1811/12 anschwellenden Antisemitismus aufs übelste verbunden hat. Noch Heinrich Heine, der das Studium in Göttingen wegen einer Duellforderung schon nach einem Vierteljahr (1821) abbrechen musste, um es zunächst in Berlin und erst 1824 wieder in Göttingen fortsetzen zu können, erzählt in der „Harzreise" (1826) von den gewöhnlichen Universitätsgesprächen unter Studenten, die im Gasthaus auf dem Brocken geführt wurden: „Duelle, Duelle und wieder Duelle." Es genügte, einen Kommilitonen als „dummen Jungen" zu bezeichnen und schon war die empfindliche Studentenehre so gekränkt, dass die Beleidigung nur mit Blut abzuwaschen war. Auch wenn die Ehrenhändel der Studenten die Universitäten über mehrere Jahrhunderte beherrschten und die Rektoren deutscher Universitäten bis ins 20. Jahrhundert hinein mit dem Götzen studentischer Ehre und Rohheit zu kämpfen hatten, wird niemand behaupten, sie gehörten zum Kern dessen, was zu bewahren sei.

Erst die dritte, fragmentarisch überlieferte Gründungsschrift der Modelluniversität Berlin war dann Wilhelm von Humboldts Denkschrift „Über die innere und äußere Organisation der höheren wissenschaftlichen Anstalten in Berlin", die vermutlich ebenfalls 1809 verfasst wurde. Wilhelm von Humboldt, schon für die Zeitgenossen ein Staatsmann von perikleischer Statur, wurde im Zuge der preußischen Reformpolitik 1809 mit der Leitung der „Sektion für Kultus und Unterricht" betraut und konnte daher das ins Werk setzen, was in den vorausgegangenen Denkschriften nur theoretisch ausgeführt war. Dass in dieses Werk (die Reform des gesamten preußischen Bildungswesens und darin eingeschlossen die Gründung der Universität Berlin) seine Erfahrungen als Göttinger Student eingeflossen sind, steht außer Zweifel. Aber die Universität Göttingen stand in den Jahren der preußischen Reformen (zum napoleonischen Königreich Westfalen gehörend) erst am Anfang eines durch den Mathematiker Gauß und seine Kollegen herbeigeführten Aufschwungs, so dass Humboldt als Beleg für die Notwendigkeit einer Neugründung in Berlin auch den (scheinbaren) Stillstand an der weltberühmten Georgia Augusta anführen konnte. Humboldts Berliner Gründungstext und sein Handeln folgten eher Schleiermachers als Fichtes Entwurf, doch stimmten alle drei darin überein, dass die Berliner Neugründung ihren Focus in der Freiheit der Wissenschaft von staatlichem Einfluss hatte. In der Denkschrift für den Innenminister (vom 9. Mai 1810) versäumte Wilhelm von Humboldt nicht, indirekt den König selbst zu zitieren, wenn er darauf hinwies, „dass der Preußische Staat kein anderes Mittel mehr [habe], und kein Staat ein edleres haben [könne], sich auszuzeichnen und hervorzutun, als liebevolle Beförderung der Wissenschaft und Kunst [...]."

Mit diesem Text entstand eine Denklinie, die für die moderne Universität auch dann noch leitend ist, wenn sie strukturell grundlegend von dem ihr vorausgehenden Modell abweicht. An die Stelle des emphatischen Wahrheits- und Weisheitsauftrages der Universität nämlich trat nun ein wahrhaft modernes Element: die Autorität des Zweifels. Alexander von Humboldt, Wilhelms jüngerer, naturwissenschaftlich geprägter Bruder, hat diese Autorität noch deutlicher benannt als dieser selbst. In Wilhelm von Humboldts Denkschrift lautet der Kernsatz, „dass bei der inneren Organisation der höheren wissenschaftlichen Anstalten alles darauf beruht, das Prinzip zu erhalten, die Wissenschaft als etwas noch nicht ganz Gefundenes und nie ganz Aufzufindendes zu betrachten und sie als solche zu suchen". Nur ein solcher Wissenschaftsbegriff schien Humboldt bildend sowie für „Charakter und Handeln" förderlich. Alexander von Humboldt, der ein Empiriker war, hat diesen Grundsatz einer undogmatisch-offenen und nie ganz zu findenden Wissenschaft ins Praktische übertragen und bei der Versammlung der Gesellschaft deutscher Naturforscher und Ärzte 1828 in Berlin die Autorität des Zweifels als Basisaxiom der Naturwissenschaft verkündet. Beide, Wilhelm und Alexander, halten die Entschleierung der Wahrheit, für die vornehmste Aufgabe der Wissenschaft, aber sie kann nicht geschehen ohne den steten Zweifel an den begrenzten Fähigkeiten des Menschen: „Entschleierung der Wahrheit [sagte Alexander von Humboldt bei der Eröffnung des Naturforscher-Kongresses in Berlin] ist ohne Divergenz der Meinungen nicht denkbar, weil die Wahrheit nicht in ihrem ganzen Umfange auf einmal und von allen zugleich erkannt wird. Jeder Schritt, der den Naturforscher seinem Ziel zu nähern scheint, führt ihn an den Eingang neuer Labyrinthe. Die Masse der Zweifel wird nicht gemindert, sie verbreitet sich nur wie ein beweglicher Nebelduft über andere und andere Gebiete. Wer golden die Zeit nennt, wo Verschiedenheit der Ansichten oder [...] der Zwist der Gelehrten geschlichtet sein wird, hat von den Bedürfnissen der Wissenschaft, von ihrem rastlosen Fortschreiten ebenso wenig einen klaren Begriff als derjenige, welcher in träger Selbstzufriedenheit sich rühmt, in der Geognosie, Chemie oder Physiologie seit mehreren Jahrzehnten dieselben Meinungen zu verteidigen." Zweifel ist die Antriebsenergie der Wissenschaft und Zwist – sachlicher, nicht persönlicher Zwist – ist die sichtbare Erscheinungsform des Zweifels.

2. *Parallelen*

Wenn man von der nationalsozialistischen Führeruniversität absieht, ist das hier skizzierte Modell das der heutigen Universität vorausgehende Leitmodell. Ein Blick auf dieses Modell schien mir deshalb nötig, weil wir uns anschicken, einerseits seine Grenzen zu verlassen und andererseits insofern daran anzuknüpfen, als wir durch die Exzellenzinitiative und die mit ihr in das Universitätssystem eingeführten Wettbewerbselemente auch Kerngedanken dieses Modells variieren. Die in Berlin leitenden Gründungsgedanken von Freiheit und Zweifel, von der Freiheit zum Zweifel und der Freiheit im Zweifel, woraus Charakter und Persönlichkeit junger Menschen gebildet werden, scheinen mir nicht zeitgebunden zu sein. Sie könnten nahtlos in eine neu zu denkende Universität übernommen werden. Wettbewerb war dabei schon die Grundlage der Berliner Neugründung 1810, Wettbewerb mit Bayern, Österreich, Sachsen, dem Königreich Westfalen, dem Herzogtum Weimar-Eisenach, worauf Wilhelm von Humboldt in seiner Denkschrift an den Innenminister hinzuweisen, nicht versäumte. Seine Gründung sollte von der Unzufriedenheit der Studierenden in den kleinen Universitätsstädten der Nachbarländer (in Göttingen, Kiel und Heidelberg) profitieren. Jena, meinte er, könne nicht aufkommen, „da der Herzog von Weimar alles Interesse daran verloren [habe]", und Österreich habe wie Sachsen gezeigt, „dass sie diesen Zeitpunkt für ihre Universitäten zu benutzen, weder Geschick noch Lust haben". Wettbewerb aber bedeutete damals wie heute zunächst Konkurrenz um angesehene Professoren und um Studierende, nachdem die durchschnittlichen Immatrikulationszahlen auf etwa 600 pro Universität abgesunken waren.

Es lassen sich kuriose Parallelen zwischen dem Beginn des 19. und dem des 21. Jahrhunderts insofern finden, als die Zahl der Schritte, die bei der Umsetzung von finanziell restringierten Reformen getan werden, offenkundig begrenzt sind und sich daher über die Jahrhunderte hinweg gleichen. Unsere Universitäten, denen angeblich die Freiheit gegeben ist, über Leistungszulagen auch bekannte und angesehene Forscherinnen und Forscher zu gewinnen, sind dabei an einen „Vergaberahmen" gebunden, der die höhere Bezahlung oder die bessere Ausstattung von Einzelnen durch Abstriche am Gehalt von Vielen zu kompensieren hat. Dieser „Vergaberahmen" ist eines der administrativen Hindernisse, die deutsche Universitäten im internationalen Wettbewerb, aber schon im Wettbewerb mit außeruniversitären Forschungsinstituten in Deutschland, behindern. Wer die Geschichte der deutschen Universitäten näher analysiert, könnte versucht sein, den preußischen Kultusminister Karl von Altenstein als Erfinder dieses „Vergaberahmens" zu bezeichnen. Franz Schnabel wies nämlich darauf hin, dass „Altenstein es liebte, die Anzahl der Dozenten zu mehren bei gleichzeitiger Einschränkung der Gehälter". Es ist kein Wunder, dass sich die Fakultäten unter diesen Bedingungen „gegen die Aufnahme neuer Kollegen [wandten], auch wenn das Ministerium sie anbot", und seit den dreißiger Jahren des 19. Jahrhunderts immer energischer vom Staat das Berufungsrecht forderten.

An internationalem Ansehen und an ausländischen Studenten allerdings fehlte es den Universitäten des 19. Jahrhunderts nicht. Russen, Amerikaner und Engländer kamen in Scharen nach Deutschland, ohne dass ihnen hier Unterricht in einer Lingua franca (etwa in Latein, Französisch oder Englisch) aufgezwungen wurde. Sie lernten Deutsch und bewunderten, wie durch die Weimarer Klassik und Alexander von Humboldt, der die klassische Literatursprache in die Naturbeschreibung einführte, die lange als militärisch und gar als barbarisch geltende deutsche Sprache zu einem wissenschaftlichen Idiom wurde, das die Wissenschaft (vor deren Mathematisierung) von den kommunikativen Zusammenhängen des Lebens nicht spezialistisch abgekoppelt hat. Der Ruhm der deutschen Universität des 19. Jahrhunderts gründete in dieser durch Alexander von Humboldt begonnenen und durch seine Schüler fortgesetzten sprachlichen Leistung. „Deutschland", so verdeutlichte Franz Schnabel, „wurde das Mekka der ausländischen Studenten. [...] Schon Benjamin Franklin hatte 1766 über einen Besuch in Göttingen berichtet und von dort Ideen herübergenommen für den Aufbau der amerikanischen Erziehung. [...] Als in der Folge die Universität Göttingen, die Hochburg des wissenschaftlichen Realismus, wo nunmehr Gauß und Wöhler lehrten, immer mehr zum unvergleichlichen Mittelpunkt der mathematisch-naturwissenschaftlichen Forschung wurde, begann ein neuer Zustrom englischer Studenten. Wie bei uns die englische politische Kultur vorbildlich wurde, so in England der deutsche wissenschaftliche Geist."

Ein uns naheliegendes Element, welches in Humboldts Modell dominierte, war jene Zusammenführung unterschiedlicher Spezialschulen und Institutionen, die wir heute „Clusterbildung" nennen, aber dabei vornehmlich an geographisch benachbarte Zusammenschlüsse von Wirtschaft und Wissenschaft denken. Die neue Berliner Universität hat, gruppiert um den Kern der Philosophischen Fakultät, die in Berlin bereits ansässigen Spezialschulen als Fakultäten versammelt und die Verbindung mit der Akademie der Wissenschaften, also der Forschung, hergestellt. Auch dies ist Clusterbildung. Ich fürchte, dass die Philosophischen Fakultäten ihre Bindungskräfte inzwischen verloren haben und ebenso zu Spezialschulen geworden sind wie die Nachbarfakultäten. Trotzdem braucht jede Universität auch heute ein Zentrum, welches das Wissen um die Universität bündelt, sichtet und weiterdenkt. Hochschulräte und Rektoratskollegien können ein solches Zentrum, in dem sich Kolleginnen und Kollegen unterschiedlichster Fach- und Denkrichtungen treffen sollten, nicht ersetzen. Die Idee der Forschungskollegs, die im Jahr 2007 von der Deutschen Forschungsgemeinschaft und vom Bundesministerium für Bildung und Forschung realisiert worden ist, wurzelt in solchen Überlegungen. Nicht zufällig hat ja die Universität Göttingen im Rahmen der Exzellenzinitiative ein Lichtenberg-Kolleg gegründet. Wenn wir also heute versuchen, mit Clusterbildung die Universitäten wieder zum organisierenden Zentrum des Wissens zu machen, so ist dies vom Modell der Berliner Neugründung nicht so weit entfernt. Der in letzter Zeit wieder heftiger werdende Streit um das Promotionsrecht, als letztes der Universität verbliebenes Privileg, könnte durch eine Zusammenarbeit innerhalb der „Cluster" dann gemildert werden, wenn in diese Zusammenarbeit nicht nur Max Planck-Institute, Helmholtzzentren und andere außeruniversitäre Forschungsinstitute einbezogen werden, sondern auch forschungsstarke Bereiche von Fachhochschulen. Wir sollten den Streit um das Promotionsrecht nicht geringschätzen. In den Max Planck-Research-Schools arbeiten heute rund 5.000 Doktoranden, deren schiere Menge schon die Frage aufwirft, warum der Max Planck-Gesellschaft verweigert werden sollte, was zahlreichen ausländischen Akademien der Wissenschaften gewährt ist: das Recht zur Promotion. Der Streit um die Reform des Promotionsrechtes hat erst begonnen. Es gehört nicht viel Phantasie dazu vorauszusagen, dass eine bloße Verweigerungshaltung den Universitäten nicht nützen wird.

Wenn wir schließlich versuchen werden, der Lehre und ihrer Qualität wieder den gebührenden Nachdruck zu verleihen, ist auch dies ein Kerngedanke der Humboldt'schen Reform zu Beginn des 19. Jahrhunderts. Als Georg Wilhelm Friedrich Hegel 1830 seine Abschiedsrede als Rektor der Berliner Universität hielt, gab er nicht Rechenschaft über die *Forschungs*leistung seiner Universität, sondern über die Zahl der immatrikulierten Studenten (1.787 waren es im Sommersemester 1830), über die Zahl der Besucher der Vorlesungen (die insgesamt 2.200 betrug), über die (insgesamt sinkende) Zahl der vom Senat behandelten Disziplinarfälle, also über die „Sitten der Studierenden" und schließlich über die (für ihn viel zu geringe) Anzahl von Stipendien und Freitischen sowie die Gründung eines allgemeinen Krankenvereins für die Pflege und Heilung bedürftiger Studenten.

3. Zur Praxis der Universität

Seit Theodor Mommsen in seiner Berliner Rektoratsrede 1875 davon gesprochen hat, dass sich „in der Großartigkeit der Begründung [...] keine Hochschule Deutschlands mit der unsrigen vergleichen kann", ist die Idee dieser Gründung so verklärt worden, dass Wilhelm Weischedel 1960 (zum 150. Gründungstag der Berliner Friedrich Wilhelms-Universität) meinte, selbst „die entfremdete Realität [bleibe] noch Erscheinung der Idee". Der Alltag dieser Gründung aber sah anders aus, nüchterner, mühsamer, zumal die Blütenträume der „neuen Schöpfung", wie Fichte sie nannte, rasch verflogen. Achim von Arnim zum Beispiel berichtet über die Bürgerproteste, die in Berlin entstanden sind, weil viele gut zahlende Dirnen aus ihren Quartieren in der Stadtmitte weichen mussten, um schlecht zahlenden Studenten Platz zu machen. Auch die kollegiale Atmosphäre in der Universität war nicht die beste. Humboldt hat wie Schleiermacher wegen des – wie es hieß – unter den Professoren herrschenden Kleingeistes der Intrige strikt daran festgehalten, dass allein dem Staat das Berufungsrecht der Professoren zustand. Er hat eine Reihe glänzender Gelehrter berufen, die aber nicht immer auch gute Lehrer waren. Fichte lag schon als Dekan und dann auch als Rektor mit der ganzen Universität im Streit, der Klassische Philologe August Immanuel Bekker, ein begnadeter Editor altgriechischer Texte, wusste – nach Schleiermachers berühmtem Wort – in sieben Sprachen zu schweigen; Ranke war ein missmutiger Redner; durch die (versuchte und gescheiterte) Berufung des Mathematikers Gauß (aus Göttingen) hätte die Universität zwar ein mathematisches Genie, aber einen Lehrer gewonnen, der die Studenten von seinen Vorlesungen abzuschrecken, nicht sie anzuziehen versuchte. Für die Berufung des Naturphilosophen Henrich Steffens wollten der Mediziner Johann Christian Reil und Friedrich Schleiermacher zwar für zwei Jahre auf je 1000 Taler ihres Gehalts verzichten, doch konnte Steffens erst 1831 berufen werden. Dafür war die Berufung Reils aus Halle gelungen, der sich als Berliner Professor vor allem durch ein Gutachten empfohlen hatte, in dem er geschrieben hatte, „vorzüglich [müssten] die Nützlichkeitsapostel von der Universität an die Industrieschulen verwiesen werden, weil sie [die Wissenschaft] nicht um ihrer selbst willen, [...] sondern deswegen schätzen, weil sie dazu taugt, Häuser zu bauen, den Acker zu bestellen und das Kommerz zu beleben". Schleiermacher und Hegel sollen gar – so erzählte man sich bei Hofe – mit Messern aufeinander losgegangen sein; der berühmte Homer-Forscher Friedrich August Wolf war mehr seiner Unverträglichkeit als seiner Textexegese wegen bekannt und gefürchtet, „Isegrimm" nannte ihn Goethes Freund Carl Friedrich Zelter. Dem Ideal des Hochschullehrers nahe kamen vermutlich nur zwei Gelehrte der ersten Generation in Berlin, der Begründer der Altertumswissenschaft August Böckh und der Jurist Friedrich Carl von Savigny. Böckh wurde fünfmal zum Rektor gewählt, was für ein großes Kommunikationstalent spricht. Zu seinen regelmäßigen Hörern gehörte noch der 60jährige Alexander von Humboldt, was wiederum auf wissenschaftliche Bedeutung und Darstellungsgabe weist. Denn Humboldt selbst war ein großer Erzähler. Als einen solchen hat ihn Goethe (zu Lebzeiten) in seinen Roman „Die Wahlverwandtschaften" (1809) mit vollem Namen aufgenommen. Savigny aber zeichnete sich nach allgemeiner Auffassung (seiner Schüler sowohl wie seiner Kollegen) „ebenso sehr durch philosophische Behandlung seiner Wissenschaft als durch echte und seltene Sprachgelehrsamkeit" aus. Er hat für die Jurisprudenz an der Universität ein Niveau vorgegeben, das nicht weniger verlangte, als dass der Jurist zu den Beförderern und den Initiatoren der Kulturnation gehören sollte.

Die Diskrepanz zwischen glänzender Gelehrsamkeit und kollegialem oder unkollegialem Verhalten, damit zwischen Idee und Realität, ist der Universität bis heute erhalten geblieben und wird ihr wohl erhalten bleiben, so lange sie besteht. Es gibt das Wort eines bekannten Wiener Chemikers, der sich wünschte, in einer Fakultätssitzung zu sterben, weil dort der Unterschied zwischen Leben und Tod am geringsten sei. Eine Versammlung glänzender Individualitäten (wie sie eine gute Fakultät nun einmal ist) hat die geschilderten Konflikte, vielleicht mit Ausnahme des Messerkampfes zwischen Schleiermacher und Hegel, notwendig zur Folge und keine der mir bekannten Fakultäten kann als ein herausragendes „Kunstwerk der Geselligkeit" gelten. Wo die Fakultäten als ein solches erscheinen wollen, herrscht sogar Langeweile und geistige Trockenheit. Das aber bedeutet: dass die Berufung des wissenschaftlich *eindeutig* besseren, aber schwerer erträglichen, statt des schwächeren, aber freundlicheren Kollegen ein Prüfstein für jede Fakultät ist.

4. *Qualitätssicherung*

Seit die Universitäten zu einem Massenbetrieb geworden sind und mit der Hochspezialisierung auch die Zahl der Forscherinnen und Forscher explodiert, seit um die Mitte des letzten Jahrhunderts *big science* entwickelt wurde, werden immer mehr reduktionistische Messinstrumente erfunden, die es erlauben, die internationalen Standards innerhalb der Disziplinen vergleichbar zu halten. Es gehört zur Verantwortung der Universität gegenüber ihren Studierenden, diese frühzeitig in den Gebrauch der Qualitätsinstrumente einzuweisen und sie in der weiten Welt der

Forschungs- und Leistungsmessung nicht allein zu lassen. Um einen *Eindruck* davon zu geben, um welche Quantitäten es sich innerhalb der immer noch anschwellenden Wissensflut handelt, gebe ich einige Zahlen, die Walther Umstätter 2001 mitgeteilt hat. Demnach kann die Dynamik eines Forschungsgebietes, nicht nur in den Natur- und Lebenswissenschaften, u.a. an der Zahl der Zeitschriften gemessen werden, die um und in diesem Forschungsgebiet entstehen. Die Expansion des Marktes wissenschaftlicher Periodica ist ungebrochen und die wichtigsten Zeitschriften erscheinen heute meist elektronisch und in Papierform zugleich.

Die folgenden Zahlen sind grobe Schätzungen, doch unterliegen sie dem Satz von Carl Friedrich Gauß, dass sich „der Mangel an mathematischer Bildung [...] durch nichts so auffallend zu erkennen [gebe], wie durch maßlose Schärfe im Zahlenrechnen." Wir haben es also nach Umstätter weltweit mit rund 100.000 Zeitschriften und ebenso vielen Spezialgebieten der Forschung zu tun, die von rund 10 Millionen Wissenschaftlern unterhalten und betreut werden, also auch rund 10 Millionen Aufsätze (*papers*) enthalten. Fasst man je 100 Zeitschriften (mehr oder weniger willkürlich) zu einem Themenschwerpunkt zusammen, so ergeben sich daraus 1.000 Fachgebiete. Man geht von einem jährlichen Zuwachs von 350.000 Wissenschaftlern in der Welt aus und von 120.000 Dissertationen. Die Zahl der Dissertationen (bzw. der Ph.D.-Abschlüsse) gilt dabei als ein Indikator für die wissenschaftliche Leistungsfähigkeit eines Landes. 25.000 Dissertationen werden zum Beispiel jährlich in Deutschland abgeschlossen, 400 in Argentinien, Chile macht große Anstrengungen, um die Zahl der Dissertationen auf 1.000 jährlich zu steigern, andere Länder machen ähnliche Anstrengungen und die Zahl der in Indien und der Volksrepublik China herangebildeten promovierten Wissenschaftler erreicht jährlich Divisionsstärke. Rein rechnerisch überwacht der durchschnittliche Wissenschaftler jeweils eines von 1.000 Themengebieten mit 100 zugehörigen Zeitschriften (oder 10.000 Aufsätzen) relativ genau; die Institutskollegen beobachten ein anderes, komplementäres Gebiet, so dass es für die meisten Themengebiete einige wenige Kernzeitschriften gibt, welche die Forschungslinie vorgeben. In diesen *mainstream* einzubrechen, ist ungemein schwierig und gelingt Neugründungen nur selten. Der *science citation index* (SCI), der den Einfluss (den durch Zitate belegbaren *impact*) der entsprechenden Zeitschriften misst, gilt für meist zitierte Journale wie *Nature* oder *Science* de facto nicht mehr. Diese bewegen sich inzwischen, weil sie von unzähligen Interessenten gesucht und bespielt werden, außerhalb der Konkurrenz und sind in der Gestaltung ihrer Preislisten (einschließlich der Abonnementspreise) autonom.

Dabei ist der SCI für Lebens- und Naturwissenschaften das wichtigste Messinstrument geworden, der entsprechende Citation Index für die Humanities (HCI) hat sich nicht durchgesetzt. In den Geisteswissenschaften, in denen noch immer die Monographie als der eigentlich erwartete Leistungsnachweis gilt, herrscht zwar fach- und disziplinenweise stillschweigendes Einverständnis über die besten Verlage und die besten Zeitschriften, doch werden Texte, die in abgelegenen Zeitschriften oder in nicht lektorierten Publikationen erscheinen, nicht schon allein deswegen diskriminiert. Der Unterschied zwischen den Fachgebieten ist vielleicht am besten mit dem Hinweis zu charakterisieren, den Luca Giuliani, der Rektor des Wissenschaftskollegs zu Berlin, auf einem Symposion über Qualitätsstandards in den Geisteswissenschaften im November 2007 gegeben hat. Nach einem Bericht der „Süddeutschen Zeitung" soll er gesagt haben, er könne, „wenn es etwa um das Wunderwerk des Parthenon ginge, nach etwa vier Monaten die gesamte einschlägige Literatur gelesen haben [...]. Wer dagegen das menschliche Immunsystem erforsche, müsse täglich mit Dutzenden [von] neuen Aufsätzen rechnen. Da braucht es Auswahlkriterien. Bibliometrische Verfahren helfen, annähernd den Überblick zu behalten". Die Deutsche Nationalbibliothek (mit Standorten in Leipzig, Frankfurt am Main und Berlin) wirbt in ihrer Image-Broschüre (2008) mit dem Hinweis, dass sie einen Zugang von 630.000 Medieneinheiten jährlich habe, das entspreche „jeweils für Leipzig und Frankfurt am Main rund 1.200 Titel pro Arbeitstag sowie über vier Regalkilometer Neuzugang pro Jahr".

Die für wissenschaftliche Periodica geltende Wachstumsrate von 3,5% jährlich soll seit 300 Jahren konstant geblieben sein; die Verdopplungsrate liegt bei 20 Jahren. Umstätter meint, wir könnten von einem jährlichen Zuwachs von 3.500 Titeln ausgehen. „Da [aber] bei weitem nicht alle Neuerscheinungen sich auf dem Markt behaupten können, ist eher von 7.000 jährlich neu erscheinenden Titeln [wohlgemerkt: ohne die große Zahl der jährlich erscheinenden Monographien] auszugehen, von denen aber nur die Hälfte überlebt. Daraus erklärt sich das oft beklagte scheinbare Zeitschriftensterben." Umstätter verweist auch darauf, dass die Frage der Qualitätssicherung in diesem expandierenden Markt nicht nur wegen der de facto-Freistellung der Spitzenorgane problematisch geworden ist, sondern auch deshalb, weil heute Impact-Faktoren ebenso wie *peer reviewing* unbefragt als Ausweis für Renommé und Qualität gelten. „Dass der *impact*-Faktor zwangsläufig eine Aufnahme im SCI erfordert [und daher *dessen* Auswahlprinzipien zu befragen sind], ist meist unbekannt."

Die schiere Menge der Zeitschriften sagt noch nichts über ihre Benützung aus. Robert K. Merton hat in dem berühmten Aufsatz über „The Matthew effect in science" (Science 159, 1968) festgestellt, „dass weniger als 1% der Aufsätze von Chemikern bzw. Psychologen auf ihrem Gebiet jemals gelesen werden". In der Library of Congress wurden 1987 „mehr als die Hälfte der damals 14 Millionen Buchtitel niemals ausgeliehen"; heute enthält diese Bibliothek mehr als 30 Millionen Titel und über 80 Millionen Aufsätze, Broschüren etc. auf einer Regallänge von 850 Kilometern. Der Prozentsatz der Benutzung ist wegen der rasch steigenden Quantitäten nochmals gefallen. Die Faustregel besagt, dass 80% des Bedarfs an Fachbüchern und Fachzeitschriften mit 20% des Bestands abgedeckt werden. Beim ISI in Philadelphia (*Institute for Scientific Information*) „waren in den siebziger Jahren von etwa 1 Million Aufsätze, die im SCI erfasst waren, sogar 950.000 nie bestellt worden", was freilich auch an den hohen Ausleihgebühren des ISI gelegen haben mochte. Insgesamt allerdings wird deutlich, dass sich die Schere von Produktion und Benutzung ständig weiter öffnet, so dass es angebracht ist, an den herkömmlichen Messinstrumenten für wissenschaftliche Qualität, oder besser an deren häufig unreflektiertem Gebrauch, Zweifel anzumelden. Die bloße Summe der eingeworbenen Drittmittel, die bloße Zitatmenge, der kumulierte Impact-Faktor aus dem SCI oder gar die Hirschzahl (und andere Kennziffern), welche die wissenschaftliche Leistung eines Forscherlebens in einer einzigen Zahl zu abstrahieren suchen, sagen nur wenig aus über die wissenschaftliche Leistung oder gar die Leistungsfähigkeit von Forscherinnen und Forschern. Die eigene Lektüre der vom Kollegen oder der Kollegin selbst benannten wichtigsten Texte ist durch keine noch so komplizierte Messzahl zu ersetzen.

Dabei ist deutlich, dass Kennzahlen und Impact-Faktoren auch deshalb schematisch gebraucht werden, weil wir meinen, damit die Bewertung schwer zu durchschauender Leistungen der Kollegen in hoch spezialisierten Forschungsgebieten auf die *peers* der bekanntesten Zeitschriften übertragen zu können. Somit ist das Regime der Forschungsmessung heute ein Regime der Delegation von Verantwortung und für Irrtum, Intrige, sogar für Betrug anfällig. Es kommt hinzu, dass viele experimentelle Fächer ihr Wissen nicht mehr über Sprache oder über mathematische

Formeln generieren, sondern über Bilder, deren Entstehungsweise und Aufnahmemethodik weithin im Dunkeln liegt. Ganz konsequent stützen sich die im letzten Jahrzehnt aufgedeckten Betrugsfälle in den Naturwissenschaften meist auf gefälschte oder mehrfach in unterschiedlichsten Zusammenhängen verwendete Abbildungen. Der Impact-Faktor, die Zahl der Fremdzitierungen, *kann* ein Einstieg in die Bewertung von Forschungsleistung sein, die gründliche eigene Lektüre wird durch solche Zahlen nicht ersetzt. Der Erlass von Studiengebühren auf der Basis eines durch Test erfragten Intelligenz-Quotienten, wie dies einige deutsche Universitäten heute praktizieren, ist für mich ebenso problematisch, wie die reine Qualitätsbeurteilung über Indices. Die Autorität des Zweifels gilt auch und gerade gegenüber scheinbar noch so glänzenden Test- und Messzahlen. Selber lesen macht schlau!

*

Wilhelm von Humboldt schrieb am 18. März 1799 aus Paris an Goethe: „Wer sich mit Philosophie und Kunst beschäftigt, gehört seinem Vaterlande eigentümlicher als ein anderer an, und dies habe ich auch noch hier an [meinem Bruder] Alexander und mir erfahren. Ich war vielleicht eben so gern, vielleicht noch lieber in Paris, als er, allein er war unendlich weniger fremd hier. Mitteilung und Erwiderung fand für ihn kaum ein Hindernis. Philosophie und Kunst sind mehr der eigenen Sprache bedürftig, welche die Empfindung und die Gesinnung sich selbst gebildet haben, und durch sie wieder gebildet worden sind." Das ist eine sehr kluge, durch die Jahrhunderte hin bestätigte Beobachtung, die nicht nur auf die Einheit oder die Vielfalt der Wissenschaftssprachen zu beziehen ist, sondern auch auf Unterschiede zwischen natur- und geisteswissenschaftlichem Erkenntnisinteresse. Im Focus der Naturwissenschaften steht dabei die internationale Vergleichbarkeit von Ergebnissen und damit eine sehr einheitlich gedachte Welt von Untersuchungsgegenständen und -methoden, in dem der Geisteswissenschaften aber steht gerade die kulturelle Differenz, stehen die zu erklärenden Unterschiede, die sich aus dem Standpunkt der Beobachter ergeben. Wenn es freilich, wie Niels Bohr postulierte, falsch ist „zu denken, es wäre Aufgabe der Physik herauszufinden, wie die Natur beschaffen ist", wenn es vielmehr „Aufgabe der Physik [ist] herauszufinden, was wir über die Natur sagen können", dann berühren sich an dieser Erkenntnisgrenze Geistes- und Naturwissenschaften aufs engste. Die Welt soll bekanntlich alles sein, was der Fall ist. So jedenfalls hat Ludwig Wittgenstein seinen berühmten „Tractatus logico philosophicus" begonnen. Die Quantentheoretiker (u.a. Anton Zeilinger) allerdings sagen: „Die Welt ist alles, was der Fall ist, und auch alles, was der Fall sein kann." Die Autorität des Zweifels ist demnach in allen Wissenschaften unersetzlich, nicht nur gegenüber dem, was ist, sondern auch gegenüber dem, was sein kann.

Peter Furth

„Die Revolte hat eine Wächtergeneration hinterlassen"

Timo Frasch, F.A.Z.: Herr Furth, Sie haben einst bei Adorno als studentische Hilfskraft gearbeitet, waren im Sozialistischen Deutschen Studentenbund aktiv und haben Rudi Dutschkes Promotion betreut. Heute kritisieren Sie die „Unterwerfungsbereitschaft" und den „Konformismus" auf der Linken. Was halten Ihre früheren Weggefährten davon?

Peter Furth: 68 hat eine Wächtergeneration hinterlassen; man darf als jemand, der einmal als dazugehörig betrachtet wurde, nicht glauben, dass heute irgendetwas unbemerkt geäußert oder auch nur gedacht werden könnte. Ich bekomme E-Mails, Anrufe, Vorwürfe über Dritte. Es heißt, ich sei ein Renegat und Verräter. Ich selbst war früher auch so: Meinen Schwiegervater, der als Jude und Sozialdemokrat in Buchenwald war, habe ich als deutsch-nationalen Bonzen gebrandmarkt. Das bereue ich heute. Er war einer der wenigen wirklichen Republikaner, der als Fraktionsführer im Preußischen Landtag wusste, dass man für eine Republik Volk und Nation braucht. Ein Mann wie Tucholsky hatte nur Verachtung dafür. Er hat Weimar nicht wirklich verteidigt.

Was genau stört die „Wächter" an Ihnen?

Ich glaube, es sind meine Hypothesen über die Rolle des Antifaschismus, den ich heute untersuche, wie ich in meiner Doktorarbeit in den fünfziger Jahren den Rechtsradikalismus untersucht habe. Meines Erachtens ist der Antifaschismus ein moralisches Herrschaftsmittel, das der Ausgrenzung von Andersdenkenden dient. Ein so erfolgreiches Instrument lässt man natürlich nicht so ohne weiteres kritisieren. Die Achtundsechziger sind es schließlich gewohnt, kultureller Hegemon zu sein. Das macht dumm.

Nicolás Gómez Dávila, ein reaktionärer Aphoristiker, schreibt: „Die subtile Interpretation jedes Ereignisses scheint dem Linken immer suspekt." Sind Linke einfältiger als Rechte?

Im Allgemeinen kann man sagen, dass Linke genauso dumm oder so klug sind wie alle, die Weltanschauungen produzieren oder pflegen, um damit an Machtkämpfen teilzunehmen.

Ist die Linke siegreich aus 68 hervorgegangen?

Ohne Zweifel. Als Kulturrevolution hat 68 gewonnen, ihr Siegespreis ist die politische Korrektheit, die allenthalben zu einer semantischen Politik geführt hat. Nach ihrem Sieg haben sich die Achtundsechziger zurückgelehnt. Sie glaubten, nichts mehr dazulernen zu müssen. Ihr Problemstand kennzeichnet sich durch den inflationären Gebrauch der Vorsilbe Neo, eine Feindbezeichnung, die alles beim Alten lässt; überall Neoliberale und Neokonservative, bezeichnenderweise aber keine Neosozialisten. Die größere Lernchance in der Geschichte haben wohl eher die Verlierer.

Sie selbst haben sich mit den Themen Erinnerung und Enttäuschung auseinandergesetzt. Lohnt es sich heute noch, an die Achtundsechziger zu erinnern?

Oh ja! Aus 68 kann man zweierlei lernen: Zunächst, dass es eine unvermeidbare Differenz gibt zwischen dem, was man will und denkt, und dem, was ist und was wird. Aus Demokratisierung wurde Modernisierung, das heißt die Anpassung der Rollen und Mentalitäten an die Konsumverheißungen von Massendemokratie und entfesseltem Kapitalismus. Die Achtundsechziger haben in dem absoluten Glauben, moralisch im Recht zu sein, versucht, sich über die Conditio humana, über die Dinge, die Natur hinwegzusetzen. Kein Gott und keine Autorität, keine Rücksicht schien ihnen mehr nötig, der Mensch selbst war ihnen Weg und Ziel. Wer nicht auf dem Weg zur emanzipierten Menschheit mitmachte, wurde aus der Menschheit ausgegrenzt. Das ist etwas anderes, als aus einem Ruderverein geworfen zu werden.

Was kann man noch von 68 lernen?

Dass der Antiautoritarismus, der Grundzug der Revolte, brutal und destruktiv ist. Er verfolgt das Ziel, alle vermittelnden Instanzen zwischen dem Individuum und der Gesellschaft – Familie, politische und juristische Institutionen, Traditionen, Ethnien – zu entwerten. Die Folge ist, dass der Einzelne unmittelbar und schutzlos den Kräften des Marktes ausgesetzt ist und nur die Stärksten überleben.

Der Historiker Götz Aly hat zuletzt behauptet, es gebe Parallelen zwischen dem Jahr 1968 und dem Jahr 1933. Stimmen Sie damit überein?

Man kommt nicht umhin festzustellen, dass der Achtundsechziger-Bewegung etwas Totalitäres anhaftete. Man könnte sagen: Wenn das „Dritte Reich“ und der Stalinismus die Tragödien waren, dann war 68 das Satyrspiel, das aber durch konfessionelle Tabuierungen die kathartische Bearbeitung der Tragödien eher behindert als gefördert hat. Nach 68 kann man sich jedenfalls vorstellen, dass es weiter Tragödien und ihre Satyrspiele geben wird.

Das Attentat auf Dutschke hat die Achtundsechziger nach dem Tod Benno Ohnesorgs ein zweites Mal jäh mit der Realität konfrontiert. Nur mit Mühe hat Dutschke, der schwer am Kopf verletzt worden war, in den siebziger Jahren seine Doktorarbeit geschrieben. Inwiefern hatte ihn das Attentat verändert?

Ich habe Dutschke 1967 kennengelernt. Als er mit seiner „Subversiven Aktion“ in den SDS eintreten wollte, habe ich noch versucht, ein Flugblatt dagegen zu verfassen. Das war mir alles zu dadaistisch, zu anarchistisch, zu spontaneistisch, kurz: zu unsolide. Bei Dutschke gab es eine gewisse, mir damals verdächtig vorkommende politische Frivolität. Ich habe ihn als Volkstribun erlebt, der hemmungslos Affektlagen der Leute ausgenutzt hat, um Stimmung, um Mut zu machen. Das musste er auch. Es ging schließlich darum, Feuer in die Köpfe zu bekommen, um die Reste bourgeoiser Rücksichten wegschmelzen zu können. Ich fand das letztlich zu billig, weil es mir wie eine historische Reprise vorkam.

Und dann in den siebziger Jahren?

Da hatte er sich verändert. Eines Tages rief er mich an und fragte, ob ich seine Doktorarbeit betreuen könnte. Damals war ich schon Professor an der FU Berlin. Es war für mich klar, dass ich ihm die Bitte nicht abschlagen würde, ich fühlte mich den früheren SDS-Leuten nach wie vor verpflichtet. Bei unserer ersten Unterhaltung haben wir über Solschenizyn gesprochen. Der war für Dutschke ganz wichtig geworden für die Selbstkritik eines Sozialisten. Ich wollte mich damit eigentlich nicht beschäftigen, hatte Angst, meine Illusionen könnten zerstört werden. Solschenizyn war etwas, was ich gerne verleugnet hätte. Ich habe mich dann aber bald besonnen – und habe ihn gelesen.

Eine andere wichtige Figur von 68, Bernd Rabehl, treffen Sie auch heute noch hin und wieder. Stört es Sie nicht, dass er zwischenzeitlich bei NPD-Veranstaltungen aufgetreten ist?

Aus meiner Sicht steckt Rabehl immer noch im klassischen Dilemma der Achtundsechziger: Er ist auf der Suche nach einem Praxisanschluss für seine Theorie, kurz: nach politischem Einfluss. Offenbar ist er dabei auf die NPD verfallen. Ganz inkonsequent ist das nicht: Dutschke und er haben etwa den Sozialstaat immer im nationalen Rahmen gedacht. Das ist links, das ist nicht rechts. Ich halte dennoch Rabehls Versuch, Dutschke historisch zum Nationalrevolutionär und -sozialisten zu machen, für übertrieben, wie ich überhaupt finde, dass die Lehren, die Rabehl aus 68 gezogen hat, noch zu viel von den Achtundsechziger-Hoffnungen in sich haben. Aber ich will hier nicht als ein Wächter anderer Art auftreten.

Rabehl hat 1998 vor der Münchner Burschenschaft Danubia, die vom Verfassungsschutz im vergangenen Jahr als „rechtsextrem" eingestuft wurde, einen Vortrag gehalten, in dem er vor einer kulturellen „Überfremdung" westlicher Gesellschaften warnte. Auch Sie haben dort 1998 referiert. Ist es dann nicht nachvollziehbar, dass Sie den Argwohn derer erregen, die über das Erbe von 68 wachen?

Die „Bogenhausener Gespräche" bei Danubia haben eine lange Tradition. In diesem Rahmen haben hervorragende Leute vorgetragen, die selbst unseren Wächtern gänzlich unverdächtig sind. Im Übrigen habe ich schon zu früheren Zeiten die links-ideologische Feindschaft gegenüber Burschenschaften für nicht angemessen gehalten und bin öfter dorthin gegangen, um mein Promotionsthema vorzutragen: Kampf gegen Rechtsradikalismus. Historisch stehen die Burschenschaften für Schwarz-Rot-Gold. Auch das wollte ich durch die Annahme der Einladung zum Ausdruck bringen. Die Burschenschafter wollten von mir ganz offensichtlich wissen, welche Rücksichtslosigkeit notwendig sei, um à la 68 Eingang in die öffentliche Wahrnehmung zu finden und schließlich kultureller Hegemon zu werden. An den Reaktionen auf meinen Vortrag merkte ich, dass sie enttäuscht waren. Das war ihnen alles viel zu skeptisch.

Auch Horst Mahler zählt zu den Danubia-Referenten. Was halten Sie von seinen biographischen Brüchen?

Man muss ihn wohl als Spätopfer der deutschen Geschichte interpretieren. Ich halte ihn für verwirrt. Was ja in Deutschland öfter das Schicksal eigensinniger Geister war.

Gibt es überhaupt Achtundsechziger, die ihrer Linie treu geblieben sind?

Viele SDSler sind so. Die meisten, die ich kenne, leben in Milieus, in denen sie nicht wirklich gefordert werden. Dass sie links sind, wird dort als interessant angesehen. Nichts nötigt sie weiterzudenken. Wo, wie bei den Achtundsechzigern, radikales Denken einmal alles plattgemacht hat, da wächst so schnell nichts Neues. Das Problem der Theorie-Praxis-Schere haben viele übrigens auf ihre Weise gelöst: Sie sind Lehrer geworden – Deutsch und Sozialkunde.

Wie beurteilen Sie Lebenswege wie die von Otto Schily oder Joseph Fischer?

Im Grunde sind sie wie die Schullehrer, nur mit mehr Macht ausgestattet.

Wann haben Sie sich von 68 losgesagt?

Das war in den Jahren 1981 und 1982 und lässt sich an zwei Dingen festmachen. Ich war damals in der Friedensbewegung engagiert, bin dann aber bei meiner Untersuchung der Eskalationsdialektik der nuklearen Abschreckung durch den Konflikt zwischen Palästinensern und Israelis zur Überzeugung gelangt, dass auch der Krieg zur Conditio humana gehört. Im menschlichen Zusammenleben gibt es Situationen, die eine Entscheidung mit Gewalt erfordern.

Die zweite Schlüsselerfahrung?

Die hatte mit meiner Zusammenarbeit mit Philosophen der Akademie der Wissenschaften in Ost-Berlin zu tun. Dort sollten zwei von mir geschätzte Kollegen als Abweichler aus der SED und der Akademie ausgeschlossen werden. Von Seiten der westdeutschen DKP setzte man mich unter Druck, die Vorgänge an der Akademie geheim zu halten. Die DKP wollte nicht, dass es im Westen zu einer Diskussion über die Schwierigkeiten der Intelligenz in der DDR kommt. Ich habe mich widersetzt, mit meinem Anspruch als linker Aufklärer war das nicht vereinbar. Ich besann mich auf den Antikommunismus, wie ich ihn in den fünfziger Jahren kennengelernt hatte und konnte von da an als Persona ingrata nicht mehr in die DDR einreisen.

Sie haben nicht nur mit der Ost-Berliner Akademie der Wissenschaften kooperiert, sondern in Ihrer Funktion als stellvertretender Vorsitzender eines Fachbereichsrats an der FU auch einen Brief an Erich Honecker gesandt, in dem Sie gegen die Ausbürgerung des Liedermachers Wolf Biermann eintraten. Sind das Dinge, die Sie bereuen?

Dass wir überhaupt den Brief geschrieben haben und dann auch noch an die Adresse Honeckers, bedauere ich, wie jemand, der eine Torheit zu beklagen hat, die er am liebsten ungeschehen machen würde. Die Kooperation mit der Akademie bedauere ich dagegen gar nicht. Da wollte ich, was ich immer noch so einschätze, ein wissenschaftliches Manko des Marxismus beheben: an Substanz herankommen durch die Einbeziehung der fundamentalen Kategorie Arbeit, gegen die kommunikationstheoretische Verdünnung des historischen Materialismus, etwa durch Habermas.

Gibt es noch etwas, was Sie bereuen?

Eine Sache gibt es, die ich sehr bereue: In der Zeit meines Heranwachsens habe ich so viele Berufe zumindest in der Vorstellung ausprobiert, aber Geld spielte dabei gar keine Rolle. Inzwischen habe ich festgestellt, dass es sehr viel Geld kostet, privat und damit frei zu sein. Wenn man weiß, dass man seinesgleichen nicht nur lieben kann, sondern fürchten muss, dann braucht man viel Platz um sich herum. Mein erstes eigenes Geld habe ich am Frankfurter Institut für Sozialforschung verdient. Ich war zwar nur studentische Hilfskraft, trotzdem bin ich abends als Letzter die Treppen vom Institut heruntergesprungen und habe gejubelt: „Hurra, ich bin am Institut für Sozialforschung!“

Das Verhältnis der Achtundsechziger zu Adorno war schwierig. Er, der die Rolle der Studenten mit der der Juden verglichen hatte, sah sich plötzlich Vorwürfen ausgesetzt, er sei ein Reaktionär. . .

Es gab einen Vortrag von Adorno an der FU. Dabei kam es zum Eklat, eine Provokation mit Luftballons, glaube ich. Am nächsten Tag gab es ein klärendes Gespräch. Adorno und wir, zwei oder drei SDSler. Ich fühlte mich gegenüber Adorno wie ein Verräter. Zwischenzeitlich habe ich das alles verdrängt. Ich kann die Situation überhaupt nicht mehr konkret erinnern. Offensichtlich ist sie mir zu nahegegangen.

Wo stehen Sie heute?

Wer einmal Aufklärer ist, bleibt Aufklärer. Was ich versuche, ist eine auf den Arbeitsbegriff gegründete konservative Verteidigung des Marxismus. In der Geschichte der Arbeiterbewegung gab es immer starke Motive, traditionelle Gemeinsamkeiten und Loyalitäten zu bewahren, um zu verhindern, dass der Mensch zur bloßen atomistischen Arbeitskraft in einer Reichtumsmaschine degeneriert. Diese konservative Seite am Marxismus haben die Achtundsechziger verkannt.

Sind Sie mit sich im Reinen?

Wenn es gut im Leben läuft, wenn man oft genug enttäuscht wird, dann lernt man mit dem Älterwerden, Widriges eher zu ertragen und sich vom Wunschdenken zu verabschieden. Ich habe den Eindruck, dass ich spät, aber doch noch zu Verstand gekommen bin – auf der Suche nach existentiellen Kategorien des Lebens, nach der Conditio humana. Und ich habe gelernt, dass gegenüber dem Unternehmen „Idee“, weil es über die Lebenszeit der jeweiligen Menschen hinausgeht, Zurückhaltung geboten ist. Man kann also nur warnen vor dem Primat der Möglichkeit gegenüber der Wirklichkeit. Der moderne Mensch kann mit dieser Warnung aber nicht umgehen, er vermag zu viel.

Würden Sie jungen Leuten dennoch empfehlen, sich einen linken Lebensabschnitt zu gönnen?

Ich würde entgegen der Weisheit „wer mit zwanzig nicht links ist, hat kein Herz“ niemandem raten, links zu sein. Es ist immer anmaßend. Erst kürzlich waren junge Leute bei mir, die haben geredet wie wir damals beim SDS. Sie diskutierten über die Möglichkeit eines völligen Neuanfangs, einer Tabula rasa oder Creatio ex nihilo. Da ist Skepsis geboten.

Helmut Glück

Deutsch als Wissenschaftssprache

Die Spitzenforschung spricht Englisch, erklärte 1986 Hubert Markl, ein Naturwissenschaftler und Wissenschaftspolitiker. Inzwischen ist das auch in der Breitenforschung so, wenn man diese Metapher aus der Welt des Sports aufgreifen will: auch in den unteren Rängen, selbst auf den Abstiegsplätzen hat sich in vielen Fächern das Englische durchgesetzt. Wenn aber die gesamte Forschung Englisch spricht und schreibt, verdienen dann Forschungen noch ihren Namen, die auf Deutsch, Französisch oder gar Tschechisch publiziert werden? Kann solche Forschung mehr sein als provinziell oder „angewandt"? Soll man andere Sprachen als das Englische beim Vermitteln von Forschungsresultaten an Schüler und Studenten überhaupt noch verwenden? Ist das Deutsche, wie Günther Oettinger meinte, für die einheimischen Eliten nur noch eine „Feierabendsprache", die sie zu Hause mit den Kindern, beim Sonntagsausflug und beim Schwätzchen über den Gartenzaun verwenden, sonst aber nicht?

Der Vorzug einer weltumspannenden Wissenschaftssprache liegt darin, dass die Sprachbarriere zwischen den Wissenschaftskulturen der einzelnen Nationen wegfällt. Der chinesische Biochemiker kann sich direkt mit dem argentinischen Kollegen verständigen, der schwedische Astronom direkt mit dem ägyptischen. Dieser Vorteil wird außerhalb der anglophonen Länder dadurch erkauft, dass Wissenschaft in einer fremden Sprache betrieben werden muß. Viele glauben, das sei weiter kein Problem. Das ist im kleinen richtig: die Verständigung im Labor, in der Arbeitsgruppe funktioniert so, die Mitteilung aktueller Arbeitsergebnisse im Internet oder in der Fachzeitschrift geht im spezialisierten Schrumpf-Englisch des einzelnen Faches am raschesten, und je kleinteiliger die Forschung ist, umso überschaubarer ist die „community", in der sie sich austauscht. Dieser Vorzug einer weltweiten Verständigungssprache ist unbestreitbar und nicht geringzuschätzen.

Der Vorteil des reibungslosen Austauschs hat allerdings Folgen. Wenn eine „community" nur noch auf Englisch verkehrt, erleiden die dadurch ausgeschlossenen Sprachen Einbußen: sie entwickeln keine neuen Terminologien mehr, sie verkümmern im betreffenden Fachgebiet. Das führt dazu, dass man dort in diesen Sprachen nicht mehr forschen kann. Weil sie terminologisch nicht weiterentwickelt werden, taugen sie nicht mehr als Wissenschaftssprachen. Terminologien, die vorhanden sind, fallen dem Vergessen anheim. Aus diesem Grund unterhalten manche Fächer einen Terminologieausschuss, der ihre Fachsprache auf deutsch funktionsfähig halten soll, etwa die deutschen Chemiker.

In anderen Fächern hält man das für überflüssig. Viele deutsche Fachzeitschriften publizieren nur noch auf Englisch. Wissenschaftsfördernde Einrichtungen, auch in Deutschland, lassen in einigen Fächern nur Anträge zu, die auf Englisch abgefasst sind. Die Bundesregierungen fördern diese Entwicklung seit den Zeiten des „Zukunftsministers" Jürgen Rüttgers, indem sie, etwa über den Deutschen Akademischen Austauschdienst, die Universitäten „internationalisieren". Was heißt das? Das Englische wird als Sprache der Lehre aktiv gefördert, der drohende fachliche Niveauverlust wird in Kauf genommen. Amerikanische Zitierindices tun ein übriges: Forschungsergebnisse, die nicht auf Englisch publiziert sind, werden dort konsequent ignoriert. Das ist eine skandalöse Diskriminierung aller anderer Sprachen. Lehrbücher und Überblicksdarstellungen in deutscher Sprache sind in manchen Fächern rar geworden. Auf vielen Fachkongressen in Deutschland sind andere Sprachen als das Englische nicht zugelassen oder unerwünscht, selbst wenn das Auditorium überwiegend deutschsprachig oder des Deutschen kundig ist.

Internationalisierung der Wissenschaften bedeutet ihre Anglisierung, ihre Reduktion auf eine einzige Sprache. Insoweit steht sie dem europäischen Modell der (wenigstens rezeptiven) Mehrsprachigkeit entgegen. Der herkömmliche Begriff der Bildung umfasst in Europa Kenntnisse der Schulsprachen. In Deutschland gilt das Drei-Sprachen-Abitur immer noch als Standard. Es ist eine Grundlage des bürgerlichen Bildungskonzepts. Die Anglisierung der Wissenschaften lässt Bemühungen um die Kenntnis anderer Sprachen als Ballast erscheinen. Sie gefährdet eine Tradition, auf der das geistige Leben des Landes beruht. Manfred Fuhrmann hat sie in dem Reclam-Bändchen „Bildung – Europas kulturelle Identität" (2002) beschrieben, Konrad Liessmann hat die Folgen ihres Verschwindens in seiner „Theorie der Unbildung" (Wien 2006) erörtert. Der Auszug der Natur-, Wirtschafts- und Technikwissenschaften aus der Landessprache beschädigt sie funktional wie strukturell.

Manche meinen, die neue Einheitssprache der Wissenschaften repariere einen folgenschweren historischen Unfall, der darin bestehe, dass sich die Wissenschaften seit dem 17. Jahrhundert „nationalisiert" hätten. Die humanistische Gelehrtenwelt der Frühen Neuzeit sei universal gewesen, weil sie im Lateinischen ihre gemeinsame Sprache gehabt habe, und dieser Idealzustand liege heute wieder in erreichbarer Nähe. Donald Kennedy, der Chefredakteur von Science, sagte dazu: „Die namhaften naturwissenschaftlichen Traditionen Europas sind [...] noch streng nationalistisch geprägt: So denkt man bei Pasteur an einen Franzosen, bei Newton an einen Engländer und bei Pauli an einen Deutschen" (F.A.Z. vom 29. Aug. 2003, S. 34). Er verwechselt hier etwas Wesentliches: Europas nationale Wissenschaftstraditionen haben mit Nationalismus nichts zu tun. Es liegt nichts Skandalöses darin, dass man bei großen Wissenschaftlern die Nation und die Sprache mitdenkt, der sie entstammen. Sie gehören zum jeweiligen nationalen Erbe genauso wie die großen Dichter und Komponisten. Helmholtz, Zuse und Planck waren nun einmal keine Amerikaner, Verdi, Chopin und Grieg auch nicht.

Das reformierte, streng geregelte Latein der Humanisten war niemandes Muttersprache. Jeder Interessent musste es mühsam erlernen, denn es war der einzige Zugang zu Wissen und Bildung und ein enges Türchen zu sozialem Aufstieg. Die Ausgangslage war für alle dieselbe: man musste fehlerfrei Latein sprechen und vor allem schreiben können, wenn man als Wissenschaftler reüssieren wollte. Englisch hingegen ist eine Muttersprache. Sie verschafft ihren Sprechern einen Vorteil, und sie benachteiligt alle, die andere Muttersprachen haben. Das beginnt sich zu rächen. Das globale Englisch der Wissenschaften hat Eigenschaften einer „lingua franca" angenommen. Die historische „lingua franca" war im Mittelalter eine Hilfssprache, zusammengestoppelt aus romanischen, griechischen und arabischen Bestandteilen, die im Mittelmeerraum eine rudimentäre Verständigung zwischen Menschen unterschiedlicher Muttersprachen ermöglichte. Das globale Wissenschafts-Englisch wird inzwischen als BSE (bad simple Englisch) verspottet. Das Latein der Humanisten war stilistisch ausgefeilt und meist sprachlich wie gedanklich elegant, auch wenn sie es sehr verschieden aussprachen. Die Englischkenntnisse heutiger Forscher lassen demgegenüber Wünsche offen. Auf Tagungen hört man vielen Deutschen ihr Sächsisch oder Schwäbisch im Englischen schmerzhaft an, und dieses Englisch ist weder stilsicher noch elegant. Das wäre bei vielen anders, wenn sie in ihrer Muttersprache schrieben oder vortrügen. Menschen, die nicht wirklich („koordiniert") mehrsprachig sind, können überhaupt nur in der Muttersprache frei und ganz auf den Gegenstand konzentriert forschen – und darüber sprechen. Und das ist die große Mehrheit.

In vielen Wissenschaften ist die Sprache das entscheidende Mittel des Erkenntnisgewinns, denn Sprache und Denken sind voneinander nicht zu trennen. Sprache ist nicht nur ein „Werkzeug". Die geistige Durchdringung eines Forschungsgegenstandes ist sprachgebunden, sprachfreies Denken gibt es nicht. Das gilt uneingeschränkt für alle Wissenschaften, in denen die Interaktion zwischen Menschen eine Rolle spielt, also für die Geisteswissenschaften, die Rechtswissenschaft, die Theologie, die Staats- und Wirtschaftswissenschaften. Die Mathematik und manche Naturwissenschaften arbeiten mit universell verwendbaren Symbolsprachen. Solche Fächer können ihre Ergebnisse teilweise ohne die Verwendung einer natürlichen Sprache mitteilen. Sprachfrei denken die Forscher auch dort nicht. Es ist nicht nebensächlich, in welcher Sprache sie das tun. Dazu bietet allerdings nicht jede Sprache auch die Mittel an. Nur wenige Sprachen sind, aufs Ganze gesehen, terminologisch und grammatisch so weit ausgebaut, dass sie als Wissenschaftssprachen uneingeschränkt tauglich sind.

Der Weg zur Wissenschaftssprache Deutsch war dornig und langwierig. Im 15. Jahrhundert fing man damit an, die Volkssprachen in Wissensgebieten zu verwenden, die bis dahin ausschließlich auf Lateinisch zugänglich gewesen waren. Das Deutsche verfügte gar nicht über die Wortschätze, die man brauchte, um über das betreffende Wissensgebiet sprechen oder schreiben zu können. Man musste deshalb Wortimport betreiben (meist aus dem Lateinischen) und neue Wörter prägen. Im 15. und 16. Jahrhundert begannen humanistische Gelehrte damit, deutsche Ausdrücke für wissenschaftliche Gegenstände vorzuschlagen. Sie erfanden Hunderte von Verdeutschungen, die sie in der Gestalt von Synonymen vortrugen. Bei Niklas von Wyle (1415 - ca. 1479) finden sich z.B. „rumor und geschray, wane und oppinion, memory und angedächtnüsz, red und oracion, facultet, craft und machte", bei Sigismund Meisterlin (ca. 1435 - nach 1497) „datum und beschechen, interdict und verschlahung aller kirchen", bei Ulrich von Hutten (1488 - 1523) „bekümmern und vexieren, mit sollichen worten und disputation", bei Albrecht Dürer (1471 - 1528) „Cubus oder würffel, diameter oder ortstrich, basis oder grunt". So entstanden tastend, als Vorschläge, der Öffentlichkeit zur Prüfung vorgelegt, viele Terminologien, die man brauchte, um die Wissenschaften und die öffentlichen Angelegenheiten auf Deutsch betreiben zu können. Für Sigismund Meisterlin war das die Bedingung für die Beteiligung der Ungelehrten an Dingen, die sie direkt angingen. Das ist ein vorbildlich demokratischer Gedanke. In einem (fiktiven) Dekret ließ er König Rudolf beim Hoftag in Nürnberg (1273) die Einführung des Deutschen als Urkundensprache verkünden mit der Begründung, dass vordem „oft in großen sachen die betrogen worden, die latein nit verstunden". Das lasse sich ändern weil „die teutsch zung genugsamlich auß der latein und römischen zungen wort hett, dass man darin möcht allerlei hendel begreifen; wann wo sie mengel het gehabt an worten, were sie gepessert und erfült auß andern sprachen [...]. Und auß solichem kaiserlichen edict und kreftigung kam unaußsprechenlich großer nutz der teutschen nation, also dass die laici, laien genant, für sich ire canzlei hielten." Das Deutsche, heißt das, hat beim Lateinischen so viel gelernt, dass es jetzt selbst als Sprache für alle Rechtsangelegenheiten taugt. Es sei inzwischen so weit entwickelt, dass man auf deutsch „allerlei hendel begreifen" könne. Das ist ein frommer Wunsch geblieben, denn die Rechtssprache wurde erst im späten 19. Jahrhundert „eingedeutscht"; ob sie seither für die Laien verständlicher geworden ist, sei dahingestellt. Von Belang ist hier, dass bereits im 15. Jahrhundert erkannt wurde, welchen Nutzen eine gemeinsame, funktional vielseitige Sprache für ein Gemeinwesen hat.

Auch in den Wissenschaften wollten einige Humanisten das Deutsche verwendet wissen. 1532 schreibt der Metzer Arzt Lorenz Fries in seinem „Spiegel der Arzney", er sei angefeindet worden, „weil ich den Gehalt dieses Wissensgebiets der deutschen Sprache zugänglich gemacht habe." Er begründet das so: „Ich glaube, dass die deutsche Sprache nicht weniger würdiger ist, um in ihr alle Dinge zu beschreiben, als das Griechische, Hebräische, Lateinische, Italienische, Spanische, Französische es sind. Sollte unsere Sprache weniger wert sein? Nein, sie ist noch viel mehr wert. Außerdem ist es bei den Alten gar nicht ungewöhnlich gewesen, dass die Wissenschaften in den Muttersprachen betrieben wurden. Hippokrates und Galenus haben griechisch geschrieben, schließlich waren sie Griechen [...]. Was soll ich nun von diesen ungeduldigen Eiferern halten? Sie verhalten sich gerade so wie unsere ‚hohensinnische meister', die es ablehnen, dass man die Heilige Schrift verdeutscht und sagen, dass niemand etwas vom Heil der Seelen wissen müsse außer den Priestern. Das machen sie, weil sie befürchten, andernfalls komme ihre Unwissenheit an den Tag und man verlöre allen Respekt vor ihren *parva logicalia.*"

Das Deutsche tauge so gut für die Wissenschaften wie andere Sprachen auch; die antiken Meister hätten schließlich in ihren Muttersprachen geschrieben. Fries verdächtigt die „hohensinnische meister" („hohensinnisch" kann man mit „hochmütig" wiedergeben), sie bekämpften die deutsche Bibel vor allem deshalb, weil ihre eigene Unwissenheit allgemein kenntlich werde, wenn sie sich in der Muttersprache äußerten. Es könnte sein, dass auch heute noch *parva logicalia* mitunter besser getarnt sind, wenn sie in einer Fremdsprache vorgetragen werden.

Im Hörsaal gibt es seit dem 16. Jahrhundert Versuche, auf Deutsch zu lesen. 1501 hielt Tilemann Heverling (seine Lebensdaten sind unbekannt; gest. nach 1506) in Rostock eine deutsche Vorlesung über Juvenals Satiren und fing sich dafür selbst eine Satire ein: „Quidquid Heverlingus legit auditoribus, illud / vulgari lingua teutonicaque docet. / Ergo ad Heverlingum perget meliore relicto / discere qui sordes barbariemque volet." Das heißt auf Deutsch: „Was auch immer Heverling seinen Hörern vorträgt, das lehrt er in deutscher Volkssprache. Also wird derjenige, der auf Pöbelhaftes und Ungeschliffenes scharf ist, zu Heverling aufbrechen, um [bei ihm] zu lernen, nachdem er einen Besseren hinter sich gelassen hat." Heverling wird nicht getadelt, weil er sachlich Falsches gesagt hätte, sondern dafür, dass er in einer Sprache vortrug, in der man sich nur pöbelhaft und ungeschliffen äußern kann. 1519 trafen Thomas Murner (1475-1537) ähnliche Vorwürfe seitens der Basler Universität – er hatte eine römische Rechtssammlung verdeutscht. Theophrastus Bombastus von Hohenheim (1493-1541), genannt Paracelsus, hielt 1526/27 in Basel medizinische Vorlesungen auf Deutsch. Diese Pioniere der Vorlesungssprache Deutsch hatten allerdings nur wenige Nachahmer. Einer davon war der Mathematiker Albert Linnemann (1603-1653), der 1641 in Königsberg auf deutsch über Geodäsie und Festungsbau las. Noch 1687 verursachte Christian Thomasius (1655-1728) in Leipzig einen Skandal, weil er eine philosophische Vorlesung auf deutsch ankündigte.

Im 18. Jahrhundert gingen in ganz Europa die Wissenschaftler zu den Nationalsprachen als Wissenschaftssprachen über, so auch in Deutschland. Das 18. Jahrhundert war die große Zeit der empirischen Wissenschaften, der Akademien, der gelehrten Gesellschaften, der ersten Enzyklopädien und Fachzeitschriften. Dieser Prozeß war kein Ausfluß chauvinistischer Gelüste, sondern beruhte auf der Erkenntnis, dass man auch in anderen Sprachen als dem Lateinischen forschen, argumentieren, beschreiben und dichten kann, und das alles womöglich besser, direkter und authentischer als auf Lateinisch. Christian Wolff (1679-1754) hat das Deutsche zum Philosophieren tauglich gemacht. Von ihm stammen (als philosophische Termini!) beispielsweise Ausnahme (exceptio), Eigenschaft (attributum), Einbildungskraft (imaginatio), Lehrsatz (theorema) und Worterklärung (definitio nominalis). Es ist kein Zufall, dass das klassische Zeitalter der deutschen Philosophie und Literatur zwischen 1780 und 1830 auch den definitiven Durchbruch der Wissenschaftssprache Deutsch mit sich brachte.

Um 1800 war es eine Selbstverständlichkeit geworden, dass in Deutschland auf Deutsch geforscht wurde. Dazu sagte G. W. F. Hegel in seinen „Vorlesungen über die Geschichte der Philosophie“: „Aber man kann erst sagen [...], dass eine Wissenschaft nur dann einem Volke angehört, wenn es sie in seiner eigenen Sprache besitzt; und dies ist in der Philosophie am notwendigsten. Denn der Gedanke hat eben dies Moment an ihm, dem Selbstbewusstsein anzugehören oder sein Eigenstes zu sein; in der eigenen Sprache ausgedrückt, z.B. Bestimmtheit statt Determination, das Wesen statt Essenz usf., ist dies unmittelbar für das Bewusstsein, dass diese Begriffe sein Eigenstes sind, mit dem man es immer zu tun hat, nicht mit einem Fremden.“ Hegels Meinung, dass die Wissenschaft „dem Volke“ angehören solle und dass dies nur möglich sei, wenn es in der Sprache des Volkes geschehe, mag heute altväterlich erscheinen; zu Hegels Zeiten gab es weder die DFG noch das Internet. Immerhin finanziert heute das Volk über seine Steuern einen Großteil des Wissenschaftsbetriebs, auch den, der sich aus seiner Sprache verabschiedet hat. Aktuell an Hegels Überlegung ist, dass es die Sprache ist, die diesen Aneignungsprozeß erst möglich macht, dass die Begriffe das „Eigenste“ des Gedankens sind, „unmittelbar für das Bewusstsein“.

Das Deutsche machte im 19. Jahrhundert neben dem Französischen und dem Englischen Karriere als eine der Weltsprachen der Wissenschaften. Das 19. Jahrhundert war das Jahrhundert der Naturwissenschaftler und der Ingenieure, aber auch das der Imperialismen, und das färbte auf die Sprachen ab. Die Konkurrenz der europäischen Mächte um die Weltherrschaft im 19. Jahrhundert war auch eine Konkurrenz ihrer Sprachen im internationalen Verkehr. Die Wissenschaftssprache Deutsch verlor ihre Weltgeltung nach dem Ersten Weltkrieg. In diesem Krieg wurde sie außerhalb Mitteleuropas fast überall zur „Feindsprache“. Man verbot ihren Gebrauch, z.B. in Rußland, man hörte auf, sie in den Schulen zu lehren, z. B. in Nordamerika, man stigmatisierte sie als die Sprache von Barbaren, z.B. in Großbritannien und Frankreich. In den 1920er Jahren wurde das Deutsche von den Alliierten im Völkerbund und auf internationalen Konferenzen systematisch boykottiert. In den internationalen Wissenschaftsorganisationen und deren Referatenorganen wurde es aktiv bekämpft und verdrängt, wie die vorzügliche Studie von Roswitha Reinbothe gezeigt hat (Deutsch als internationale Wissenschaftssprache und der Boykott nach dem Ersten Weltkrieg. Frankfurt am Main 2006). Den Garaus machte ihr schließlich das nationalsozialistische Deutschland, und zwar auf zweierlei Weise.

Zum einen ruinierte es durch seine Verbrechen das Ansehen der Deutschen und ihrer Sprache auf der ganzen Erde. Das Deutsche wurde zu jener Sprache, in der KZ-Häftlinge geschunden und in ganz Europa herumgebrüllt wurde. Zum anderen verjagte das nationalsozialistische Regime 1933 viele maßgebliche Wissenschaftler aus Deutschland und 1938 auch aus Österreich. Nur wenige von ihnen kehrten nach 1945 zurück. Die Siegermächte holten nach 1945 weitere Forscher zu sich, teils freiwillig, teils unter Zwang. Zwar gab es Gelehrte, die in ihrer neuen Heimat ihrer Muttersprache verbunden blieben, etwa den Chemiker Erwin Chargaff. In der Regel nahmen sie aber die Sprache ihres Exillandes als Wissenschaftssprache an, und das war häufig das Englische. Auf diese Weise hat das nationalsozialistische Deutschland bewirkt, dass die Wissenschaften in Deutschland und mit ihnen die Wissenschaftssprache Deutsch entscheidend geschwächt wurden. Von diesem doppelten Aderlass hat sich die Wissenschaftssprache Deutsch nicht erholt. Das wurde erst später sichtbar, denn der Auszug der Natur-, Technik- und Wirtschaftswissenschaften aus dem Deutschen spielte sich vor allem in den 60er und 70er Jahren des letzten Jahrhunderts ab.

Was ist zu tun? Die Wissenschaftssprache Deutsch kann nur dann erhalten werden, wenn in Deutschland maßgebliche Forschungsergebnisse erarbeitet werden. Nur dann werden Forscher in anderen Ländern Anlass haben, deutsche Publikationen zur Kenntnis zu nehmen – auch in deutscher Sprache. Wenig sinnvoll wäre es, die Wissenschaften durch staatliche Maßnahmen zur Verwendung einer bestimmten Sprache zu zwingen: weder dazu, auf deutsch zu forschen, zu publizieren und zu lehren, ebensowenig dazu, dies auf Englisch zu tun. Ein Sprachenzwang ist abzulehnen – in der einen wie in der anderen Richtung. Ein europäischer Zitierindex muß eingerichtet werden, der die Wissenschaftssprachen dieses Kontinents berücksichtigt. Dass das nicht schon vor 30 Jahren geschah, ist ein sprachenpolitisches Versäumnis mit gravierenden Folgen, die man besichtigen kann. Bei Tagungen in Deutschland sollte das Deutsche als Kongresssprache nicht nur zugelassen, sondern aktiv gefördert werden. Die akademische Lehre sollte grundsätzlich auf Deutsch erfolgen, schon deshalb, weil muttersprachliche Lehre bessere Lernerfolge ermöglicht. Lehrbücher sowie Gesamt- und Überblicksdarstellungen und Lexika sollten in jedem Fach auf deutsch greifbar sein oder wieder werden. Günther Oettingers Vorhersage, dass das Deutsche auf dem Weg zur Haus- und Familiensprache sei, sollte nach Kräften widerlegt werden.

Um auf Donald Kennedy zurückzukommen: Die Europäer hegen keine nationalistischen Absichten, wenn sie in ihren eigenen Sprachen forschen und lehren wollen, wo das noch möglich ist. Sie alle können Englisch, so dass sie auf englisch publizierte Forschungsresultate rezipieren können. Viele von ihnen lesen auch französische, italienische oder spanische Texte, manche von ihnen können sogar Lateinisch. Viele britische und amerikanische Forscher hingegen rezipieren keine anderssprachigen Forschungsresultate, weil sie keine Fremdsprachen beherrschen. Darin drückt sich intellektueller Provinzialismus aus. Er ist die Kehrseite der „Internationalisierung der Wissenschaften".

Die Wissenschaftssprache Deutsch ist eine Errungenschaft, an der Generationen von Gelehrten 500 Jahre lang hart gearbeitet haben. Ihr Niedergang bedeutet die Verschleuderung eines immensen geistigen und materiellen Kapitals, das über Jahrhunderte hinweg angesammelt worden ist. Es darf nicht von einer einzigen Generation verjuxt werden.

Friedrich Heinemann

Die Erosion der Moral

Warum der Wohlfahrtsstaat zur Trägheit verführen kann

Das Thema, über das ich rede, hat schon vor über 70 Jahren Franklin D. Roosevelt treffend formuliert. Roosevelt ist in den USA bekannt als der Vater des dortigen Sozialstaats, der Vater des Aufbaus einer Arbeitslosenversicherung. Aber schon Roosevelt hat sich darüber Gedanken gemacht, wie denn wohl der Sozialstaat auf Dauer wirken würde. Seine Sorge war, dass die dauerhafte Abhängigkeit von staatlicher Unterstützung „geistige und moralische Auflösung" zur Folge hat. Er warnte davor, dass der Sozialstaat immer auch Gefahr läuft, die menschliche Leistungsfähigkeit, „den menschlichen Geist schleichend zu zerstören". Roosevelt thematisiert damit das Problem, dass der Sozialstaat, der helfen soll, unverschuldete Armut abzufedern, dieses Ziel vielleicht erreicht, auf der anderen Seite aber langfristige Verhaltensänderungen auslöst.

Wir Ökonomen haben uns lange Zeit nicht um solche möglichen Nebenwirkungen gekümmert. In der Ökonomie dominiert immer noch das Bild des homo oeconomicus, also eines Menschen, der ganz rational und kalt seinen Nutzen maximiert. Allerdings hat in der letzten Zeit ein Umdenken stattgefunden. Auch Wirtschaftswissenschaftlern wird immer mehr klar, dass Emotionen eine Rolle spielen und Gerechtigkeitserwägungen wichtig sind, außerdem wird zunehmend deutlich, dass soziale Normen von Bedeutung sind. Der Mensch ist nicht jemand, der einfach nur seinen Nutzen maximiert, komme was da wolle, sondern er wird in seinen Verhaltensweisen durch gesellschaftliche Vorstellungen dahingehend geprägt, was man tun oder lassen soll.

Es gibt ganz unterschiedliche soziale Normen im Hinblick auf den Wohlfahrtsstaat, die auch international sehr verschieden sind. Zum Beispiel ist die Vorstellung, dass ich selbst meines Glückes Schmied bin, im amerikanischen Raum sicher weit verbreitet. In anderen Ländern hingegen dominiert eher die Idee, die Gesellschaft trägt maßgeblich Verantwortung für mein Wohlergehen. Oder betrachten wir zum Beispiel die Norm, die bei älteren Menschen ausgeprägt ist: Sozialleistungen nimmt man nur schamhaft in Anspruch im absoluten Notfall. Andere Menschen neigen dagegen eher zur Ansicht, voll und ganz ein Recht auf Sozialleistungen zu haben. Derartige Normen sind natürlich auch Grundlage dafür, wie großzügig ein Sozialstaat überhaupt ausgestaltet sein kann. Ein Land, in dem die Sozialnormen auf Eigenleistungen ausgerichtet sind, in dem die Vorstellung, es sei peinlich, den Sozialstaat in Anspruch zu nehmen, überwiegt, ein solches Land kann sich relativ generöse Regeln leisten, weil seine Bürger die Regeln nicht über Gebühr strapazieren werden; sie sind von einer ethischen Grundüberzeugung getragen, für ihr Auskommen selber aufkommen zu müssen, sich niemals ohne Not krankschreiben zu lassen oder niemals ohne Not in eine Frühverrentung zu gehen usw.

Der Zusammenhang zwischen sozialen Normen und der Großzügigkeit des Sozialstaats ist international beobachtbar, und damit komme ich langsam zu den empirischen Phänomenen. Ein internationaler Vergleich der Sozialstaaten zeigt, dass sie enorm unterschiedlich sind bezüglich ihrer Großzügigkeit. In Europa wird in den letzten Jahren das dänische Modell sehr gelobt. Dieses Modell wird unter der Überschrift „Flexicurity" gehandelt. Diese Wortschöpfung ist zusammengesetzt aus den Begriffen „flexibility" (Flexibilität) und „security" (Sicherheit). Sicherheit wird also mit Flexibilität vereinbart. Wie funktioniert das? Beim Kündigungsschutz zum Beispiel ist Dänemark durch ein ganz liberales System, das „hire and fire"-Prinzip, gekennzeichnet. Arbeitgeber in schwierigen Lagen können ohne Probleme und ohne lange Fristen ihren Arbeitnehmern kündigen, ganz ähnlich dem amerikanischen System. Aber im Unterschied zu den USA werden Arbeitslose großzügig abgesichert durch eine hohe Absicherungsleistung, hohes Arbeitslosengeld, was auch über lange Zeiträume gezahlt wird. Die Mischung zwischen der Flexibilität, die den Arbeitnehmern zugemutet wird, und der Sicherheit, die sie im Fall der Arbeitslosigkeit auffängt, dieses Flexicurity-Modell wird gelobt und ist natürlich mit Recht ein interessantes Modell. Aber wenn man mal dahinter schaut und sich fragt, warum funktioniert das in Dänemark sehr gut, dann stellt man fest: Dänemark ist ein Land, in dem die Sozialstaatsmoral enorm ausgeprägt ist. In internationalen Vergleichen zeigen die Dänen in Umfragen die höchsten Anteile bei der Frage „Ich darf Sozialleistungen niemals ungerechtfertigt in Anspruch nehmen". Die Dänen sind in ihrer Arbeitsethik also ein ausgesprochen moralisches Volk, und natürlich kann in so einem Land ein großzügiges System funktionieren, in dem ein Arbeitsloser drei Jahre lang fast sein letztes Nettoeinkommen erhält, ohne dass befürchtet werden muss, dass diese Regel über Gebühr teuer wird.

Daran sehen Sie, welche Fehler man machen kann, wenn man versucht, dieses Modell einfach in irgendein anderes Land zu übertragen. Ich muss mir in diesem anderen Land immer auch die Ausprägung der sozialen Normen anschauen. Haben die Menschen eine gleiche Grundüberzeugung, dass man den Sozialstaat nicht ausnutzen darf, oder ist diese Haltung vielleicht viel weniger ausgeprägt? Wenn ich das versäume, könnte es passieren, dass mir die fiskalischen Kosten der Flexicurity „um die Ohren fliegen".

Folglich können wir feststellen, dass ein großzügiger Sozialstaat nur dann finanzierbar ist, wenn auch die sozialen Normen sehr stark ausgeprägt sind. Damit komme ich zu der Frage, was eigentlich soziale Normen sind, wie sie sich bilden und wie sie aufrecht erhalten werden.

Eine soziale Norm ist zunächst dadurch definiert, dass sie von vielen Menschen geteilt wird. Zweites Merkmal einer sozialen Norm ist, dass sie durch Sanktionen unterstützt wird. Sanktionen können externer und interner Natur sein. Eine externe Sanktion beinhaltet nicht unbedingt gleich Geldstrafen oder Ähnliches, eine externe Sanktion könnte sich auch in Form von Kritik durch Freunde oder die Familie, einen Nachbarn oder vielleicht mal durch einen Fremden äußern. Wenn ich zum Beispiel Müll auf die Straße werfe und jemand sagt zu mir: „Warum haben Sie das denn gemacht? Das sollte Sie aber bitte in den nächsten Mülleimer werfen", dann ist das eine Art der externen Sanktion, die enorm wichtig ist, um eine Norm am Leben zu halten.

Darüber hinaus gibt es die interne Sanktion, die überhaupt nichts mit Dritten zu tun hat. Hier geht es um das Phänomen, dass ich mich einfach unwohl fühle, wenn ich gegen eine Norm verstoße, die sich bei mir durch meine Erziehung über lange Jahre gebildet hat. Wenn ich so erzogen bin, dass ich bei Rot an der Ampel stehen bleibe, dann habe ich ein ungutes Gefühl, wenn ich über die Straße gehe, selbst wenn weit und breit kein Auto, kein Fußgänger und kein Kind zu sehen ist. Das ist einfach tief in uns verwurzelt. Der Ethiker würde sagen, das ist das Gewissen. Diese internen Normen sind auch deshalb wichtig, weil sie sehr langlebig sind. Oft ist es so, dass interne Grundüberzeugungen in der Jugend geprägt werden und dann eigentlich ein Leben lang Bestand haben.

Damit wird auch schon deutlich, dass die internen Sanktionen viel dauerhafter sind als die externen Sanktionen. Das bedeutet, dass sich Normen nicht von heute auf morgen verändern. Verändern werden sich Normen nur mit dem Wechsel von Generationen. Bezogen auf den Sozialstaat heißt das, es ist eigentlich nicht zu erwarten, dass unsere Sozialstaatsnormen plötzlich kollabieren. Aber es ist natürlich möglich, wenn eine Generation die andere ablöst, dass wir grundlegende Veränderungen erleben.

Allgemein wichtig für Sozialnormen ist, dass sie abgesichert werden durch die Reziprozität. Was meine ich damit? Reziprozität bedeutet, dass ich wahrnehme, nicht nur ich halte mich an die Norm, sondern auch meine Mitmenschen. Das ist für die Stabilität von Normen von großer Wichtigkeit. Wenn ich den Eindruck bekomme, dass ich der „letzte Depp" bin, der sich an die Norm hält, dann ist sie endgültig gefährdet und wird verschwinden.

Wie kann der Sozialstaat Normen verändern? Es ist eine große Gefahr, dass der Sozialstaat soziale Normen verändert, die er eigentlich braucht, um zu funktionieren. Die grundlegende These, dass der Sozialstaat im Grunde, wenn er falsch ausgestaltet wird, sein eigenes normatives Fundament untergräbt, stammt von Assar Lindbeck, einem bekannten schwedischen Ökonomen und Arbeitsmarktexperten. Lindbeck hat in vielen Beiträgen und theoretischen Modellen beschrieben, wie man sich eine schwindende soziale Norm und Ehrlichkeit im Umgang mit staatlichen Leistungen vorstellen muss, und er hat dafür folgenden Mechanismus beschrieben:

Stellen Sie sich die Situation vor, bevor es überhaupt einen ausgebauten Sozialstaat gibt, wie sie in vielen europäischen Ländern zu Beginn des 20. Jahrhunderts vorherrschte. Die Arbeitsethik war sehr ausgeprägt, die Grundüberzeugung, ich muss für mein eigenes Wohl sorgen, wurde von der überwältigenden Mehrheit der Bevölkerung geteilt. Natürlich auch deswegen, weil es ja überhaupt keine Alternative gab zu dem Ansatz, von seiner eigenen Arbeit zu leben. In der Folge wurde der Sozialstaat ausgebaut und das Angebot für Menschen, die in Not kommen, ausgeweitet. In der Folge passiert zunächst nicht viel, denn die internen und externen Sanktionen werden weiterhin helfen, die Norm, dass ich diesen Sozialstaat nicht ausnutzen darf, zu erhalten.

Aber es hat sich etwas Entscheidendes verändert: Aus der individuellen Perspektive wird es kostspieliger, sich an die Norm zu halten. Bevor es einen Sozialstaat gab, war ein gutes Gewissen leicht zu erhalten, es gab wie gesagt keine Alternative und man konnte mit Fug und Recht betonen, nein, man darf den Sozialstaat nicht betrügen. Doch jetzt gibt es den Sozialstaat, und wenn ich mich an diese Norm halte, kostet mich das etwas, nämlich mir entgeht die Möglichkeit, den Sozialstaat auszutricksen.

Zum Glück wird die überwiegende Mehrheit der Menschen in einer solchen Situation auch weiter den bekannten Normen anhängen, aber eine kleine Minderheit wird vielleicht überlegen, doch einen anderen Weg zu gehen und zum Beispiel die Einkommen etwas niedriger angeben, um höhere Sozialleistungen zu erhalten usw. Das werden einzelne sein und die werden auch erst einmal im Verborgenen agieren, doch mit der Zeit wird dieses Verhalten mehr und mehr beobachtet und kopiert. Und das Problem beginnt in dem Moment, wo eine kritische Masse erreicht ist, weil dann die Idee der Reziprozität nicht mehr gilt und die Ehrlichen das Gefühl bekommen, die Dummen zu sein.

Wann ist die kritische Masse erreicht? Das ist dann der Fall, wenn Sie zum Beispiel in der Straßenbahn sitzen und eine Unterhaltung zwischen zwei Leuten hören, die in etwa lautet: „Ach, jetzt habe ich eigentlich lang genug gearbeitet, jetzt kann ich mich mal wieder arbeitslos melden, um wieder eine Weile mein Arbeitslosengeld abzuholen." Wenn die Scham verblasst ist, über Fehlverhalten zu reden, dann wird es richtig gefährlich für eine soziale Norm.

Gefördert wird eine solche Entwicklung auch durch bestimmte Katalysatoren, die dazu beitragen können, dass eine Sozialstaatsmoral Schaden nimmt. Ein Katalysator ist etwa ein makroökonomischer Schock, wenn Menschen unverschuldet in die Arbeitslosigkeit hineingestoßen werden und jetzt die Angebote des Sozialstaats überhaupt kennenlernen – wir haben so etwas erlebt etwa während der Ölkrise in den 70er Jahren, als die Vollbeschäftigung zu Ende war. Ein zweiter Katalysator ist der generative Wechsel, wenn eine Generation nachwächst, die schon in dem Sozialstaat sozialisiert worden sind. Wir stellen immer wieder fest, dass ältere Menschen erhebliche Skrupel haben, aus unserer Sicht auch völlig ungerechtfertigte Skrupel, Leistungen des Sozialstaats in Anspruch zu nehmen, weil sie in einer Zeit großgeworden sind, in der die Grundüberzeugung herrschte, soziale Leistungen dürfe man nur im äußersten Notfall in Anspruch nehmen. Die nachwachsende Generation bewertet das ganz anders.

All das ist aber erst einmal nur graue Theorie. Wir wollten nun in einer empirischen Untersuchung herausfinden, ob sich diese Theorie auch nachweisen lässt. Glücklicherweise gibt es heute Datenbasen, die man dazu heranziehen kann. Wir haben den World Value Survey zu Hilfe genommen. Der World Value Survey ist eine international koordinierte Umfrage, die in regelmäßigen Abständen in vielen Ländern der Welt erhoben wird. Er beinhaltet alle möglichen Fragen, z.B. nach Weltanschauung, nach religiöser Grundhaltung, nach politischer Einstellung usw. Aufgrund dieser enorm wertvollen Umfrage sind wir in der Lage, 30 Industrieländer vergleichend zu untersuchen. Und weil sie schon seit 1980 durchgeführt wird, existieren Daten seit über 20 Jahren, das heißt, wir können im Zeitverlauf nachvollziehen, wie sich soziale Normen ändern. In diesem World Value Survey gibt es eine Frage, die seit Anfang der 80er Jahre regelmäßig gestellt wird: „Kann es gerechtfertigt sein, Sozialleistungen in Anspruch zu nehmen, auch wenn Sie dazu nicht berechtigt sind?"

Es geht dabei also überhaupt nicht um die Frage, ob jemand Sozialleistungen in Anspruch nimmt, auf die er gesetzlich einen Anspruch hat. Das ist ja völlig unstrittig, dafür ist der Sozialstaat gemacht. Das Problem fängt an, wenn Sozialleistungen beantragt und dabei zum Beispiel Einkommen verschwiegen werden.

Man kann natürlich zweifeln, ob die Menschen diese Frage ehrlich beantworten. Aber ich denke, da ist einige Zuversicht angebracht. Denn es wird ja nicht gefragt: „Betrügen Sie persönlich den Sozialstaat?“, sondern hier wird ganz unverfänglich eine Einschätzung erbeten, ob so etwas ganz allgemein in Betracht kommen könnte. Durch die neutrale Art und Weise der Frage kann man eigentlich davon ausgehen, ein ganz gutes Bild einer solch normativen Grundüberzeugung zu bekommen.

Und weil wir das jetzt beobachten können für 30 Staaten in der industriellen Welt über einen Zeitraum von 20 Jahren, erlaubt uns das empirische Tests. Wir haben also bestimmte Hypothesen, angelehnt an Assar Lindbeck, formuliert, nämlich dass der Ausbau des Sozialstaats dazu führt, dass sich die Sozialstaatsmoral im Zeitablauf verschlechtert. Eine zweite These lautet, dass das Ganze zu tun hat mit Erfahrungen großer Arbeitslosigkeit, weil die Menschen in dieser Situation den Sozialstaat kennenlernen und dadurch die Sozialstaatsmoral unterhöhlt wird. Eine dritte Hypothese, der wir nachgegangen sind, ist die, ob der Wechsel der Generationen sich auf die Sozialmoral auswirkt, auch wenn ich Personen im gleichen Alter mit unterschiedlichem Geburtsjahr miteinander vergleiche. Ich muss dann die Aussagen eines 50-Jährigen zum Beispiel aus dem Jahr 1980 vergleichen mit den Aussagen eines 50-Jährigen aus dem Jahr 2000. Die Überlegung ist, wenn sich der generative Wechsel auswirkt, dann wird der später Geborene im gleichen Lebensalter eine geringere Sozialstaatsmoral an den Tag legen als der früher Geborene, der in einer Zeit groß geworden ist, als es die Hilfsangebote des Sozialstaats in dieser Form noch nicht gab.

Wenn man eine solche Untersuchung macht und viele Tausende von Beobachtungen heranzieht, ist es enorm wichtig, weitere Faktoren zu berücksichtigen. Denn es mag zwar sein, dass der Sozialstaat und seine Geschichte die Sozialstaatsmoral beeinflusst. Es gibt aber viele andere Faktoren, und je mehr von diesen Faktoren man einbezieht, umso besser. Das haben wir gemacht. Ich gebe Ihnen einige Beispiele: Das Geschlecht der Teilnehmer haben wir berücksichtigt. Wir wissen, dass Frauen durchweg moralischer sind als Männer. Es gibt ja diesen berühmten Song „Männer sind Schweine“, wissenschaftlich ist das ein Stück weit belegt. Religiosität ist ein weiterer Punkt. Es ist in anderen Zusammenhängen belegt, dass religiöse Menschen, die ihre Religiosität auch durch den Kirchgang praktizieren, eine höhere Ausprägung bei moralischen Indikatoren zeigen. Das ist ganz interessant auch mal für die Kirchen zu erfahren. Diese sollten ihr Licht nicht unter den Scheffel stellen. Es ist keineswegs so, dass Religion keinen messbaren Einfluss hätte auf normative Überzeugungen. Diese Einflüsse sind messbar und inzwischen auch zunehmend anerkannt. Der Familienstand spielt eine Rolle, ist jemand verheiratet oder lebt in einer Partnerschaft, denn wenn jemand in einer Ehe oder Partnerschaft lebt, kann man auch davon ausgehen, dass es eine gewisse Kontrollinstanz gibt und insofern eine höhere normative Grundüberzeugung. Jemand, der einsam ist, muss seine Verhaltensweisen nur vor sich selber verantworten. Wohlgemerkt, all das gilt nur im Durchschnitt und tendenziell und natürlich bestätigen Ausnahmen die Regel. Weitere Faktoren haben wir einbezogen, z. B. das Einkommen; denn jemand, der ein hohes Einkommen hat, der kann natürlich trefflich moralisch sein, wenn er niemals Gefahr läuft, Sozialleistungen in Anspruch nehmen zu müssen.

Die Einflüsse der Faktoren wirken sich in den allermeisten Fällen aus wie erwartet. Wir stellen fest, dass zum Beispiel Frauen, religiöse Menschen und Eheleute eine höhere Sozialmoral an den Tag legen. Vertrauen in die Politik spielt außerdem eine große Rolle. Jemand, der Vertrauen in sein Land, in die politische Elite besitzt, wird auch eher bereit sein, sich an die geschriebenen und ungeschriebenen Regeln und Gesetze zu halten, als jemand, dem das Vertrauen völlig abhanden gekommen ist.

Werfen wir einen Blick auf die Länder. Schweden ist eigentlich ein Beleg für die These, dass Lindbecks Sichtweise richtig ist. Denn Schweden ist ein Land, in dem der Ausbau des Sozialstaats über die 60er bis 80er Jahre enorm ausgeprägt war. Und Schweden ist auch das Land, für das der World Value Survey einen erschreckenden Rückgang der Sozialstaatsmoral zeigt. Anfang der 80er Jahre haben 82 Prozent der Schweden gesagt, nein, man darf Sozialleistungen niemals ungerechtfertigt in Anspruch nehmen, in der letzten Umfrage waren das nur noch 55 Prozent. Gerade in Schweden ist also ein deutlicher, um nicht zu sagen dramatischer Rückgang der Sozialstaatsmoral zu konstatieren.

Aber auch Gegenbeispiele haben wir gefunden, zum Beispiel die USA. Dort war der Rückgang der Sozialstaatsmoral nicht ganz so ausgeprägt, dennoch messbar, und man kann nun wahrlich nicht behaupten, dass der Sozialstaat in den Vereinigten Staaten besonders stark ausgebaut worden wäre.

Wir haben nun alle unsere Beobachtungen mit den möglichen Erklärungsfaktoren in Beziehung gesetzt und Indikatoren hinzugefügt, die quantifizieren, wie ausgeprägt der Sozialstaat in dem betreffenden Land ist und wie stark er gewachsen ist. Unsere Vermutung ist, wenn die These von Lindberg richtig ist, dass der Sozialstaat die Moral untergräbt, dass dieser Indikator anschlägt und die Befragten aus Ländern, in denen der Sozialstaat stark gewachsen ist und die Transfers stark zugenommen haben, tendenziell eine niedrigere Moral zeigen. Tatsächlich können wir diese Annahme ganz klar bestätigen. Auch der zweiten Hypothese, dass das Ganze mit der Arbeitsmarktgeschichte zu tun hat, können wir zustimmen. Die dritte Hypothese schließt sich dem an: Der Geburtsjahrgang spielt definitiv eine Rolle. Wenn ich einen 50-Jährigen im Jahr 1980 mit einem 50-Jährigen im Jahr 2000 vergleiche, dann hat der 50-Jährige im Jahr 2000 eine niedrigere Sozialstaatsmoral im Durchschnitt als der 50-Jährige im Jahr 1980. Das muss etwas mit dem Geburtsjahr zu tun haben und nicht Ausdruck des zunehmenden Alters. Der reine Alterseffekt würde ja bedeuten, in meinem Lebenslauf verändert sich die Sozialstaatsmoral und die 50-Jährigen befinden sich dann alle auf dem gleichen Level. Wir stellen aber fest, das dies so nicht gilt.

Aus diesen Ergebnissen kann ich eine ganze Reihe von Schlussfolgerungen ziehen. Zunächst einmal wird bestätigt, dass Ökonomen sehr gut daran tun, nicht mehr so ganz blind auf diesen homo oeconomicus zu setzen, der einfach maximiert und völlig kalt und gewissenlos vorgeht. Das ist falsch. Verhaltensweisen werden durch Normen restringiert. Es ist wichtig, das in Zukunft stärker zu berücksichtigen.

Für unsere Wirtschafts- und Sozialpolitik ist der Befund aber natürlich auch von großer Bedeutung, etwa wenn wir darüber nachdenken, wie wir unseren Sozialstaat fortentwickeln. Wir dürfen nicht naiv davon ausgehen, nur weil das großzügige Hilfsangebot in Dänemark funktioniert, wird das unbedingt auch bei uns der Fall sein. Wir müssen uns bei allen Reformen immer auch überlegen, wenn wir jetzt dieses und jenes Angebot machen, wie wir sicherstellen können, dass dennoch eine Grundüberzeugung „ich bin selber verantwortlich für mein Wohlergeben" gestärkt und nicht untergraben wird. In den letzten Jahren haben wir diesbezüglich schon einiges richtig gemacht. Zum Beispiel waren die Arbeitsmarktreformen, die sogenannten „Hartz-Reformen", von einem großen Konsens getragen, dass die Angebote des Sozialstaats viel stärker geknüpft sein müssen an gewisse Forderungen. Denken wir an das Schlagwort „fördern und fordern". Das sind genau die Rezepte, die wir brauchen, um das Ziel zu erreichen, weiterhin einen Sozialstaat bereit zu stellen, der Hilfsbedürftige und unverschuldet in Not Geratene abfedert. Aber wir müssen eben die Gratwanderung schaffen, dass das nicht zu einem allgemeinen Zerfall von Sozialstaatsnormen führt. Das ist eine wichtige Botschaft.

Aus ihr resultiert eine große Skepsis gegenüber ganz großzügigen neuen Ideen wie dem allgemeinen Grundeinkommen. Vor dem Hintergrund unserer Analysen sind das sehr riskante Vorschläge, die wegen ihrer Auswirkungen auf soziale Normen zumindest eine genaue Überprüfung erfordern.

Zum Schluss möchte ich noch betonen, dass unsere Forschungsergebnisse natürlich durch weitere Forschungen ergänzt werden müssen. Was heute noch nicht genügend verstanden ist, ist die Frage, welche Merkmale des Sozialstaats besonders gefährlich sind für soziale Normen. Wir haben bislang nur sehr pauschal darauf geschaut, wie sich das Wachstum des Sozialstaats auswirkt, wir haben uns aber noch nicht im einzelnen damit beschäftigt, welche Regeln und Merkmale besonders von Bedeutung sind. Vielleicht lässt sich ja in Zukunft unter angemessener und kluger Einbeziehung bestimmter Regeln ein großzügiger, aber kostengünstiger Sozialstaat installieren, der die negativen Folgen, die immer wieder zu befürchten sind, ein Stück weit ausschließen kann.

Dieter Henrich

Kreativität des Denkens in der Universität

Schelling, Hegel und Hölderlin im Tübinger Stift – Eine Begegnung mit Folgen

Forschung & Lehre: Seit dem Wintersemester 1790/91 bewohnten Schelling, Hegel und Hölderlin für knapp drei Jahre gemeinsam ein Zimmer im Tübinger Stift. Schelling war damals erst 16 Jahre alt. Eine in der Geistesgeschichte einmalige Konstellation und die Geburtsstunde einiger der bedeutendsten Leistungen der Philosophie?

Dieter Henrich: Das gemeinsame Zimmer ist nur für ein Semester einigermaßen sicher bezeugt. Man muss sich die durch Enge geprägte Situation so vorstellen: Für eine größere Anzahl von Studenten gab es eine Art Schlafsaal. In ihm hatte meistens auch einer der jungen ‚Repetenten' (sie waren für die Hilfe bei der Lehre, der Aufsicht und der Beurteilung der Studenten zuständig) ein leicht abgetrenntes Kabinett. Außerdem gab es eine Arbeitsstube, Museum genannt, in der die Studenten Schreibpulte und Truhen für ihre Materialien hatten. Man teilte die Mahlzeiten sowie viele der Lehrveranstaltungen und kannte sich schon aus all dem sehr genau. Die freundschaftliche Verständigung über Fragen des Lebens und der Orientierung für das Leben geschah in der freien Zeit, bei der gemeinsamen Lektüre und Diskussion von wichtigen neuen Büchern, in Debatten im kleinen Kreis und mit den Repetenten.

Alle drei hatten jeweils zumindest einen Freund, der ihnen noch näherstand. Wie wichtig sie aber füreinander waren, kann man daran erkennen, dass sie die Briefe, die sie sich bald nach der Trennung schrieben, fast als die einzigen lebenslang aufbewahrt haben. Noch während des Studiums haben alle drei auch schon die Richtung auf ihr späteres Werk eingeschlagen und erste Grundlagen für es gewonnen.

Das setzt voraus, dass sie in der erregten und schnell voranschreitenden öffentlichen Diskussion der Zeit bereits in Tübingen auf einem avancierten Stand waren und sein konnten. Hölderlin hatte sich dann mit 25 Jahren eine eigene Position in der Philosophie erarbeitet. Schelling hat sich fast zur selben Zeit, noch mit 19 Jahren, aus der Stiftsstube heraus als Autor und als überhaupt erster Nachfolger Fichtes bekannt gemacht. Hegel hat seine philosophische Position etwas später formuliert, aber auch bevor er 30 Jahre alt wurde. Sowohl Hölderlin als auch Schellings Schriften waren für ihn dabei von maßgebender Bedeutung. Schelling und Hegel haben dann gemeinsam der nachkantischen Philosophie eine für sie charakteristische und in ihrer Epoche dominante Gestalt gegeben.

Dass eine solche Dynamik in einem kleinen studentischen Freundeskreis aufkam, gilt in der Tat sogar weltweit als eine Tatsache ohne Beispiel. Erst im zwanzigsten Jahrhundert hat man übrigens die Bedeutung auch von Hölderlins späterer Dichtung erkannt, die bis dahin zum großen Teil noch nicht publiziert war. Diese Dichtung und die Frage nach ihrem Verhältnis zu Hegels Denken wird, zusammen mit der Frage nach ihrer Bedeutung auch für die Gegenwart, inzwischen überall in der Welt, auch in der angelsächsischen, viel diskutiert und wichtig genommen.

F&L: Was ist das Neue und vielleicht Gemeinsame in ihrem Denken gewesen?

Dieter Henrich: Alle drei haben sich in die von Kant ausgehende Bewegung eingereiht. Es ging darum, den Ursprung der Erkenntnis im seiner selbst bewussten Subjekt zu verstehen und in einem damit eine neue Rechtfertigung für das Bewusstsein der Freiheit zu gewinnen. Sie wollten in diesem Zusammenhang auch die Natur, unter Einbeziehung neuer Entwicklungen in der Physik, vertieft verstehen. Als Theologen waren sie zudem mit der Schwierigkeit vertraut, ein Verstehen des Menschenlebens zu gewinnen, das wirklich alle seine Erfahrungen und Regungen einbegreifen kann. So strebten sie nach dem, was Hölderlin eine ‚höhere Aufklärung' nannte: nicht nur nach einem Primat der Rationalität, sondern nach einer freien Entfaltung des Menschenlebens in allen seinen Dimensionen und im Wissen von dem, was dies Leben begründet und ermöglicht.

F&L: Die Tübinger Universität der damaligen Zeit wird immer wieder als „Bollwerk der Reaktion" gegen die Wellen der französischen Revolution und gegen den geistigen Aufbruch der Kantischen und Fichteschen Philosophie betrachtet. Doch war das Tübinger Stift trotz rigoroser Disziplinierung der Studenten von revolutionärem Geist erfüllt. Waren die drei Dichter und Denker Wortführer?

Dieter Henrich: Im Einverständnis mit den Freunden war allein Schelling Wortführer und Agitator. Er war, obwohl der Jüngste, der Erste in der Rangliste seines Jahrgangs und hatte als solcher hohes Ansehen und eine privilegierte Stellung. In den Stipendiaten des Stifts sah man die künftige intellektuelle Führungsschicht des Landes. Man war auf die Besten stolz und sah ihnen vieles nach. Die Professoren, zumal die der Theologie, waren Kritiker aller neuen Entwicklungen, in Politik, Philosophie und Aufklärungstheologie gleichermaßen. Aber einige waren bedeutende Gelehrte, von denen sich auch viel lernen ließ, indem man sich gegen sie zur Wehr setzen musste.

F&L: Gibt es Parallelen zu der Studentenrevolte von 1968?

Dieter Henrich: Die Tübinger Studenten waren anfänglich nur Echo, dann aber Transformatoren der Zeittendenzen. Die Revolte von 1968 ging von den Studenten selbst aus. In beiden Fällen war eine Veränderung von Lebensgefühl und Verhaltensstil im Spiel. Die 68er Revolte blieb aber in ihrer Wirkung schließlich ganz darauf beschränkt. Sie hat Debatten der zwanziger Jahre wiederbelebt, aber nichts Neues hervorgebracht. Was nach 1790 in der deutschen Philosophie gedacht wurde, ist dagegen Teil der Intellektualgeschichte der Menschheit geworden.

F&L: Haben sich diese Denker nicht aufgrund, sondern gerade gegen die widrigen universitären Bedingungen so einzigartig entwickelt? Wenn ja, zeigt dies nicht die Machbarkeitsgrenzen des Konzepts von „Eliteuniversitäten"?

Dieter Henrich: Über die Lage in Tübingen muss man differenziert urteilen. Das Studiensystem war ziemlich das Gegenteil von dem, was wenig später Wilhelm von Humboldt im Sinne hatte. Es beförderte vor allem den Widerstandsgeist. Im Stift herrschten aber eine effektive Arbeitsdisziplin sowie günstige Bedingungen für intensive Dauerdebatten und für die Entwicklung eines Selbstwertgefühls aufgrund von herausragenden Leistungen – und das in einer Engführung zwischen hochkarätiger Wissenschaft und der Aufgabe einer Grundverständigung über das Menschenleben. Dies alles sind auch Voraussetzungen für eine lebendige Universität.

Eine kluge Planung könnte durchaus das Design einer solchen Universität entwerfen. In Anbetracht der großen Zahl und der Interdependenz dieser Voraussetzungen bedarf es dazu sowohl vielfältiger Erfahrung wie konzeptioneller Phantasie. Humboldt hatte diese Erfahrungen in Göttingen und Jena gemacht und sich zu seiner Konzeption von den besten Köpfen der Zeit Rat geholt. Auch kleinere Änderungen in der Programmierung der bekannten US-Universitäten werden in gründlichen Beratungen und Debatten vorbereitet.

In unserem Land sind die Voraussetzungen für die Verwirklichung einer hinreichend tief durchdachten Konzeption inzwischen extrem ungünstig. Seit einem Jahrhundert sind die institutionellen Veränderungen verschleppt worden, die gerade um der Bewahrung ihrer Tradition willen längst notwendig geworden waren. Heute müssen sechzehn Wissenschaftsministerien überall auf Parteiinteressen und Meinungsmoden und zudem aufeinander schielen und Rücksicht nehmen. Das Selbstbewusstsein und Selbstvertrauen der Universitäten ist unterminiert – auch dadurch, dass die Art der abgesunkenen Wertschätzung des Professorenamtes darin zum Ausdruck kommt, dass man es immer sogleich mit läppisch benannten Besoldungstabellen wie H oder C oder W in Verbindung bringt. Es muss womöglich erst einmal eine chaotische Situation eintreten, bis ein Humboldt irgendeine Erfolgsaussicht haben kann. Humboldt hat ja auch auf die Verwirrungen reagiert, die in Frankreichs System der höheren Bildung während der Revolution eintraten und zudem auf Napoleons Versuch, einer von ihm reformierten ‚kaiserlichen' Universität seine Grandes Écoles überzuordnen. Die größte Hoffnung, die sich noch mit dem ‚Bolognaprozess' verbinden lässt, geht inzwischen darauf, dass gerade er alle Aussicht darauf hat, ein solches kreativitätsförderndes und -forderndes Chaos zu bewirken.

F&L: Kant, die Denker des deutschen Idealismus, Schleiermacher und Wilhelm von Humboldt haben das Verständnis von Wissenschaft und Universität vertieft und auf neue Fundamente gestellt. Worin bestand das Neue und was ist davon heute unaufgebbar?

Dieter Henrich: Ihre gemeinsame Einsicht ging dahin, dass sich weder Leistungsfähigkeit in der Forschung noch eine belastbare Selbstverständigung antrainieren lassen. Deshalb muss das Universitätsstudium von Beginn an auf die Herausforderung zu kreativem Denken hin orientiert sein. Das darf heute nicht mehr heißen, dass die Universität nur auf künftige große oder kleine Forscherleben vorbereiten soll. Sie muss aber auch dort, wo sie nur für Berufe ‚ausbildet', vor allem die eigenständige Urteilsfähigkeit herausfordern. Gleichzeitig darf sie denen, die zu großen Leistungen befähigt sind, nicht beliebig lange Umwege durch eine nur auf Effizienz bedachte Berufsausbildung aufzwingen. Sie darf ihnen auch nicht die Möglichkeit entziehen, selbst auf die

Suche nach dem Lehrer zu gehen, von dem sie am meisten gewinnen können. Schon aus dem Widerspiel nur dieser wenigen Aufgaben, die doch unter einem Dach gelöst werden müssen, geht das Format des Problems hervor, der Universität in der Gegenwart eine überzeugende Konstitution zu geben, die wieder weltweit ausstrahlen könnte. Die institutionellen Voraussetzungen dafür sind bei uns derzeit nirgends gegeben oder auch nur abzusehen.

F&L: Unter welchen Bedingungen können Universitäten Bedeutung im geistigen Leben des Landes haben?

Dieter Henrich: Die Universität ist der Ort, an dem junge Menschen zur Selbständigkeit gelangen – sei es in ihrem Beruf, sei es in der Wissenschaft. Das geschieht in den Lebensjahren, in denen sie auch auf der Suche nach einem Sich-verstehen in ihrem Leben und bei der Begründung einer eigenständigen Weltbeziehung sind. Darum sind sehr viele von ihnen offen für Grundfragen jeder Weltbeziehung und der Situation der Zeit, in der sie ihr Leben führen müssen. Diese innere Bewegung und die Begründung von Kreativität in der Wissenschaft sind auf vielerlei Weise direkt und untergründig miteinander verbunden. Die Universität wird zu einem Zentrum der Intellektualität in einem Lande, wenn sie sich als ein Ort ausgestaltet, an dem auch alle diese Fragen auf maßgebendem Niveau erschlossen, erörtert und diskutiert werden. Für das Land ist das ebenso wichtig wie für den Rang der Wissenschaften in ihm und ihre Vermittlung zur jeweils nachfolgenden Generation. Dieser Aufgabe wurde die Universität in Deutschland gerecht, solange Humboldts Gründung noch nicht deformiert war. In den bedeutenden US-Universitäten wird sie nicht weniger beachtet als der Gewinn und die Sicherung von wissenschaftlicher Exzellenz.

Johanna Hey

Gerechte Steuern?

Eine Analyse aus steuerrechtlicher Sicht

Der Traum vom gerechten Steuerrecht ist ebenso alt wie unerfüllt, zum einen weil die Ansichten darüber, was Steuergerechtigkeit ausmacht, auseinandergehen, zum anderen, weil das Ideal der gerechten Steuer gegen zahlreiche tatsächliche und rechtliche Herausforderungen zu verteidigen ist. Vor allem in Wahlkämpfen wird Steuergerechtigkeit versprochen, mit Wahlkampfgeschenken aber oftmals das Gegenteil erreicht. Kaum ein anderes Thema scheint derart geeignet, breite Massen zu erreichen. Zugleich ist die Frage nach der Gerechtigkeit des Steuerwesens ein entscheidender Gradmesser für das Verhältnis zwischen Staat und Bürger. Nur der gerecht besteuernde Staat kann von seinem Bürger Gehorsam erwarten, mit den Worten Klaus Tipkes: Die Besteuerungsmoral bedingt die Steuermoral.

Als politischer Kampfbegriff wird Steuergerechtigkeit häufig mit Umverteilung gleichgesetzt. Während das Steuerrecht nach den Ideen der Naturrechtslehre und des Liberalismus die vorgefundene Wirtschafts- und Sozialordnung nicht beeinflussen soll, wird die Steuerprogression spätestens seit Rousseau vielfach nicht nur als Ausdruck von Sozialpolitik, sondern von Gerechtigkeit angesehen. Der modernen Steuerwissenschaft gilt die Progression dagegen keineswegs als Essential eines gerechten Steuerrechts. Der verfassungsrechtlichen Gerechtigkeitsforderung ist Genüge getan, wenn die Steuer den Grundsätzen der Allgemeinheit und Gleichheit entspricht. Da Steuern per definitionem gegenleistungslos erhoben werden, macht erst die gleichmäßige Heranziehung aller Bürger den fiskalischen Freiheitseingriff erträglich. Damit ist der allgemeine Gleichheitssatz die Magna Charta eines gerechten Steuerrechts.

Maßstab für die Gleichmäßigkeit der Besteuerung muss die wirtschaftliche Leistungsfähigkeit sein. Zwar verwirklicht auch die Kopfsteuer formale Gleichheit, doch wird sie dem Charakter der

Steuer als Geldleistungsforderung nicht gerecht. Dasselbe gilt für Fähigkeitssteuern, die auf das Einkommenserzielungspotential des einzelnen abstellen und dem faulen Klugen mehr abverlangen als dem fleißigen Dummen. Abgesehen davon, dass sich die Ausstattung nicht mit verhältnismäßigem Aufwand objektiv messen lässt, wäre der mit einer Potentialbesteuerung verbundene implizite Arbeitszwang mit den freiheitlichen Grundwertungen der Verfassung unvereinbar. Insofern wirken auch die Freiheitsrechte eingriffsbegrenzend. Im Übrigen ist Steuergerechtigkeit jedoch in erster Linie Gleichgerechtigkeit, weniger Freiheitsgerechtigkeit. Der Versuch Paul Kirchhofs, als verfassungsrechtliche Besteuerungsobergrenze einen Halbteilungsgrundsatz zu etablieren, konnte nicht gelingen. Die Höhe der Steuer wird durch die staatliche Ausgabenpolitik determiniert.

Als Maßstab wirtschaftlicher Leistungsfähigkeit kommen Einkommen, Vermögen und Konsum in Betracht. Dabei ist der Leistungsfähigkeitsindikator Einkommen am besten geeignet, Einzelfallgerechtigkeit zu verwirklichen, indem den individuellen Verhältnissen des einzelnen Steuerpflichtigen, seinen existenznotwendigen Bedürfnissen und familienrechtlichen Unterhaltspflichten Rechnung getragen wird. Dies hat der Einkommensteuer lange den Ruf der Königin der Steuern eingetragen. Demgegenüber erfassen die indirekten Steuern eine typisierte Konsumleistungsfähigkeit nach einem entindividualisierten Maßstab. Am problematischsten ist der Leistungsfähigkeitsindikator Vermögen. Er birgt neben der Schwierigkeit realitätsgerechter Bewertung die Gefahr der Vernichtung der Steuerquelle, soweit die Steuer nicht aus den Vermögenserträgen entrichtet werden kann. In der Praxis verteilen die meisten modernen Steuersysteme die Last auf alle drei Leistungsfähigkeitsindikatoren, schon um die Höhe der Gesamtsteuerlast zu kaschieren.

Steuergerechtigkeit erschöpft sich nicht in der gleichmäßigen Normierung der Steuerpflichten, sondern fordert in gleicher Weise Gleichmäßigkeit im tatsächlichen Belastungserfolg. Der Steuergesetzgeber muss die Gesetze so ausgestalten, dass sie vollzieh- und durchsetzbar sind. Die Finanzverwaltung hat im verfassungsrechtlichen Auftrag den Vollzug sicherzustellen. In einer offenen Volkswirtschaft muss die Finanzverwaltung, wenn sie diesem Anspruch gerecht werden will, mit anderen Staaten kooperieren. Gleichzeitig steht der Steuergesetzgeber unter dem Druck, seinen Steueranspruch zurückzunehmen, wenn er andernfalls Steuerquellen außer Landes treibt. Längst ist der Handlungsspielraum der nationalen Steuergesetzgeber nicht nur rechtlich, insbesondere durch das Europarecht, sondern faktisch aufgrund der Mobilität der Steuerpflichtigen stark beschnitten. So hat sich der Gesetzgeber über Jahrzehnte vergeblich bemüht, entsprechend der verfassungsgerichtlichen Vorgabe des Zinsurteils den progressiven Einkommensteueranspruch von derzeit bis zu 45 Prozent auf Kapitaleinkünfte durchzusetzen, stets zwischen der Skylla des Vollzugsdefizits und der Charybdis der Kapitalflucht. Mit der Einführung der Abgeltungssteuer in Höhe von proportional 25 Prozent ab dem 1. Januar 2009 gibt er diesen Anspruch auf, aus Vereinfachungsgründen und um weiterer Kapitalflucht vorzubeugen. Der Gesetzgeber beugt sich den Realitäten unterschiedlich mobiler Steuerquellen. Aber ist es gerecht, wenn er mobile Einkommen durch niedrige Steuersätze begünstigt, während weniger mobile Steuerquellen, insbesondere Arbeitseinkommen, weiterhin hoch progressiv besteuert werden? Ist es gerecht, durch Mehrwertsteuererhöhungen die Steuerlast vom Einkommen hin zum weitgehend immobilen Konsum zu verschieben? Die Anforderungen offener Volkswirtschaften stellen die tradierten Auffassungen von Steuergerechtigkeit auf eine Zerreißprobe. Eine der großen Herausforderungen der Steuerrechtswissenschaft unserer Zeit ist es, unter diesen

Bedingungen Leitlinien eines gerechten Steuersystems zu entwickeln.

Gut klingt die These, nur ein einfaches Steuerrecht sei gerecht. In der Tat birgt ein unsystematisches, kompliziertes, unübersichtliches Steuerrecht die Gefahr von Vollzugs- und Befolgungsdefiziten. Das Ausmaß des finanziellen Beitrags hängt dann im Wesentlichen von der Qualität der Beratung ab. Der unberatene Steuerpflichtige zahlt den Preis der Dummensteuer. In einem folge- und systemgerechten Steuerrecht laufen materialer und formaler Gerechtigkeitsanspruch parallel. Deshalb ist der Ruf nach steuerlicher Systematik – wiewohl einer Steuerpolitik der Kompromisse auf dem kleinsten gemeinsamen Nenner fremd – kein Selbstzweck, keine Marotte im steuerfinanzierten Elfenbeinturm sitzender Wissenschaftler, sondern elementare Voraussetzung für ein gerechtes und effizientes Steuerrecht. Doch Vereinfachung hat auch ihre Grenzen. So wirken Typisierungen und Pauschalierungen vereinfachend, werden aber dem Einzelfall nicht gerecht. Die Sehnsucht nach steuerlicher Einzelfallgerechtigkeit mag ein deutsches Phänomen sein, doch die unbegrenzte Abzugsfähigkeit von Erwerbsaufwendungen hat ihren Grund im objektiven Nettoprinzip als einer zentralen Konkretisierung der Steuergerechtigkeit. Steuern können nur vom Nettoeinkommen bezahlt werden. Der Vereinfachung dienen derartige Abzugsverbote in der Regel ohnehin nicht.

Dass dem Steuergesetzgeber das Gefühl für Steuergerechtigkeit weitgehend abhanden gekommen ist, wird besonders deutlich anhand der permanenten Gesetzesänderungen. Sie berauben den Steuerpflichtigen jeder Orientierung. Der Steuerbürger wird zum Versuchskaninchen eines Gesetzgebers, der sich im trial und error-Verfahren von einem Kompromiss zum anderen hangelt. Was als Steuergerechtigkeit anzusehen ist, ändert sich indes nicht im Jahresrhythmus. Permanente Gesetzesänderungen desavouieren den Gerechtigkeitsgedanken. Dies gilt umso mehr, wenn ihnen kein erkennbarer Plan zugrunde liegt. So streitig manche Fragen sind, so sehr wünscht man sich einen Steuergesetzgeber, der sich mit Weitsicht der gerechten Verteilung der Steuerlast verpflichtet fühlt, statt sich von tagespolitischen Befindlichkeiten korrumpieren zu lassen.

Jürgen Kocka

Bürger und Bürgerlichkeit im Wandel

Christian Garve, der Breslauer Philosoph und Übersetzer, schrieb 1792: Das Wort „Bürger" „hat im Deutschen mehr Würde als das französische bourgeois..., und zwar deswegen hat es mehr, weil es bei uns zwei Sachen zugleich bezeichnet, die im Französischen zwei verschiedene Benennungen (haben). Es heißt einmal ein jedes Mitglied einer bürgerlichen Gesellschaft – das ist das französische citoyen –, es bedeutet zum anderen den unadligen Stadteinwohner, der von einem gewissen Gewerbe lebt – und das ist bourgeois." Im Grunde gilt dies bis heute: Mit „Bürger" und „bürgerlich" bezeichnet man im Deutschen einerseits die Angehörigen einer schmalen Schicht oder Klasse und ihre Eigenschaften (*bourgeoisie, middle class*), andererseits die Staatsbürgerinnen und Staatsbürger, das heißt alle Personen, insofern und in soweit sie mit Rechten und Pflichten einem Gemeinwesen angehören (*citoyens/citoyennes, citizens*).

Damit hängt zusammen, dass Bürger und Bürgertum sehr unterschiedlich bewertet worden sind – zwischen Ablehnung und Hochschätzung, Verachtung und Respekt, Hass und Lob. Die aristokratische Kritik des frühen 19. Jahrhunderts hielt die Bürger für borniert und mittelmäßig. Die sozialistische Arbeiterbewegung polemisierte gegen bürgerlichen Klassenegoismus, bürgerliche Ausbeutung und bürgerlichen Standesdünkel. Die Jugendbewegung zu Anfang des 20. Jahrhunderts wandte sich gegen bürgerliche Konventionen und bürgerliche Heuchelei. Die Faschisten verachteten den bürgerlichen Individualismus und den bürgerlichen Rechtsstaat. Auch die kommunistischen Diktaturen des 20. Jahrhunderts haben das Bürgertum und seine Kultur bekämpft. Die marxistischen Studenten und Intellektuellen, die 1968 in Berkeley, Paris und Berlin protestierten, gaben ihrer Verachtung für alles Bürgerliche unmissverständlich Ausdruck – bis hin zum Spott über „bürgerliche Liebe", „bürgerliche Wissenschaft" und „bürgerliche Kunst".

Umgekehrt schrieb der liberale Historiker Theodor Mommsen 1899 im Rückblick auf sein Leben: „(...) mit dem Besten, was in mir ist, bin ich stets ein *animal politicum* gewesen und wünschte, ein Bürger zu sein. Das ist nicht möglich in unserer Nation (...)." Auch heute sind die

Begriffe „bürgerlich“ und „Bürger“ oft positiv besetzt, so in „Bürgerrecht“ und „Bürgergesellschaft“. Die Idee der Bürgerlichkeit, schrieb der Philosoph Stephan Strasser, orientiert sich an dem Ziel der rationalen Gestaltung der menschlichen Geschichte durch mündige, diskutierende, friedlich konkurrierende Individuen und Gruppen, im Glauben an die Möglichkeit des Fortschritts.

Ähnlich wie die Begriffe Bürger und Bürgertum schwankt der Begriff Bürgerlichkeit in der Geschichte. Er ist ein Sammelbegriff für die verschiedenen bürgerlichen Eigenschaften. Man assoziiert damit bürgerliche Kultur, und diese oszilliert, je nach dem Blickwinkel des Betrachters, zwischen partikularistischer Exklusivität einerseits und ausstrahlendem Universalismus andererseits. Heute, zu Beginn des 21. Jahrhunderts, ist in Deutschland und vielen anderen Ländern die Kritik an Bürgertum und Bürgerlichkeit zugunsten positiver Bewertungen von Bürgertum und Bürgerlichkeit weit zurückgetreten. Manche sprechen von einer Renaissance der Bürgerlichkeit.

Drei Bedeutungen

Wie kommt es zu dieser Vieldeutigkeit der Begriffe „Bürger“ und „bürgerlich“? Wie kommt es zu diesen Schwankungen in der Bewertung? Was daran ist europäisch, und was ist deutsch? Es empfiehlt sich, historisch zwischen drei Bedeutungen des Begriffs „Bürger“ und drei Entwicklungsphasen zu unterscheiden:

Erstens: dem Bürger des späten Mittelalters und der Frühen Neuzeit, also der Zeit bis ca. 1800. Er war ein Städter. Durch Rechtsstellung und Lebensweise unterschieden sich Bürger in diesem Sinn von den Angehörigen des adligen und des geistlichen Standes, von der ländlichen Bevölkerungsmehrheit und der breiten städtischen Unterschicht. Ihre Rechtsstellung, das Bürgerrecht, berechtigte sie zu selbständigem Gewerbe und Handel, zur Mitwirkung an der städtischen Selbstregierung und zum Empfang von Leistungen aus städtischer Fürsorge bei Armut und Hilflosigkeit. Das Bürgerrecht wurde durch Geburt erworben oder an Bewerber auf Antrag verliehen, falls diese bestimmte Bedingungen erfüllten, etwa Vermögen oder gesuchte Qualifikationen besaßen. Die Bürger stellten in den Städten des 17. und 18. Jahrhunderts oft nur eine große Minderheit dar. Zu ihnen gehörten die Handwerksmeister, einige ihrer Gesellen, Kaufleute, Ladenbesitzer und Wirte, auch Ärzte und Pfarrer, nicht aber Gesinde, Arbeiter und Arme.

„Stadtluft macht frei.“ Die Städter unterstanden in der Regel nicht den adligen und geistlichen Herrschaften, denen die Bevölkerung des platten Landes Gehorsam, Dienste und Abgaben schuldete. Die Städte besaßen in der Regel verbriefte Privilegien und Freiheiten gegenüber den adligen oder geistlichen Landesherren. Die Existenz von Städten mit solcher Autonomie ist ein grundlegendes Element der europäischen Geschichte seit dem Mittelalter. Die Bürger entwickelten eine nicht-adlige, nicht-geistliche, nicht-bäuerliche: eben städtische Kultur mit gemeinsamen Normen, Ehrvorstellungen und Symbolen. Stadtbürgerliches Leben war stark von Herkommen und Brauchtum geprägt, oft eng und behäbig, ohne viel Neigung zu Innovation und Modernisierung. Doch Gewerbe und Handel trugen die Keime des Wandels in sich. Arbeit und Leistung zählten in der Kultur des Stadtbürgertums mehr als in der des Adels. Gemeinsinn und Selbständigkeit wurden im Stadtbürgertum erlernt und geübt.

Das war wichtiges kulturelles Kapital für die Zukunft. Bürger in diesem Sinn heißt auf Englisch „burgher“.

Zweitens: Besitz und Bildung, das neue Bürgertum des 19. Jahrhunderts. Seit dem 18. Jahrhundert kamen neue Kräfte ins Spiel. Der Feudalismus ging unter und mit ihm der Stand der Stadtbürger im alten Sinn. Mit dem aufsteigenden Kapitalismus, dem anschwellenden Handel und mit der Industrialisierung stieg die Zahl und wuchs die Bedeutung der großen Kaufleute, Verleger und Manufakturunternehmer, der Reeder und Bankiers, der Unternehmer und Fabrikanten. Diese „Bourgeoisie", diese „Wirtschafts-" oder „Besitzbürger" wurden wohlhabender, sozial gewichtiger und einflussreicher. Ihre Tätigkeit reichte über die Grenzen der Städte hinaus. Ihre großgewerblich-kapitalistischen Unternehmungen konnten meist nur *gegen* die Regeln der Zünfte, *gegen* das alte Stadtbürgertum durchgesetzt werden, oft mit der Hilfe von Sonderrechten des Staates, die städtisches Recht aufhoben.

Entsprechende Wirkungen hatte die „innere Staatsbildung" (Otto Hintze). Sie wurde von den absolutistischen Staaten des europäischen Kontinents im 18. Jahrhundert kräftig vorangetrieben. Mit sich ausdehnender Staatstätigkeit, neuen Behörden und wachsenden Verwaltungen nahm die Zahl der „Staatsdiener" allmählich zu. Diese oft akademisch ausgebildeten Beamten, auch die Professoren, identifizierten sich mehr als Untertanen ihres Königs oder Bürger eines Staates denn als Bürger einer Stadt. Sie gehörten auch dem Stadtbürgerstand rechtlich nicht an.

So bildete sich im späten 18. und frühen 19. Jahrhundert eine neue Sozialformation heraus, eine aufsteigende schmale Schicht, die sich aus Besitzenden und Gebildeteten zusammensetzte und für die das Wort „bürgerlich" in einer neuen Weise in Gebrauch kam: im Sinne von Besitzbürgertum *und* Bildungsbürgertum. Die Basis war zwar, wie gesagt, überstädtisch, doch fehlte es diesem Bürgertum nicht an Gemeinsamkeiten mit den wohlhabenden und gebildeten Teilen des herkömmlichen Stadtbürgertums, mit denen es verknüpft blieb, über Herkunft, Heiratskreise und eine gemeinsame Kultur. Was hatten diese unterschiedlichen Bürger gemeinsam? Einerseits die kritische Distanz zum Geburtsadel und seiner Welt, die Hochschätzung von Leistung und Bildung, die Kritik am Gottesgnadentum und an absolutistischer Willkür, zugleich aber die Absetzung vom niederen Volk; andererseits die städtische Lebensweise und die damit zusammenhängende Kultur. Man saß auch politisch im selben Boot, auf derselben Bank, denn in den landständischen Vertretungen der Zeit gehörten die neuen wie die alten Bürger zum „Dritten Stand", nicht zum Adel und nicht zur Geistlichkeit. – Bürgertum in diesem zweiten Sinn hieß auf Französisch oder Englisch „bourgeoisie", auf Englisch auch „middle class(es)".

Drittens: dem Programm der „bürgerlichen Gesellschaft" (oder auch „Bürgergesellschaft"). Vor allem im Milieu dieses neuen Bürgertums entwickelten sich moderne, durch die Aufklärung geprägte Ideen, Ideen von einer neuen Gesellschaft, Kultur und Politik: das Programm einer „bürgerlichen Gesellschaft". Es wurde in den bürgerlich geprägten Logen und Lesegesellschaften, den Vereinen und Zeitschriften des 18. und frühen 19. Jahrhunderts diskutiert, bald auch auf öffentlichen Versammlungen und Festen der sich ausbreitenden liberalen Bewegung. Es war ein zukunftsgerichteter Entwurf, zu dem sehr verschiedene Autoren beigetragen hatten – von John Locke und Adam Smith über Montesquieu und die Enzyklopädisten bis zu Immanuel Kant und den liberalen Denkern des 19. Jahrhunderts. Im Zentrum dieses Entwurfs stand das Ziel einer modernen, säkularisierten Gesellschaft freier, mündiger Bürger (*citoyens*), die ihre Verhältnisse friedlich, vernünftig und selbständig regelten, ohne allzu viel soziale Ungleichheit, ohne obrigkeitsstaatliche Gängelung, individuell und gemeinsam zugleich. Dazu bedurfte es bestimmter Institutionen: des Marktes, einer kritischen Öffentlichkeit, des Rechtsstaates mit Verfassung und Parlament. In dieser gesellschaftlich-politischen Zielsetzung steckte ein neuer Daseinsentwurf, der auf Arbeit, Leistung und Bildung (nicht auf Geburt), auf Vernunft und ihrem öffentlichen Gebrauch (statt auf Tradition), auf individueller Konkurrenz wie auf genossenschaftlicher Gemeinsamkeit fußte und sich kritisch gegen zentrale Elemente des Alten Regimes wandte: gegen Absolutismus, gegen Geburtsprivilegien und gegen ständische Ungleichheit, auch gegen kirchlich-religiöse Orthodoxie. Dieses Programm hatte, wie gesagt, zwar seine Basis im sich neu formierenden Bürgertum (und in angrenzenden Schichten des niederen Adels und des Kleinbürgertums), aber der Tendenz nach war es ein Programm für alle, ein universales Modell, das auf Freiheit, Gleichheit und Teilnahme aller Bürger – im Sinne aller Staatsbürger – hindrängte und zugleich auf die Verallgemeinerung der bürgerlichen Kultur und Lebensweise über das Bürgertum hinaus abzielte. Durch Schulbildung, Literatur, Theater, Erziehung, Disziplin, Umgestaltung des öffentlichen Lebens sollte es alle prägen: der Bürger auf dem Weg vom *bourgeois* zum *citoyen*.

Dies war ein imponierender Entwurf, durchaus utopisch und besonders zu Beginn des 19. Jahrhunderts weit von der Wirklichkeit entfernt. Bürger im Sinn der „bürgerlichen Gesellschaft" oder „Bürgergesellschaft" heißt auf Englisch „citizen" und auf Französisch „citoyen/citoyenne".

Wandlungen im 19. und 20. Jahrhundert

Wenngleich die drei Entwicklungsphasen, die sich bis zur Mitte des 19. Jahrhunderts herausgebildet hatten – vom Stadtbürgertum der Frühen Neuzeit über die Kultur des Wirtschafts- und Bildungsbürgertums bis zur Utopie der Bürgergesellschaft – zusammenhingen, so waren sie doch klar voneinander unterschieden. Im Lauf des 19. und 20. Jahrhunderts hat sich viel geändert.

Der Umriss des *Stadtbürgertums* ist verblasst. Die rechtliche Unterscheidung zwischen Stadt und Land verlor im 19. Jahrhundert ebenso an Bedeutung wie die rechtliche Unterscheidung zwischen Bürgern und sonstigen Einwohnern in den Städten. Doch bis weit ins 20. Jahrhundert hinein, zum Teil bis heute, hielten sich vor allem in den kleineren und mittelgroßen Städten Restbestände des Stadtbürgertums. Sein Zusammenhalt wurde dort durch Vereine, Geselligkeit, Stiftungen, Heiratskreise und gemeinsame Kultur abgestützt: Kreise städtischen Bürgertums mit verschwimmenden Grenzen zur übrigen Stadtbevölkerung sind bis heute existent.

Das 19. Jahrhundert brachte den rasanten Aufstieg der *Leute von Besitz und Bildung*. Die Industrialisierung veränderte das Wirtschaftsbürgertum, die Bourgeoisie. Mit den Geschäften nahmen Reichtum, Ansehen und Selbstbewusstsein der Kaufleute, Unternehmer und Kapitalisten zu. Mit dem Aufstieg der Wissenschaften und dem Ausbau des Hochschulsystems kam es andererseits zur Aufwertung und Expansion der Berufe mit höherer Bildung und akademischer Qualifikation. Ärzte, Pfarrer und Anwälte, Professoren, Richter und höhere Verwaltungsbeamte, bald auch diplomierte Ingenieure, Manager und Wissenschaftler rechneten zum Bildungsbürgertum.

Die Grenze zwischen Wirtschafts- und Bildungsbürgertum verschwamm, aufgrund vielfältiger Verwandtschaften und Beziehungen, ähnlicher Schulbildung und gemeinsamer Kultur. Was heißt bürgerliche Kultur? Zu ihr gehörten die Hochschätzung von Arbeit und Leistung, von Selbständigkeit und Bildung, ein bestimmtes Familienideal und ein bestimmtes Modell der Arbeits- und Machtaufteilung zwischen den Geschlechtern, auch bestimmte moralische und ästhetische Grundsätze, Werte und Lebensweisen. Das Bürgertum stellte die wichtigste Basis des Liberalismus dar, der im 19. Jahrhundert seine große Zeit erlebte. Es repräsentierte auch den Kern der nationalen Bewegung, die gegen Ende des 19. Jahrhunderts politisch immer weiter nach „rechts" rückte und sich in der ersten Hälfte des 20. Jahrhunderts immer häufiger zum Nationalismus radikalisierte. Bürgerliche Kultur prägte immer stärker die ganze Gesellschaft. Angehörige des Bürgertums erzielten imponierende Leistungen in Wirtschaft, Wissenschaft und Kultur. Insofern ist es richtig, vom 19. Jahrhundert als dem bürgerlichen Jahrhundert zu sprechen.

Doch allmählich wurde das Bürgertum defensiver. Es blieb eine Minderheit. Im späten 19. Jahrhundert rechneten etwa sieben bis zehn Prozent der Bevölkerung dazu. Durch Wahlrecht und Lebensweise, Wohlstand und Bildung setzte es sich deutlich von den kleinen Leuten ab, von den Unterschichten, vom Kleinbürgertum und von der ländlichen Bevölkerung, während sich die soziale und kulturelle Distanz zum Adel hin abschwächte.

Der Erste Weltkrieg, die Demokratisierung des politischen Systems danach, die Krisen und Diktaturen des 20. Jahrhunderts, die rasante Modernisierung in der zweiten Hälfte des 20. Jahrhunderts haben die Kultur des Bürgertums einerseits zersetzt und andererseits verbreitet: Die innere Differenzierung des Bürgertums nahm zu, und seine Außengrenzen verschwammen. In den fortgeschrittenen industriellen und postindustriellen Gesellschaften von heute ist es deshalb kaum noch möglich, von einem klar abgegrenzten Bürgertum zu sprechen.

Im 19. Jahrhundert wurden schrittweise Grundbestandteile des Modells der *bürgerlichen Gesellschaft bzw. Bürgergesellschaft* realisiert: die Durchsetzung der Marktwirtschaft, die Entstehung des Rechts- und Verfassungsstaats, die Ordnung der sozialen Beziehungen auf der Basis von Arbeit, Leistung und Wirtschaftserfolg, später auch Öffentlichkeit ohne Zensur und mit Parlamentarisierung, die aber in Deutschland bis 1918 nicht recht vorankam. Überhaupt blieb die Wirklichkeit des 19. und frühen 20. Jahrhunderts weit hinter dem Modell der bürgerlichen Gesellschaft zurück. Große, ja wachsende Teile der Bevölkerung – die unteren Schichten, das mit der Industrialisierung anschwellende Proletariat – verfügten weder über Besitz noch über hinreichende Bildung oder über Selbständigkeit. Ihnen fehlten die Ressourcen, die unabdingbar waren, um an der bürgerlichen Kultur und am bürgerlichen politischen Leben tatsächlich teilnehmen zu können. Die Zahl der abhängig Beschäftigten wuchs, die Wirklichkeit widersprach insofern dem Modell der bürgerlichen Gesellschaft. Die sozialistische Arbeiterbewegung wurde zur wichtigsten Instanz der Kritik an dieser Diskrepanz, die marxistische Kritik brachte den Widerspruch auf den Begriff.

Und zunehmend wurde bewusst, dass die volle Teilnahme an den staatsbürgerlichen Rechten und Pflichten in der Regel dem männlichen Teil der Bevölkerung vorbehalten war. Der Bürger des Modells der bürgerlichen Gesellschaft war realiter ein Mann. Wenn sich schon der Weg zum citoyen als viel schwieriger herausstellte, als ursprünglich gedacht, dann war man von der Realisierung der citoyenne erst recht weit entfernt. Das lag letztlich an Eigenarten der bürgerlichen Gesellschaft selbst, nicht zuletzt an ihrem Familienmodell, das die ungleiche Rolle der Geschlechter voraussetzte und immer neu befestigte. Vor allem im 19. und dann im 20. Jahrhundert gelang es aber der Frauenbewegung allmählich, die geschlechtsspezifische Einseitigkeit der Bürgergesellschaft wirkungsreich zu kritisieren und diese Kritik mit den Idealen der Bürgergesellschaft – Gleichheit, Mündigkeit und Selbstverwirklichung für alle – zu begründen.

Nur äußerst langsam ist es gelungen, diese sehr tief verwurzelten Grenzen zu durchbrechen, die der vollen Realisierung des Ideals der Bürgergesellschaft im Wege standen. Die Demokratisierung des Wahlrechts für beide Geschlechter, der Aufstieg von Massenparteien, die Verbreiterung der Massenbildung und der Ausbau des Sozialstaats waren wichtige Schritte auf diesem Weg, der auch heute noch nicht voll an sein Ziel gekommen ist.

Ein deutscher Sonderweg?

Was hier in sehr groben Zügen im Hinblick auf Deutschland geschildert wurde, war und ist im Kern ein europäisches Muster. Zwar gab es große Unterschiede von Land zu Land, von Region zu Region, aber die skizzierten Grundlinien sind gesamteuropäisch. Zwar spiegelt sich der enge innere Zusammenhang zwischen frühneuzeitlichem Stadtbürger, modernem Bürgertum des 19. Jahrhunderts und Staatsbürgergesellschaft *semantisch* so deutlich nur in den Begriffen der deutschen Sprache. Aber in Frankreich, Großbritannien, Italien, Skandinavien und Ostmitteleuropa war das Grundmuster – trotz anderer Begrifflichkeit – kaum anders. Stärker unterscheiden sich das östliche Europa, der Süden, die Peripherie. Ohne zahlreiche und starke Städte fehlte es dort an einer wichtigen Basis des Bürgertums. Natürlich gab es viele deutsche Eigenarten wie beispielsweise die sehr starke Betonung von (allgemeiner) Bildung in Verbindung mit dem vorbildhaften deutschen Universitätsmodell; die im Vergleich zum Westen späte Nationalstaatsbildung; die starke Rolle der staatlichen Organe und Beamten; die späte Parlamentarisierung; starke Traditionen des Illiberalismus.

Lange haben Historiker von der relativen Schwäche des deutschen Bürgertums und von den deutschen Defiziten an Bürgerlichkeit gesprochen. Falsch ist das nicht, vor allem nicht, wenn man Deutschland mit Westeuropa vergleicht. Aber im Vergleich zu Osteuropa erscheinen die deutschen Bürger als relativ gewichtig, die deutschen Verhältnisse als relativ bürgerlich. Nach den Forschungen der vergangenen zwei Jahrzehnte kann man eigentlich nicht mehr von einer generellen Schwäche des deutschen Bürgertums sprechen.

Oder doch? Zu den gravierendsten Besonderheiten der deutschen Geschichte des 20. Jahrhunderts gehört die Radikalität der nationalsozialistischen Diktatur. Auch in den meisten anderen Ländern Europas verlor in den 1920/30er Jahren die Demokratie gegen die Diktatur, aber fast nirgendwo so radikal, so brutal, so vernichtend wie in Deutschland. An mörderischer Energie war Hitlers radikalfaschistische Diktatur – in Europa – nur mit Stalins bolschewistischer Diktatur in der Sowjetunion zu vergleichen. Wie kam es zu diesem besonders tiefen Zivilisationsbruch in Deutschland? Letztlich lag es doch auch an Eigenarten des deutschen Bürgertums, das zu schwach, zu wenig liberal und zu obrigkeitsgläubig war, sich dieser Katastrophe entgegenzustellen, sie vielmehr mit herbeigeführt hat.

Unbestreitbar ist, dass sich Deutschland im zweiten Viertel des 20. Jahrhunderts tief vom bürgerlichen Westeuropa unterschied. Die nationalsozialistische Diktatur war antibürgerlich. Sie hat das Bürgertum beschädigt, die Werte und Prinzipien der Bürgerlichkeit bekämpft. Die Zerstörung des Bürgertums wurde dann im östlichen Teil Deutschlands von der zweiten deutschen Diktatur, jetzt unter sozialistischem Vorzeichen, fortgesetzt. Auch die DDR war ein antibürgerlicher Staat, mit einer Gesellschaft, die ihre bürgerlichen Traditionen tief geschwächt hat – mit gravierenden Nachwirkungen bis heute. Wer nach einem deutschen Sonderweg im Unterschied zum Westen sucht, findet ihn am ehesten hier: in der Geschichte der Diktaturen des 20. Jahrhunderts.

Und heute?

Man kann die vergangenen fünfzig bis sechzig Jahre deutscher Geschichte – zunächst nur im Westen, seit 1990 im ganzen Land – als eine Geschichte schrittweise voranschreitender Verbürgerlichung verstehen: Schrittweise wurde die deutsche Wirklichkeit so verändert, dass sie dem Modell einer bürgerlichen Gesellschaft – heute spricht man lieber von Bürger- oder Zivilgesellschaft – allmählich näherkam und stärker entsprach, mehr und näher als jemals zuvor in der deutschen Geschichte. Dazu gehören als Rahmenbedingungen einerseits der parlamentarisch-demokratische Rechts-und Verfassungsstaat; andererseits eine funktionierende Marktwirtschaft mit Privateigentum und relativ autonomen „Tarifpartnern“; dazu gehört schließlich der kräftig ausgebaute Sozialstaat (der derzeit umgebaut werden muss). In diesem Rahmen hat sich – trotz der numerischen Dominanz der unselbständig beschäftigten Arbeitnehmer (nur zehn Prozent der deutschen Erwerbstätigen sind selbständig beschäftigt) – eine leistungskräftige Bürgergesellschaft entwickelt, mit (a) lebhafter und zensurfreier Öffentlichkeit, (b) mit zahlreichen streitenden und kooperierenden Gruppen und Organisationen, (c) mit viel bürgerschaftlichem Engagement zwischen Staat und Markt (Vereine, Stiftungen, Nachbarschaftsinitiativen, NGOs, Netzwerke) und (d) mit einer Kultur, in der bürgerliche Werte wie Freiheit, Selbständigkeit, Kritik, Leistungsorientierung, Respekt für Wissenschaft und Kunst sowie Verantwortung für das Gemeinwohl eine gewisse Rolle spielen.

Beim Aufbau der Bürgergesellschaft in diesem Sinn ist die öffentliche Erinnerung an die Katastrophen von Krieg und Diktatur, die die erste Hälfte des 20. Jahrhunderts prägten, wichtig gewesen und weiterhin wichtig: So etwas sollte sich nicht wiederholen, daraus wollte man lernen. Die zunehmend offene und zunehmend selbstkritische Erinnerung an deutsches Versagen und deutsche Schuld hat eine insgesamt positive Wirkung gehabt. Der grenzüberschreitende Austausch mit anderen Ländern, vor allem des Westens, war und ist ein anderer entscheidender Faktor. Zunehmend wächst die Bürgergesellschaft über die nationalstaatlichen Grenzen hinaus, ohne dass der Nationalstaat jedoch passé wäre. Andererseits bleibt der Aufbau der Bürgergesellschaft in Deutschland unvollkommen. Es gibt auch Gegentendenzen und viele neue Herausforderungen: Diese reichen von der verschärften sozialen Ungleichheit, Erosion des Zusammenhalts, neuer Gewalt und neuer Verwahrlosung bis zur immer dichteren staatlichen Gängelung und neuen Formen des Illiberalismus. Die Freiheit – als Kernbestandteil von Bürgerlichkeit – ist keinesfalls selbstverständlich, die Fähigkeit, sich ihrer zu bedienen, bleibt sehr ungleich verteilt.

Im 19. Jahrhundert wurde die damals noch sehr schwache und sehr unvollkommene Bürgergesellschaft vor allem vom Bürgertum getragen, wie oben angemerkt. Heute werden die Prinzipien der Bürgergesellschaft auch von anderen Gruppen unterstützt, über das Bürgertum hinaus. Und es ist fraglich, ob heute ein klar abgrenzbares, klar identifizierbares Bürgertum überhaupt existiert. Manche Beobachter verneinen das. Mit dem Adel und dem alten Proletariat habe das Bürgertum seine Hauptgegner verloren, und damit auch ein Stück seiner eigenen Identität. Sie können darauf verweisen, dass die bürgerliche Familie mit ihrer scharf ausgeprägten Ungleichheit zwischen den Geschlechtern kaum mehr besteht; damit fehlt ein Hauptpfeiler der bürgerlichen Kultur der Vergangenheit. Man darf auch nicht übersehen, dass ein wichtiges Segment des deutschen Bürgertums früherer Jahrzehnte, das jüdische Bürgertum, im Holocaust vernichtet wurde: ein großer Verlust für das bürgerliche Deutschland, der nicht wieder gutgemacht werden konnte. Schließlich: Was einstmals als bürgerliche Kultur das Bürgertum definierte und von anderen

Gruppen unterschied, ist ein Stück weit zum Merkmal breiter Bevölkerungsgruppen geworden: mittlere und höher Schulbildung, Sauberkeit, Hygiene, eine gewisse Leistungsbereitschaft, Reisen, Weltkenntnis (heute über die Medien). Auch dadurch verlor das Bürgertum seine klaren Konturen. Außerdem ist nicht zu vergessen, dass es viele Leute mit Besitz und Qualifikationen gibt, die sich um bürgerschaftliches Engagement wenig kümmern und bürgerlichen Werten fernstehen. Sie sind Bürger nach objektiven Merkmalen, aber nicht in ihren Einstellungen und nicht in ihrem Verhalten.

Haben wir heute also Bürgergesellschaft und Bürgerlichkeit ohne klar identifizierbares Bürgertum? Der Tendenz nach: ja, aber ganz stimmt das nicht. Denn die soziale Ungleichheit ist weiterhin groß, sie wächst auch in Deutschland. Manche sprechen vom Wiederaufstieg des Bürgertums. Und weiterhin sind Personen aus der gebildeten, städtischen, bürgerlichen Mittelschicht stärker am bürgerschaftlichen Engagement, also an Vereinen, Bürgerinitiativen und Ehrenämtern beteiligt, als man das für Personen aus der Unterschicht sagen kann. Es besteht also weiterhin eine gewisse Affinität zwischen Zugehörigkeit zur bürgerlichen Schicht und Teilhabe an der Bürgergesellschaft als Ganzer.

Aber richtig ist, dass Bürgerlichkeit im Sinn der Bürgergesellschaft heute nicht mehr auf die schmale Schicht eines Bürgertums begrenzt ist. Ihre Prinzipien und Praktiken werden breit anerkannt, auch in anderen sozialen Milieus, wenn auch nicht völlig und mit vielen Abstufungen. Gerade deshalb ist die Bürgergesellschaft heute fester verwurzelt, als sie es vor einem Jahrhundert war. Bürgergesellschaft ist heute nicht mehr auf Bürgertum beschränkt. Deshalb sprechen viele auch nicht mehr von „Bürgergesellschaft“, sondern ziehen den Begriff der „Zivilgesellschaft“ vor.

Thomas Macho

Sterben heute

Vor einigen Jahren wurden im Depot des Mannheimer Zeughauses neunzehn Mumien entdeckt, die dort – verpackt in Kartons – seit mehr als einhundert Jahren lagerten. Ein glücklicher Zufall: Die offenbar vergessenen Toten konnten nun akribisch untersucht und erforscht werden; mit allen Mitteln moderner Medizin und Biologie – von der Computertomographie bis zur Genanalyse – ließen sich nicht nur die jeweiligen Mumifizierungstechniken in Erfahrung bringen, sondern auch Geschlecht, Lebensalter, Krankheiten oder Todesursachen. Die Mumien wurden in der Ausstellung Mumien – Der Traum vom ewigen Leben gezeigt; die Mannheimer Ausstellung umfasste insgesamt siebzig konservierte Leichname von Menschen und Tieren aus verschiedenen Kulturen und Epochen, darunter beispielsweise eine weibliche Mumie aus der Inkazeit, eine peruanische Kindermumie, das ausgetrocknete Skelett eines jungen Mannes aus der chilenischen Atacamawüste, neuseeländische und altägyptische Mumienschädel, das „Mädchen von Windeby" (Schleswig-Holstein), eine Frau, die sogar namentlich bekannt ist: Veronica Skripetz, eine Familie aus einer ungarischen Kirche, die „Schwurhand" Rudolfs von Schwaben aus dem Merseburger Domstift, schließlich einige mumifizierte Tiere – ein eiszeitliches Mammut, ein Frettchen, eine Katze.

Das Projekt war nicht unumstritten. So hatte etwa Dietrich Wildung, Ägyptologe und Direktor des Ägyptischen Museums Berlin, im Interview mit „Deutschlandradio Kultur" die „Mumien-Pornographie" angeprangert und betont, „dass hier ein Eingriff in die Persönlichkeitsrechte des Menschen stattfindet, die auch noch bestehen, wenn dieser Mensch in manchen Fällen seit tausenden von Jahren tot ist." Gegen diese rhetorische Empörung lässt sich sofort einwenden, dass die Vorstellung vom persönlichen, unsichtbaren und intimen Tod erst in der Moderne aufgekommen ist; mit Hilfe dieser Vorstellung wurde der Tod als ewiger Schlaf idealisiert, zugleich aber jede religiöse, ritualisierte Inszenierung des Sterbens scharf kritisiert. Tod, Bestattung und Trauer wurden seit dem späten 18. Jahrhundert aus der Öffentlichkeit verdrängt;

in einem Essay über das Werk Nikolai Lesskows und die Krise moderner Erzählkunst behauptete Walter Benjamin sogar, die bürgerliche Gesellschaft habe „mit hygienischen und sozialen, privaten und öffentlichen Veranstaltungen einen Nebeneffekt verwirklicht, der vielleicht ihr unterbewusster Hauptzweck gewesen ist: den Leuten die Möglichkeit zu verschaffen, sich dem Anblick von Sterbenden zu entziehen. Sterben, einstmals ein öffentlicher Vorgang im Leben des Einzelnen und ein höchst exemplarischer (...) – sterben wird im Verlauf der Neuzeit aus der Merkwelt der Lebenden immer weiter herausgedrängt. Ehemals kein Haus, kaum ein Zimmer, in dem nicht schon einmal jemand gestorben war. (...) Heute sind die Bürger in Räumen, welche rein vom Sterben geblieben sind, Trockenwohner der Ewigkeit, und sie werden, wenn es mit ihnen zu Ende geht, von den Erben in Sanatorien oder in Krankenhäusern verstaut."

Wenige Jahre später wäre Benjamins Diagnose von 1936 schon als nostalgische Miszelle erschienen. Wer in Sanatorien oder Krankenhäusern sterben durfte, hatte Glück gehabt; sein Leben hätte ja auch im Krieg, im Bombenhagel, im Gefängnis, auf der Flucht oder im Lager enden können: außerhalb jeder Merkwelt der Lebenden. Dass schließlich eine gesamte Nation nach Ende des Kriegs behaupten konnte, sie habe den verwalteten Massenmord an mehr als sechs Millionen Menschen nicht wahrgenommen, bezeugt eine hohe Bereitschaft zu psychischer Verdrängung, die übrigens noch in den Fünfzigerjahren regelrecht eingeübt wurde: als Fähigkeit, das Sterben anderer Menschen ebensowenig zu bemerken wie die Risiken des eigenen Todes. Diesem Training verdankte sich auch die Unfähigkeit zur Angst vor den Atomwaffen, jene „Apokalypse-Blindheit", die der Philosoph Günther Anders eindringlich beklagte. Der Tod avancierte tatsächlich zum Tabu, zur eminent „privaten" Angelegenheit; und wer sich gegen diese Tabuisierung zur Wehr setzen wollte, musste dem französischen Existentialismus – mit seinen Debatten, Filmen, Clubs und Chansons – anhängen.

Die Zeit solcher Tabuisierung des Todes ist inzwischen längst wieder vorbei; aus historischem Abstand könnte sogar der Eindruck entstehen, die Verdrängung des Todes hätte schon nach der Kubakrise nur mehr in den Nischen soziologischer oder philosophischer Theorien überlebt. Spätestens im letzten Drittel des 20. Jahrhunderts begannen die Künste, den Tod und die Toten neu zu zeigen und zu reflektieren. Fotografen wie Jeffrey Silverthorne, Hans Danuser, Rudolf Schäfer oder Andres Serrano publizierten Porträts und Detailstudien aus dem Leichenschauhaus; Arnulf Rainer übermalte fotografierte Totengesichter. Nachhaltige Proteste und temporäre Ausstellungsverbote provozierte der amerikanische Fotograf Joel-Peter Witkin mit seinen Stilleben aus Leichenteilen, etwa im Foto Le Baiser (1982), für das der Künstler den Kopf einer Leiche zersägte, um die beiden Hälften im Kuss vereinigen zu können. Kurz vor Herbstbeginn 2007 wurde die Ausstellung Six Feet Under – Autopsie unseres Umgangs mit Toten im Deutschen Hygiene-Museum Dresden eröffnet; diese Ausstellung, die zuerst im Kunstmuseum Bern gezeigt wurde, dokumentierte die Vielfalt neuerer künstlerischer Auseinandersetzungen mit den Toten. Im Zentrum standen dabei nicht allein die Bilder, sondern auch Objekte, Zeugnisse und Spuren der Toten selbst.

Der Titel der Ausstellung – Six Feet Under – ist ein Zitat. Er verweist auf eine erfolgreiche US-amerikanische Fernsehserie, die von 2001 bis 2005 in fünf Staffeln ausgestrahlt wurde. Produziert wurde sie von einem Pay-TV-Sender und dem Oscar-Preisträger Alan Ball, Drehbuchautor von American Beauty, der die meisten Folgen schrieb. Die Serie handelt von der Familie Fisher und ihrem Bestattungsinstitut, das nach dem Tod des Vaters von den beiden Brüdern Nate und David weitergeführt wird. Der deutsche Untertitel der TV-Serie – Gestorben wird immer – artikuliert den subtilen schwarzen Humor, der charakteristisch ist für ihr Profil. Ein Bestattungsinstitut als Fernseh-Szenerie? Diese Entscheidung korrespondiert mit einem Trend, der vom Kino – spätestens seit The Silence of the Lambs (1991) – bis in die Fernsehanstalten vorgedrungen ist: der radikalen Enttabuisierung des Todes. Inzwischen sind es zahlreiche Serien, die etwa im Milieu der Kriminalistik (C.S.I.), der Forensik (Crossing Jordan, Bones) oder der Medizin (Dr. House, Grey's Anatomy) angesiedelt sind. Sie zeigen, was zuvor nur einem Spezialpublikum zugemutet werden durfte: Leichen, Obduktionen, Bestattungen.

Was im Fernsehen ankommt, ist der Wirklichkeit nicht völlig fremd. Auch die Bestattungsunternehmen haben inzwischen die aktuellen Chancen ihrer Branche erkannt und in ein breiteres Angebot von Dienstleistungen übersetzt; sie werden nicht mehr bloß den Hinterbliebenen offeriert, sondern auch den Individuen selbst, die erfolgreich eingeladen werden, das Zeremoniell ihrer Bestattung oder die Gestalt ihrer letzten Ruhestätte strategisch vorwegzunehmen. Lediglich die konkrete Planung des eigenen Todes – sei es als Freitod oder als Auftrag an eine Organisation für aktive Sterbehilfe – bleibt ein Tabu, wie gerade jüngste Diskussionen bezeugen.

Kritisiert und bekämpft wird dagegen der gesetzliche „Urnenzwang", der die private Aufbewahrung von Urnen in Deutschland verbietet; schon heute kann das Verbot – etwa durch den Gebrauch von silbernen „Asche-Amuletten", wie sie manche Bestattungsunternehmen, als Zitate des Reliquienkults, anbieten – teilweise umgangen werden. Offenbar braucht der Tote kein Knochenlager mehr; Erinnerung fühlt sich an keine Friedhofs- oder Grabadresse gebunden. Die letzte Ruhestätte unseres Zeitalters findet sich ohnehin auf keinem Friedhof, sondern verstärkt im Internet. Im Netz haben sich multimedial inszenierte „Halls of Memory" etabliert, die der Toten gedenken. Zeitliche Ewigkeit wird durch räumliche Reichweite ersetzt; wie unzählbare Moleküle schwimmen Nekrologe durch die elektronischen Datenströme: letzte Spuren, die kaum wahrgenommen werden.

Jürgen Mittelstraß

Der Geist und die Geisteswissenschaften

Es ist schwer, heute noch etwas Neues über die Geisteswissenschaften zu sagen. Denn im „Jahr der Geisteswissenschaften", das für 2007 ausgerufen wurde, häuften sich nicht nur die Anstrengungen zur Rehabilitierung einiger an den akademischen Rand geratener Disziplinen, die den Geist in ihrem Namen führen. Auch Fremd- und Selbstdeutungsversuche über den Ort der Geisteswissenschaften im System der Wissenschaft und über ihre gesellschaftliche Bedeutung waren wohlfeil. Vielleicht kommt es aber gar nicht darauf an, nach neuen, unerhörten Einsichten zu suchen, die alles andere in den Schatten stellen. Möglicherweise gibt es genug Wahrheiten über die Geisteswissenschaften, die nur in Erinnerung gerufen und in Geltung gesetzt werden sollten.

Das Jahr der Geisteswissenschaften sollte diese aus ihrer Krise führen. Aber aus welcher Krise? Will man ihnen ans akademische Leder, und wer sind hier die Bösen? Tatsächlich ist den Geisteswissenschaften Krisengerede vertraut, sie sind daran nicht ganz unschuldig. Das hat etwas mit ihrer Selbstwahrnehmung zu tun. Die Naturwissenschaften fragen arglistig nach dem Unterschied zwischen Wissenschaft und Literatur und besetzen selbst die Wissenschaftsseite. Die Politik fragt nach dem Nutzen und erheischt Verständnis – meist für Dinge, die sie selbst verschuldet hat. Die Geisteswissenschaften lassen sich auf derartige Spielchen ein, stellen sich selbst die Hamletfrage und halten auf diese Weise die ihnen zugeschriebenen krisenhaften Entwicklungen selbst in Gang.

Richtig ist, dass sich die Geisteswissenschaften weitgehend den ordnenden Absichten einer allgemeinen Wissenschaftssystematik entziehen. Sie sind weder über ihre Methoden noch über ihre Gegenstände, noch über ihre Theorien eindeutig zu bestimmen. Wissenschaftspolitisch stehen sie häufig zwischen dem definitorischen Hochmut ihrer Verächter, die sie als Inbegriff einer musealen Kultur oder als Diskussionswissenschaften bezeichnen, und der zwiespältigen Empfehlung ihrer Freunde, sich als Kompensations- oder Orientierungswissenschaften nützlich zu machen. Mit dem einen, Kompensation, geraten sie an den Rand der wissenschaftlichen Entwicklung; sie mildern nur noch deren Wirkungen und machen es sich in einer von Natur- und Technikwissenschaften regierten Welt gemütlich. Mit dem anderen, Orientierung, verheben sie sich. Wie überhaupt ließe sich Orientierung als Wissenschaft betreiben? Die Krise, an der die Geisteswissenschaften leiden und die sie zugleich mit einer quälenden Selbstwahrnehmung aufrechterhalten, läge demnach in der unbeantworteten Frage: Wohin mit den Geisteswissenschaften?

Alle reden von den Geisteswissenschaften. Aber wer sind sie? Noch immer dominiert sowohl in der Außen- als auch in der Innenperspektive, in der Fremd- wie in der Selbstwahrnehmung, das historisch-philologische Paradigma, das sich im 19. Jahrhundert, angeführt von den Altertumswissenschaften, bildete und den Geist der Geisteswissenschaften auf ein historisches, philologisches und literarisches Wesen festlegt.

Eine solche Festlegung entspricht schon lange nicht mehr der Entwicklung der Wissenschaft. Sie grenzt zum Beispiel die Rechtswissenschaften aus, die in ihrem sowohl normativen als auch hermeneutischen Charakter ebenso wie auf eine ganz andere Weise die Mathematik die Bezeichnung Geisteswissenschaft wohl verdienten. Und sie hat längst die Archäologie, die heute zu einem gut Teil mit naturwissenschaftlichen Methoden arbeitet, und die Psychologie, jedenfalls in deren naturwissenschaftlichen und sozialwissenschaftlichen Teilen, verloren. Auch die Philosophie findet sich hier nicht wieder, sofern sie sich neben manchen historischen und hermeneutischen Neigungen ihr systematisches Wesen und damit in systematischen Dingen auch eine Äquidistanz zu allen Fachwissenschaften bewahrt hat.

Muss man sich am Ende von der Idee einer Einheit der Geisteswissenschaften verabschieden? Vieles spricht dafür. Manchmal scheint es so zu sein, dass sie in ihrem Selbstverständnis nur noch der Gegensatz zu anderen Wissenschaftsformen, zumal denen der Naturwissenschaften, zusammenhält. Man hat sich auseinandergelebt bis in den lehrenden und forschenden Gestus hinein: Wer einen naturwissenschaftlichen Vortrag besucht, auf den geht heute ein Power-Point-Gewitter nieder, vor dem es kein Entrinnen in irgendwelche Nachdenklichkeiten gibt. Daten treten an die Stelle von Gedanken. Alles folgt der Devise: Seht, was wir wissen! Wer hingegen einen geisteswissenschaftlichen Vortrag besucht, wird in verschlungene Denkprozesse geführt, aus denen keine Wege auf festes Land zu führen scheinen. Gedanken treten an die Stelle von Daten und anderen Gewissheiten. Hier folgt alles der Devise: Seht, wie ich denke! Wissen und Denken, wir und ich – als wenn das, wissenschaftstheoretisch fein geschieden, auf ewig getrennt sein müsste. Zu stören scheint das im Übrigen nur diejenigen, die noch an so etwas wie die Einheit der Rationalität, auch die der wissenschaftlichen, glauben.

Es ist schon seltsam. Statt der Forschung, die sich auf der immerwährenden Suche nach dem Neuen zugleich ihre eigenen Wege sucht, über alle fachlichen und disziplinären Gräben hinweg zu folgen, schlägt man noch immer die akademischen Schlachten des 19. Jahrhunderts zwischen Geistes- und Naturwissenschaften – erkennbar etwa, auf Seiten der Naturwissenschaften, in dem Versuch, die Empirie über alles, auch über das Theoretische, herrschen zu lassen; oder, auf Seiten der Geisteswissenschaften, in dem Versuch, das wissenschaftliche Heil in einer Renaissance der Hermeneutik zu finden, indem man diese zur allzuständigen Erkenntnistheorie erklärt. Verstehen versus Erklären! Als wäre nicht auch alles Erklären, nunmehr den Naturwissenschaften zugewiesen, ein Verstehen, und wäre nicht auch alles Verstehen, nunmehr den Geisteswissenschaften zugewiesen, ein Erklären. Der hermeneutische Zirkel als letztes Wort eines Verstandes, der einmal auszog, sich selbst und die Welt zu begreifen?

Da kommt einem die idealistische Vorstellung einer tieferen Einheit von Natur und Geist geradezu als modern und allem akademischen Reviergehabe weit überlegen vor: nicht im evolutionsbiologischen Sinn (der Geist als die andere Seite der Natur) und nicht im metaphysischen Sinn (die Natur als die andere Seite des Geistes), sondern in einem wissenschaftstheoretischen Sinn, nämlich als innere Einheit der naturwissenschaftlichen und der geisteswissenschaftlichen und darüber hinaus auch noch anderer Formen der Rationalität.

Dass wir von Rationalität im Plural sprechen, sollte nicht darüber hinwegtäuschen, dass alle Rationalitäten im Grunde Ausdruck ein und derselben Rationalität sind, die die moderne Welt geschaffen hat. Wer als Objektivationen des Geistes nur die Leistungen der Erinnerung, der Literatur, der Kunst, aber auch der Philosophie begreift, der hat nicht nur die moderne Welt, sondern auch sich selbst missverstanden: Er übersieht, dass auch die Naturwissenschaften nicht Objektivationen der Natur, sondern ebenso wie die Geisteswissenschaften, nur auf anderem Feld, Objektivationen des menschlichen Geistes sind. In ebendiesem Sinne sind alle Wissenschaften Geisteswissenschaften.

Das heißt natürlich nicht, dass am Ende die Geisteswissenschaften der üblichen Art zu den eigentlichen Siegern der unglückseligen Zwei-Kulturen-Debatte erklärt werden sollen. Dies würde selbst für die Geisteswissenschaften eine schwer erträgliche und wohl auch – im Blick auf eine selbstgewählte Zwergenrolle – unerwünschte Vorstellung sein. Gemeint ist lediglich, dass der Geist kein Reich für sich selbst neben der Natur oder philosophischer oder anderer Tiefsinn jenseits aller weltbildenden Rationalitäten ist. Wer die Welt in Natur und Geist zerlegt, um sich entweder auf der einen Seite, nämlich als Naturwissenschaftler, oder auf der anderen Seite, nämlich als Geisteswissenschaftler, festzusetzen, hat sie schon verloren; jedenfalls in dem Sinn, dass er sie nicht mehr in ihrer einheitlichen Form, die auch eine wissenschaftliche Form ist, begreift. Philosophisch wird damit kein neuer Monismus empfohlen, sondern ein Programm, das die Einheit der Wissenschaft und die Einheit der Welt, die weder philosophisch noch physikalisch einfach zu haben ist, in der Einheit der wissenschaftlichen Rationalität wiederzugewinnen sucht.

Ein derartiges Programm, gegen ein bequemes Denken in dualistischen Strukturen gerichtet, ist heute nicht nur aus wissenschaftstheoretischen, sondern auch aus praktischen Gründen geboten: Auf Dualismen lässt sich auf Dauer keine gemeinsame Orientierung aufbauen.

Kehrte man zu der üblichen, wenngleich keineswegs wirklich klaren Auffassung von den Geisteswissenschaften zurück, dann könnte man, alle Klassifikationsbemühungen beiseite lassend, sagen, dass der wirkliche Gegenstand der Geisteswissenschaften die kulturelle Form der Welt ist – wobei zu dieser kulturellen Form durchaus wieder die Naturwissenschaften gehören wie auch alle anderen Wissenschaften und alles, was die moderne Welt in ihrem wissenschaftlichen und nichtwissenschaftlichen Wesen ausmacht. Mit kultureller Form oder Kultur ist insofern nicht ein Teilbereich der menschlichen Wirklichkeit, etwa in Form des sogenannten „Kulturbetriebs" oder in Form von Teilkulturen im Sinne der derzeit großgeschriebenen Cultural Studies, verstanden. Gemeint ist – auch auf die Gefahr hin, dass dieser Schuh zu groß wird – der Inbegriff menschlicher Arbeit und Lebensformen, naturwissenschaftliche, technische und andere Entwicklungen eingeschlossen. Die Geisteswissenschaften wären der Versuch, sich dieser kulturellen Form zu vergewissern, und zwar in Wissenschaftsform.

Eine derartige Vergewisserung, nämlich wissenschaftliches Wissen einer Kultur von sich selbst, ist zur Stabilisierung und Entwicklung moderner Gesellschaften ebenso wichtig wie ein wissenschaftsgestütztes technisches Können. Denn ohne sie drohten die moderne Welt und die moderne Gesellschaft selbst orientierungslos zu werden. In der Behebung bestehender Orientierungsdefizite und in der Sichtbarmachung der kulturellen Form der Welt könnte eine Rechtfertigung der Geisteswissenschaften liegen.

Verlangt ist weit mehr als Kompensation, die hinter den Linien technischer Kulturen operiert, und weit mehr als Akzeptanzsicherung, die ohne eigene Rationalität bleibt. Verlangt ist aber auch eine Veränderung der institutionellen Strukturen, die immer noch in kleinteiligen, Partikularisierungstendenzen fördernden Institutsformen bestehen. Dann würden die Geisteswissenschaften nicht nur ihr latentes Modernisierungsdefizit, sondern auch ihr offenkundiges, zuletzt wieder im schlechten Abschneiden in der Exzellenzinitiative belegtes Organisationsdefizit beheben.

Das universitäre Lehreinmaleins reimt sich heute auf Bologna. Dabei bedeutet Bologna den definitiven Abschied von Humboldt. Die Universität, zumindest die deutsche, ist in diesen Abschied hineingestolpert. Überlegt war er nicht, weder auf Seiten der Universität noch auf Seiten der Universitäts- und der Wissenschaftspolitik. Nicht mehr die Wissenschaft selbst ist nun das Ziel – so Humboldts ursprüngliche Idee, deren Verwirklichung die forschende Universität war -, sondern der Markt. Nicht mehr Bildung durch Wissenschaft ist der Weg, sondern Ausbildung im Schatten der Wissenschaft.

Mit Bologna wird die Universität weitgehend zur Fachhochschule, sie zieht sich auf die Graduiertenebene (mit Glück auch auf die Masterebene) zurück. An die Stelle des Paradigmas Universität im Humboldtschen Sinne tritt das Paradigma Schule. Unter dem anerkennenswerten europäischen Ziel, die Mobilität der Studenten zu fördern (tatsächlich wird unter dem Wildwuchs standortspezifischer Regulierungen in der Bachelorausbildung der Wunsch, sich zu bewegen, bürokratisch schnell erstickt), verliert die Universität ihr Wesen. Sie wird zum Split-Brain-Patienten: Lehre und Forschung kommunizieren im Alltag der Universität nicht mehr miteinander.

Für die Geisteswissenschaften ist das eine mentale und institutionelle Katastrophe. Während es in den nichtgeisteswissenschaftlichen Disziplinen nun um die Beantwortung der Frage geht: „Wie fasse ich das, was die Wissenschaft weiß, in die neue Studienarchitektur?“, geht es in den Geisteswissenschaften darum, die Frage zu beantworten: „Wie bewahre ich das reflexive, nachdenkliche Element, das bisher zu ihrem Markenzeichen gehörte, vor dem völligen Untergang?“ Das neue schulische Kleid deckt alles zu, das Wissen wie das Denken. Das bekommen zuerst die Geisteswissenschaften zu spüren. Denen wird der Geist aus- und das Wissen, das hier im standardisierten Sinne oft nur ein vermeintliches Wissen ist, eingetrieben. Platon in drei Stunden, das reicht; Hegel in vier, weil er uns näher ist und so schön spekulativ, gerade wenn es um den Geist und seine Objektivationen geht. Kants Maxime, selbst zu denken, hat wohl ausgedient, nur noch das Gedachte, in bekömmliche Lehr- und Lernportionen zerlegt, zählt. Ist das die geisteswissenschaftliche und allgemein die universitäre Zukunft? Man muss wohl Alzheimer begegnet sein, um sie zu mögen.

Vielleicht tun sich die Geisteswissenschaften noch aus einem anderen Grunde schwer, ihre Wirklichkeit und ihr Selbstverständnis mit dem neuen Bologna-Paradigma zu verbinden. Das hat etwas mit ihren institutionellen Befindlichkeiten zu tun. Forschen in Einsamkeit und Freiheit – die Geisteswissenschaften müssen hier etwas falsch verstanden haben. Gemeint war von Humboldt die Entlastung des forschenden und lehrenden Standes von allem, was ihn daran hindern könnte, seine eigentlichen Aufgaben, eben Forschung und Lehre, auf beste Weise zu erfüllen. Gemeint war die Gewährleistung jener Unabhängigkeit, die es der Universität und ihren Mitgliedern erlaubt, Forschung und Lehre selbstverantwortet zu organisieren. Nicht gemeint – obgleich durch diese Regelungen ermöglicht – war der Rückzug des forschenden und lehrenden Individuums in selbstgewählte private oder institutionelle Einsamkeiten.

Doch eben davon zeugen in den Geisteswissenschaften viele organisatorische Gegebenheiten und Selbstverständnisse. Ausdruck dessen ist eine Institutsstruktur, die wissenschaftssystematisch von der Auflösung eines Denkens in Disziplinaritäten, in fachliche Partikularitäten zeugt, soziologisch von einer Tendenz zur Privatisierung der Lehr- und Forschungsformen.

So unterscheiden sich denn auch die Institutsstrukturen der Geisteswissenschaften, insbesondere der sogenannten kleinen Fächer (eine Bezeichnung, die eher ihre Ausstattung als die Bedeutung ihres Forschungsgegenstandes betrifft), nur wenig von der Institutsstruktur des späten 19. und frühen 20. Jahrhunderts. Eine überaus dynamische Wissenschaftsentwicklung in den vergangenen fünfzig Jahren hat Strukturen, die zu ganz anderen, älteren Entwicklungen gehören, nicht aufgelöst, sondern eher befestigt. Für neue Entwicklungen, die vielfach an den Rändern der Fächer und Disziplinen stattfinden und heute unter der Bezeichnung „Transdisziplinarität" wissenschaftstheoretische Bedeutung gewonnen haben, bleibt da institutionell gesehen wenig Platz.

Dabei können die Geisteswissenschaften ihrer ursprünglichen Idee nach sogar als das eigentliche wissenschaftssystematische Paradigma einer transdisziplinären Ordnung gelten. Wenn nämlich der Gegenstand der Geisteswissenschaften die kulturelle Form der Welt ist, dann vermögen sie diesem Umstand auch nur dadurch zu entsprechen, dass sie selbst, in ihrer Wahrnehmung der Welt und in ihren Arbeitsformen, den eingeschlagenen Weg einer Partikularisierung geisteswissenschaftlicher Orientierungen wieder verlassen und eine transdisziplinäre Optik einnehmen: nicht, indem sie sich zu einer Art Universalwissenschaft stilisieren, sondern indem sie ihre (möglicherweise selbst erst wieder als Ganzes herzustellenden) disziplinären Kompetenzen in den Dienst eines transdisziplinären kulturellen Begreifens stellen.

So führt der Blick auf das widersprüchliche Verhältnis von Aufgabenstellung und institutioneller Wirklichkeit zurück zur Frage nach der Einheit der Geisteswissenschaften. Die Zukunft der Geisteswissenschaften ist in einem besonderen Sinn auch europäische Zukunft, weil Europa jener „Ort" ist, an dem die Wissenschaft, an dem der Humanismus und an dem die Aufklärung erfunden wurden, die vor allem mit den Ideen der Freiheit, der Gleichheit, der Menschenwürde und der Menschenrechte die moderne Welt und die moderne Gesellschaft erst geschaffen haben. Auch die Geisteswissenschaften sind ein europäisches Werk und zugleich deren wissenschaftliches Bewusstsein. Also bleiben auch Europa und die Geisteswissenschaften in einem tieferen, Genesis und Geltung betreffenden Sinne miteinander verbunden.

Nur sollte sich Europa das immer wieder bewusst machen. Unter der Dominanz ökonomischer und politischer Vorhaben drohen kulturelle Fragen und damit auch die Geisteswissenschaften weiterhin an Bedeutung zu verlieren. Mit der Kür von Kulturhauptstädten und der Beteuerung, dass mit der Forschungsinitiative des European Research Council (ERC) auch die Geisteswissenschaften ihre Förderchance haben werden, ist es nicht getan. Es kommt auf einen Bewusstseinswandel an und darauf, dass das Jahr der Geisteswissenschaften im Bewusstsein der Politik und im Bewusstsein der Geisteswissenschaften selbst nicht eine Episode bleibt. Vergessen wir nicht: Im Ansehensverlust der Geisteswissenschaften spiegelt sich ein Kulturverlust der europäischen Gesellschaft. Dabei darf es nicht bleiben.

Arnd Morkel

„Was es heißt, menschlich zu leben"
Anmerkungen zu Ciceros Begriff humanitas

Im September 55 v. Chr. weilte Cicero unfreiwillig in Rom, wo Pompeius zur Einweihung eines von ihm errichteten Theaters tagelang Festspiele veranstaltete. Stöhnend unter den abgeschmackten Schauspielen, angewidert von den grässlichen Gladiatorenkämpfen und Tierhetzen und gelangweilt von den pompösen Aufzügen Hunderter von Maultieren und Elefanten schreibt er einem befreundeten Gutsnachbarn im Golf von Neapel, den er wegen seiner erlesenen Umgangsformen und gebildeten Unterhaltung schätzte, einen Brief. Neidvoll malt er sich aus, wie der Freund seine Tage mit lauter geistreichen Beschäftigungen verbringt. Wenn ich mich doch nur ein wenig von meinen Pflichten frei machen könnte, bemerkt er seufzend, dann könnte auch ich Dir zeigen, was es heißt, menschlich zu leben (*quid sit humaniter vivere*). Damit sind wir beim Thema der Vorlesung: Was heißt *humaniter vivere*? Was heißt *humanitas*?

Die humanitas ist uns nicht von Natur aus gegeben

Das erste, das wir uns in Bezug auf die humanitas bei Cicero einprägen müssen, ist, dass sie uns nicht von Natur aus gegeben ist. Anders als das Tier ist der Mensch von Natur aus kein fertiges Wesen. Zum „Menschen" werden wir nicht geboren; zum Menschen werden wir erst durch Erziehung, Bildung, Kultur. Zwar tragen alle Menschen den Namen „Mensch"; aber wirkliche Menschen sind „nur die, die verfeinert (sind) durch die der Menschheit eigentümlichen Künste". Erst diese Künste machen den Menschen zum Menschen. „Art is man's nature", heißt es bei Edmund Burke; dem Sinn nach könnte der Satz auch bei Cicero stehen.

Auch wenn wir von Natur aus nicht schon in vollem Sinne des Wortes „menschlich" (*humanus*) sind, wird uns die humanitas nicht von außen aufgepfropft. Ihre Anlagen sind uns eingeboren; sie müssen jedoch geweckt, gefördert und gegen konträre Neigungen verteidigt werden. Der Prozess der Humanisierung bringt das, was im Naturzustand keimhaft angelegt ist, zur Entfaltung. Je humaner der Mensch wird, desto mehr realisiert er seine eigentliche Natur, findet er zu dem, was er sein kann und was er sein soll. Was Cicero von der Tugend sagt, lässt sich auch von der humanitas sagen: sie „ist nichts anderes als die vollkommene und zur Höchstform entwickelte Natur" des Menschen.

Vom *homo naturalis* zum *homo humanus* ist ein weiter Weg. Anfangs, so beschreibt Cicero den Naturzustand, „kannten die Menschen keinerlei Recht; weder das natürliche noch das bürgerliche, ... vereinzelt und über die Fluren zerstreut streiften sie umher und besaßen so viel, wie sie tötend und verwundend mit der Kraft ihrer Arme zu rauben und zu verteidigen vermochten". Es hat lange gedauert, bis das rohe und wilde Dasein überwunden war und die Menschen zu einer „durch Menschlichkeit veredelten Lebensweise" gefunden haben.

Die humanitas lässt sich freilich niemals vollständig verwirklichen. Einmal annähernd realisiert, ist sie nie endgültig gesichert, sondern muss stets von neuem errungen und behauptet werden, im privaten wie im öffentlichen Leben. Anders ausgedrückt: Die Bildung des Menschen zum Menschen ist eine immerwährende, nie ganz abgeschlossene Aufgabe. Wir sind immer auf dem Weg zu unserer wahren Natur.

Grundbedeutungen des Wortes humanitas

Was versteht Cicero im Einzelnen unter humanitas? Was macht in seinen Augen den Menschen zum Menschen? Um es gleich vorweg zu sagen: Für Cicero lässt sich die humanitas weder an einem einzigen Merkmal noch an einem bestimmten Programm festmachen. Cicero führt zahlreiche Merkmale an, macht aber nie den Versuch, die einzelnen Elemente zu einem Ganzen zusammenzubinden.

Wolfgang Schadewaldt spricht einmal von der „buntscheckigen Vielgestalt" des Wortes humanitas. Ich will versuchen, etwas von dieser buntscheckigen Vielgestalt anschaulich zu machen, indem ich zunächst fünf ganz unterschiedliche Bedeutungen herausgreife, die dem Wort humanitas bei Cicero innewohnen. Ich beginne nicht, wie man vielleicht erwarten würde, mit der geistigen Bildung, den *studia humanitatis*, die für viele Autoren den Inbegriff der humanitas ausmachen, sondern mit einem eher unscheinbaren und weniger beachteten Charakteristikum: der Höflichkeit, der Rücksichtnahme, dem Taktgefühl.

Worin zeigt sich die Humanität der Höflichkeit? Der höfliche Mensch weiß, was sich gehört. Er nimmt Rücksicht auf seine Mitmenschen, er respektiert sie in ihrem Anderssein. Er bemüht sich, ihre Gefühle nicht zu verletzen. Er provoziert seine Umgebung nicht durch allzu nachlässige oder allzu auffallende Kleidung. Er amüsiert sich nicht auf Kosten anderer; er spottet nicht über Unglückliche. Gegenüber ungebetenen Gästen behält er seine gewohnte Gastfreundschaft bei. Bei Wohltaten zeigt er sich dankbar, Bitten schlägt er nicht leicht ab. Verstimmungen sucht er auszugleichen. Beschwerden bringt er im ruhigen Ton vor, selbst im Zorn bleibt er beherrscht.

Präzis fasst August Buck die Bedeutung dieser Art von Humanitas zusammen: „Die aus der Achtung vor dem Mitmenschen erwachsende Kultur des menschlichen Umgangs ist eine der wichtigsten Errungenschaften des römischen Humanismus … . (Sie) wird lebendig in der Begegnung von Mensch zu Mensch, im Zwiegespräch, in der Unterhaltung, im Brief, in der Rede vor den Mitbürgern; sie fördert das Zusammenleben im Staate wie die private Geselligkeit auf der Grundlage des gegenseitigen Verstehens, der Rücksichtnahme und der Duldsamkeit“.

Ein zweites Merkmal der humanitas lässt sich unter dem Stichwort „Geselligkeit“ zusammenfassen. Was ist damit gemeint? Ein Beispiel aus Ciceros erstem großen Werk „De oratore“. Drei ehemalige Consuln unterhalten sich den ganzen Tag über den Ernst der politischen Lage. Sie fürchten, das Ende der res publica sei nicht mehr aufzuhalten. Nach Beendigung des Gesprächs zeigt einer der Teilnehmer, Crassus, jedoch soviel „humanitas“, dass er seine Kollegen nicht ihren sorgenvollen Gedanken überlässt. Nachdem sie gebadet und sich zu Tisch begeben haben, bringt er ein unbeschwertes Gespräch in Gang, in dessen Verlauf er „eine solche Freundlichkeit und beim Scherzen eine solche Liebenswürdigkeit“ an den Tag legt, dass ihr Kummer alsbald verfliegt.

Was auf den ersten Blick wie eine Flucht vor der Wirklichkeit aussieht, entpuppt sich bei näherem Zusehen als eine hohe Kultur der Geselligkeit, wie sie sich im späten zweiten Jahrhundert v. Chr. in den Landhäusern vornehmer Römer herausgebildet hat, eine Kultur, in der nicht Essen und Trinken, sondern „das Zusammensein mit Freunden und die dabei geführten Gespräche“ im Mittelpunkt gestanden haben, weshalb man sie auch Convivien und nicht Symposien nannte. Um ein solches Convivium handelt es sich auch bei dem eben genannten Gespräch. Die dabei Anwesenden verdrängen nicht die Sorge um den Staat, aber sie überlassen sich auch nicht der Verzweiflung. Sie wissen, dass auch und gerade in widrigen Zeiten kultivierte Gespräche mit Scherz, Witz und Ironie nicht unangebracht sind; dergleichen lockert die deprimierte Stimmung auf, schafft Distanz zum Alltag und lässt „den Ernst nicht zum Krampf werden“ (Friedrich Klingner). Die sonst so gravitätisch auftretenden Senatoren legen ihre gravitas und severitas ab, sie entspannen sich und gewinnen eine heitere Gelassenheit, die ebensoweit von Frivolität wie von Zynismus entfernt ist. Cicero erinnert an die leise Ironie, die Sokrates' Gespräche vor seinem Tod durchzogen habe, und sieht darin geradezu einen Ausweis sokratischer humanitas. Christian Meier nennt diese Art der „Verarbeitung einer bedrohlichen Situation“ treffend eine „Kultur des Aushaltens“ und meint, dass wir dafür gerade heute wieder Verständnis haben müssten.

Ein drittes Merkmal der humanitas ist die geistige Bildung (*eruditio, doctrina, litterae*). Es gehört zum Menschen, dass er über das, was er tut, nachdenkt, auch und gerade in Zeiten, in denen die herkömmlichen Werte, Maßstäbe und Ziele infrage gestellt werden und wir uns nicht mehr einfach am Herkömmlichen orientieren können. An welche Künste und Wissenschaften denkt Cicero dabei? Nicht an diejenigen, die dem bloßen Leben und Überleben dienen und von ihm abschätzig die „bloß notwendigen“ oder „schmutzigen“ Künste (*artes sordidae*) genannt werden, sondern an jene, die in seinen Augen die „menschenwürdigsten und edelsten“ sind, weil sie den Menschen nicht lehren, wie man besser durchs Leben kommt, sondern wie man ein besserer Mensch wird. Cicero nennt diese Disziplinen abwechselnd *artes honestae, artes liberales, artes humanae* oder einfach *bonae artes*. Diese studia humanitatis umfassen keineswegs, wie die Bezeichnung artes liberales es vielleicht nahelegt, nur die Künste, die keinen handgreiflichen Nutzen einbringen wie etwa die Literatur, sondern auch und gerade höchst nützliche Fächer wie Politik, Recht, Geschichte und Ethik.

Ein viertes Merkmal der humanitas ist die Sprache. Die Sprache ist unser Vorzug vor den Tieren. Nicht irgendein Vorzug, sondern unser eigentlicher Vorzug. Die Sprache definiert den Menschen, die Sprache macht den Menschen aus. Ausdruck der humanitas ist aber nicht die Sprache schlechthin, sondern eine bestimmte Sprache; eine Sprache, wie sie Cicero in seinen Dialogen, vornehmlich in „De oratore", exemplarisch vorgeführt hat. Es handelt sich um eine sorgfältige, nuancenreiche, farbige Sprache, die nicht für zwanzig verschiedene Dinge ein und denselben Ausdruck hat, sondern für jede Sache, jeden Gedanken, jede Empfindung, jede Schattierung das treffende Wort findet. Eine umgängliche, rücksichtsvolle, höfliche Sprache ferner, die die Streitpunkte klar benennt, aber nicht ins Persönliche wendet und unnötig verschärft. Schließlich eine Sprache, die auf jede Rechthaberei verzichtet, nicht auf Indoktrination, sondern auf Erwiderung aus ist, eine gesellige Sprache also, die im Miteinanderreden, im Miteinanderberaten, im Miteinanderverhandeln ihre Erfüllung findet. Eine solche Sprache fällt uns nicht in den Schoß: Wir müssen sie uns erarbeiten. Und jede Arbeit an einer solchen Sprache ist ein Stück Arbeit an der humanitas.

Ein fünftes Merkmal der humanitas ist die Nachsicht, die Anteilnahme, das Wohlwollen (*clementia, misericordia, benevolentia, mansuetudo, comitas*). Im weitesten Sinne ist damit das gemeint, was die Griechen *philanthropia* genannt haben und wir heute gewöhnlich mit Humanität, Menschlichkeit wiedergeben. Die Humanität zeigt sich darin, dass man sich gegen die Leiden seiner Mitmenschen nicht verhärtet; dass man gegeneinander nachsichtig ist und sich gegenseitig hilft; dass man einander wohlwill und Mitgefühl füreinander hat. Grundlage dieser Art von humanitas ist für Cicero die Einheit des Menschengeschlechts und die daraus folgende Solidarität aller Menschen. Weil der Andere ebenso ein Mensch ist wie Du und ich, ist es human, in ihm den Mitmenschen zu sehen, sich seiner Sache anzunehmen und für ihn zu sorgen. Die entscheidende Frage dabei ist: Wie weit reicht die Solidarität? Gilt sie nur gegenüber den Familienangehörigen oder auch gegenüber Freunden? Gilt sie nur gegenüber den Mitbürgern oder auch gegenüber Fremden? Gilt sie nur im Frieden oder gilt sie auch im Krieg? Und wie steht es mit der Humanität gegenüber Sklaven? Im privaten Bereich scheint die Antwort eindeutig zu sein. Man darf, sagt Cicero, Fremde nicht abweisen, wenn sie durstig sind, um Feuer bitten, nach dem Weg fragen oder einen Rat suchen. Wer anders denkt und anders handelt, wer gar um des eigenen Vorteils willen dem Mitmenschen schadet, der beseitigt den „Menschen im Menschen", wie Cicero es drastisch ausdrückt, der zerstört die menschliche Schicksalsgemeinschaft und tritt die Solidarität mit Füßen. Das heißt: Im privaten, persönlichen Umkreis gilt das Gebot der Humanität uneingeschränkt. Wie aber steht es mit dem öffentlichen Bereich? Welche Rolle spielt die Humanität bei der Verwaltung der Provinzen, bei der Behandlung der Gefangenen im Krieg und beim Umgang mit Sklaven?

Zunächst zur Verwaltung der römischen Provinzen. Sie lag in den Händen von Statthaltern, die in der Regel Land und Leute schonungslos auszuplündern pflegten. (Zu den ärgsten Ausbeutern gehörte übrigens auch der Historiker Sallust, der sich als Statthalter der Provinz Africa Nova maßlos bereicherte, in seinen Schriften aber als unerbittlicher Moralist gab.) Cicero hat sich gegen einen solchen Missbrauch vehement gewehrt. Gegen einen der größten Gauner, Verres, hat er einen noch heute berühmten Prozess geführt. Als er selbst für ein Jahr Statthalter in Kilikien war – dem Land, in dem nach der Vermutung von Raoul Schrott Homer gelebt haben soll –, hat er nach allem, was wir wissen, sein Amt korrekt und uneigennützig wahrgenommen. Seinem Bruder Quintus, der drei Jahre lang Statthalter in Kleinasien war, legte er in einem langen Schreiben die Regeln ans Herz, die er bei seiner Amtsführung befolgen sollte. Man hat dieses Sendschreiben nach dem Vorbild von Xenophons Fürstenspiegel, der sog. „Kyropädie" – auf die Cicero in seinem Schreiben auch anspielt –, gelegentlich als „Statthalterspiegel" bezeichnet. Die Analogie ist missverständlich. Xenophons Titelheld ist zu makellos, um wahr zu sein. Er weist keine Widersprüche auf, zeigt keine Schwächen, hat keine Laster. Er macht keine Fehler, er kennt keine Niederlagen, er scheitert nie. Er erinnert an jene orientalischen Alleinherrscher, von denen Jacob Burckhardt sagt, sie bildeten „sich nicht im Conflict mit ihrer Welt aus" und besäßen daher „keine innere Geschichte, keine Entwicklung, kein Werden". Kurz: Kyros ist eine noble Kunstfigur, und die Welt, in der er lebt, ist eine Scheinwelt, fernab der Realität. Ciceros Sendschreiben an seinen Bruder hat wenig von diesem – alles in allem doch etwas langweiligen – Erbauungsbuch. Der Adressat ist ein Mann aus Fleisch und Blut, ein Durchschnittsmensch mit angenehmen und unangenehmen Eigenschaften, mal bescheiden und moderat, mal hochfahrend und aufbrausend, so wie Menschen nun einmal sind. Cicero mahnt ihn, die humanitas zur Richtschnur seines Handelns zu machen und sich als Schutzherr seiner Untertanen zu verstehen. Wo Strenge (*severitas*) nicht zu vermeiden sei, solle sie nach Möglichkeit durch humanitas abgemildert werden. Zwischen den Zeilen ist freilich zu lesen, dass dieser Ratschlag so uneigennützig nicht ist: Die milde Behandlung soll die Unterworfenen vornehmlich davon abhalten, sich gegen die römische Herrschaft aufzulehnen. Nun schmälert es nicht den Rang einer Tugend, wenn sie sich auch politisch als nützlich erweist. Die Frage ist nur, wer behält im Konfliktfall das letzte Wort? Die Antwort ist klar. Solange die humanitas die Herrschaft nicht gefährdet, sie sogar fördert, ist sie Pflicht des Statthalters. Sobald aber eine milde Behandlung die Unterworfenen dazu verführt, sich gegen die Unterdrücker zu erheben, bleibt die humanitas auf der Strecke. Dann gilt, was Cicero in den Reden gegen Verres unmissverständlich erklärt: „Lieber grausam als lässig" und: „Ohne Furcht und Strenge kann man keinen Staat verwalten".

Zweitens die Behandlung der Gefangenen. Das antike Kriegsrecht erlaubte dem Sieger, die besiegten Städte zu plündern, dem Erdboden gleichzumachen und die Gefangenen in die Sklaverei zu verkaufen oder zu töten. Schuldgefühle kamen dabei nicht auf. Als die Athener den Meliern den Krieg erklärten, bemühten sie sich erst gar nicht, ihnen mit schönen, aber wenig glaubhaften Worten zu beweisen, dass sie im Recht wären. Recht, sagten sie, gebe es nur bei Gleichheit der Kräfte; bei Ungleichheit bestimme der Stärkere, was Recht sei. Bevor sie die Melier umbrachten, erinnerten sie diese daran, dass Politik und Nachsicht nichts miteinander zu tun hätten. Wären die Melier in der Übermacht, würden sie genauso handeln.

Die Römer waren in dieser Beziehung keinen Deut besser. Wer Anschauung will, lese die Berichte bei Polybios, Caesar, Sallust, Tacitus, Josephus und anderen. Vor dem Hintergrund dieser Brutalität gab es freilich auch Ausnahmen. Der gleiche Marcellus, der auf seinen Eroberungszügen in vielen Städten Menschen hat hinschlachten lassen, soll Plutarch zufolge auch der erste Römer gewesen sein, der gegenüber den Besiegten Milde bekundete. Bei der Einnahme von Syrakus – der schönsten der Griechenstädte – soll er „lange geweint haben aus Mitleid mit dem, was kommen musste". Seine Soldaten drängten ihn, die Stadt zu zerstören, er aber erlaubte nur, sie zu plündern und sich an den Sklaven zu vergreifen. Um einen Akt der Humanität, wie Cicero unterstellt, wird es sich dabei allerdings kaum gehandelt haben, eher um einen Akt politischer Klugheit. Wenn Marcellus zu dem Schluss kam, dass von dieser Stadt keinerlei Gefahr mehr ausging, warum sollte er sie sich dann zum Todfeind machen?

Wie dachte Cicero über den Umgang mit Besiegten? Im Prinzip war er immer dafür, die Konflikte friedlich zu lösen. Ein Streit, erklärt er, lasse sich auf zwei Wegen beenden: durch friedliche Auseinandersetzung oder durch Gewalt. Da jene dem Menschen, diese den Tieren eigentümlich sei, dürfe man zur Gewalt nur Zuflucht nehmen, wenn der Konflikt nicht friedlich beigelegt werden könne. Sei die Entscheidung, Gewalt anzuwenden, aber einmal getroffen, dann sei der Krieg immer so zu führen, dass nichts anderes als der Friede gesucht werde.

Cicero hatte eine klare Vorstellung, wann Kriege gerecht und wann sie ungerecht sind. (Alexander Demandt nennt ihn sogar den Theoretiker des *iustum bellum.*) Gerecht, sagt er, sind Kriege, wenn man entweder selbst angegriffen wird oder den Bundesgenossen zu Hilfe eilen muss und wenn sie zuvor förmlich angesagt und erklärt worden sind. Dass Kriege abgeschafft werden können, daran glaubte er nicht, aber er warb dafür, sie einzudämmen, sprich: zu humanisieren. Zum Beispiel: Ist der Sieg errungen, „muss man die schonen, die im Krieg nicht grausam, nicht unmenschlich gewesen sind“. Oder: „Man muss immer für einen Frieden sorgen, der nichts Hinterhältiges hat“. Wenn man dem Feind etwas versprochen habe, müsse man sein Wort halten, es sei denn, es handelte sich bei dem Feind um Piraten oder Räuber, die außerhalb der Rechtsordnung stehen. Was die Zerstörung und Plünderung von Städten angeht, so soll „nichts unbedacht, nichts grausam“ geschehen. Maßvoll soll man selbst die behandeln, die einem Unrecht zugefügt haben: „Es gibt nämlich ein Maß im Sichrächen und Strafen“.

Lobenswerte Maximen, kein Zweifel, aber wie weit hat Cicero sie selbst befolgt? Als er Statthalter in Kilikien war, führte er Krieg gegen einige Bergstämme an der Grenze zu Syrien. Die eroberten Ortschaften ließ er niederbrennen, das Land verwüsten und die Gefangenen als Sklaven verkaufen; die übrige Beute überließ er den Soldaten. So selbstverständlich dieses Verhalten in der damaligen Zeit auch war, mit Ciceros humanen Maximen zum Kriegsrecht lässt es sich kaum in Einklang bringen. Wie muss man sich die Kluft zwischen seinen Worten und seinen Taten erklären? Cicero hält sich immer eine Hintertür offen: die *utilitas rei publicae*, die Staatsräson. Mit ihr rechtfertigt er auch die Eroberungszüge Pompeius' und Caesars, die ganze Landstriche verheert und ganze Völkerstämme ausgemerzt haben, als reine Verteidigungskriege. Mit ihr begründet er die Zerstörung Karthagos und Numantias als legitime Vergeltungsmaßnahme. Die Zerstörung Korinths bedauert er zwar, meint aber, aus strategischen Gründen sei den Römern nichts anderes übriggeblieben. Mit anderen Worten: Humanität soweit wie möglich; Skrupellosigkeit soweit wie nötig. Im Klartext: Solange sich der Gegner freiwillig unterordnet, erweist man sich ihm gegenüber human, sobald er Widerstand leistet, lässt man alle Rücksichten fallen. Das ist die berühmte Politik mit Zuckerbrot und Peitsche, die Cicero am Beispiel von Caesars Gallien-Politik in schöner Offenheit demonstriert: „Durch Furcht oder Hoffnung, durch Strafe oder Lohn, durch Waffengewalt oder gesetzliches Gebot“ habe Rom die Völker an sich gebunden.

Schließlich der Umgang mit Sklaven. In der Antike galt Sklaverei als selbstverständlich. Kein geringerer als Aristoteles hat erklärt, Sklaverei sei natürlich und gerecht. Der Sklave sei nicht nur der Sklave seines Herrn, er gehöre ihm auch ganz und gar. Sein Wert bemisst sich danach, wie viel er seinem Herrn einbringt. Nicht zufällig nennt Cicero „Sklaven und das stumme Vieh“ in einem Atemzug. Gewiss gab es immer wieder Bestrebungen, das Los der Sklaven zu verbessern, weniger aus Humanität allerdings als aus dem Wunsch heraus, die Effektivität der Sklavenarbeit zu steigern und Unruhen zu verhindern. (Stefan Knoch hat dies kürzlich in einer ausgezeichneten Trierer Dissertation über die „Sklavenfürsorge im Römischen Reich“ ausführlich dargestellt.)

Soweit wir wissen, hat auch Cicero seine Sklaven gut behandelt. In „De officiis" kann man lesen: Auch gegen Sklaven sei Gerechtigkeit zu wahren. Zu Tiro – einem Sklaven, den er später freiließ und zu seinem Privatsekretär und Vertrauten machte –, hatte er sogar ein freundschaftliches Verhältnis. Doch mag er zu einzelnen Sklaven auch noch so wohlwollend gewesen sein, er war dies vermutlich nicht aus Humanität, sondern, wie er es selbst einmal sagt, aus der machiavellistischen Einsicht heraus, dass „nichts geeigneter ist, Macht zu erhalten und zu behaupten, als geliebt zu werden, und nichts ungeschickter, als gefürchtet zu werden. ... Denn die gefürchtet sein wollen, müssen notwendig dieselben Leute, von denen sie gefürchtet werden, selber fürchten". Die Rechtmäßigkeit der Sklaverei als Institution hat er jedenfalls niemals angezweifelt.

In unseren Augen ist Sklaverei ein Skandal. Da gibt es nichts zu beschönigen. Cicero deshalb zu verdammen, besteht indes kein Anlass. Sich von der herrschenden Kultur der Zeit zu emanzipieren, ist für uns Sterbliche fast unmöglich. Auch wer gegen den Strom schwimmt, schwimmt noch im Strom. Mit Goethe zu reden: „Die größten Menschen hängen immer mit ihrem Jahrhundert durch eine Schwachheit zusammen" (Maximen und Reflexionen).

Ciceros humanes Menschenbild

In seiner bahnbrechenden Rede über „Werden und Wesen der Humanität im Altertum" aus dem Jahre 1907 äußerte Richard Reitzenstein die Vermutung, Ciceros Idee der Humanität läge eine bestimmte Theorie vom Menschen zugrunde. Philologen wie Rudolf Pfeiffer und Friedrich Klingner haben das zurückgewiesen; soweit ich es beurteilen kann, zu Recht. Wohl aber, denke ich, kann man von einem Bild des Menschen, oder vorsichtiger ausgedrückt, von Bausteinen zu einem Bild des Menschen bei Cicero sprechen. Dieses Bild ist aus zwei Gründen interessant. Einmal zeigt es einen Aspekt der humanitas, den wir bisher noch nicht ausdrücklich erfasst haben. Zweitens stellt diese humanitas nicht – wie die Höflichkeit, die Geselligkeit, die Sprache, die geistige Bildung und die Philanthropie – den Gegensatz dar zum Unkultivierten, Primitiven, Barbarischen, sondern ist das Gegenbild zu einer Auffassung vom Menschen, die selbst das Ergebnis einer hohen Kultur ist, nämlich der stoischen. Soviel Cicero von der Stoa auch übernommen hat: seine Vorstellung vom Menschen ist der der Stoiker in entscheidenden Punkten entgegengesetzt. Das stoische Menschenbild hat etwas Gewaltsames, will sagen Maßloses, Rigoroses, Extremes an sich. Es entstand, wie Bernhard Guttmann in einem wenig beachteten Aufsatz bemerkt, „in einer Zeit der Auflösung und suchte in der Persönlichkeit das Bekennertum zu stärken, den Willen, sich nicht von den Umständen mitreißen zu lassen, sondern die moralische Opposition bis zum äußersten aufrechtzuerhalten." Im Gegensatz dazu ist das ciceronische Menschenbild moderat, das heißt es zeichnet sich durch „moderatio", den Sinn für das rechte Maß aus. Ich greife vier Grundzüge der stoischen Anthropologie heraus und setze Ciceros Auffassung dagegen.

Erstens: Der Stoiker glaubt, über dem Schicksal zu stehen. Cicero hingegen ist von der „Schwachheit der menschlichen Dinge und der Unbeständigkeit des Schicksals" überzeugt. Er weiß, selbst auf die eigene Tugend ist kein Verlass. „Wie trügerisch ist die Hoffnung der Menschen, wie zerbrechlich ihr Glück und wie nichtig sind unsere Bestrebungen! Oft scheitern sie auf halbem Weg und werden zunichte ..., bevor sie ihr Ziel erreichen konnten". Weder auf unsere Gesundheit noch auf unser Eigentum, noch auf unsere gesellschaftliche und politische Stellung können wir bauen. Wir sind allenfalls „halbfrei".

Zweitens: Das Ideal des Stoikers ist die *apathia*, die Leidenschaftslosigkeit und Leidenslosigkeit. Für den stoischen Weisen gibt es kein Übel. Ihn befällt kein Kummer; er kennt weder Mitleid noch Neid; er wird niemals zornig; er vergeht nicht vor Angst noch verzehrt er sich vor Sehnsucht noch gerät er aus Freude außer sich. Für Cicero hingegen gehören die Leidenschaften und das Leiden zur Natur des Menschen. Keine Freude und keinen Schmerz zu empfinden, ist wider die Menschlichkeit. „Wenn jede innere Erregung ausgeschaltet ist, was besteht dann noch für ein Unterschied ... zwischen einem Menschen und einem Holzklotz oder einem Felsen?". Als er in die Verbannung geschickt wurde, schreibt er sinngemäß: Ich werde mich nie rühmen, ich hätte das Vaterland verlassen ohne zu leiden. Denn würde ich das tun, hätte ich gleich leugnen können, ein Mensch zu sein. „Denn wir sind ja nicht aus Stein geboren", heißt es in den Tusculanen. Zustimmend zitiert er den hellenistischen Philosophen Krantor: „Die Schmerzlosigkeit ist um zu großen Preis erkauft", nämlich um den Preis „der Unmenschlichkeit der Seele und der Lähmung des Körpers".

Zum Stoiker gehört drittens die kompromisslose Sittenstrenge. In seiner Rede für Lucius Murena zeichnet Cicero das Bild eines Mannes – gemeint ist der jüngere Cato –, der keine Nachsicht kennt, der kleine Verfehlungen wie schlimme Verbrechen ahndet, der glaubt, fehlerfrei zu sein, der starr an seiner Meinung festhält. Cicero, dem alles Eifernde, Rechthaberische, Unduldsame fremd ist, hält eine solche Haltung für „strenger und härter als die Wirklichkeit und die menschliche Natur zulassen". In allem, betont er, gelte es, die Mitte zwischen dem Zuviel und dem Zuwenig einzuhalten. Maß und Menschlichkeit, moderatio und humanitas gehörten zusammen, selbst die Tugend habe ihre Grenzen. In einem rhetorisch brillanten, auf das Wesentliche zugespitzten Dialog weist er die Forderungen der Stoiker zurück: „‚Du darfst nichts verzeihen.' Doch, einiges; nicht alles. ‚Du darfst nichts aus Gefälligkeit tun.' Doch, weise die Gefälligkeit nur dann von dir, wenn Pflicht und Redlichkeit es fordern. ‚Lass dich nicht durch Mitleid bestimmen.' Ganz recht, weil sonst jede Strenge aufhörte; dennoch gebührt auch der humanitas einiges Lob. ‚Bleibe bei deiner Meinung.' Jawohl, es sei denn, deine Meinung wird durch eine andere, bessere Meinung besiegt".

Viertens: Der Stoiker neigt dazu, Gesetze in ihrer ganzen Strenge und Härte anzuwenden. Cicero hingegen ist sich bewusst: Wie jede Tugend, hat auch die Gerechtigkeit ihr Maß; exzessiv ausgelegt und rücksichtslos angewandt, schlägt sie leicht in ihr Gegenteil um. Er hat dafür die einprägsame Formulierung gefunden: *Summum ius summa iniuria*? Das strengste Recht ist das schlimmste Unrecht. Kant sah in dieser Sentenz den „Sinnspruch der Billigkeit". Er meinte damit: In seiner allgemeinen Form wird das Gesetz dem einzelnen Fall nicht immer gerecht; buchstabengetreu angewandt wird es mitunter sogar ausgesprochen ungerecht. Das Gebot der Billigkeit soll bewirken, dass der Einzelfall gegenüber dem allgemeinen Gesetz berücksichtigt wird. Cicero wusste sehr wohl, welches große Gewicht der Billigkeit (*aequitas*) im Rechtsleben zukommt. Lange Zeit hat man seinen Satz *summum ius summa iniuria* auch in diesem Sinne ausgelegt, bis Karl Büchner in einer eindringlichen Untersuchung dargelegt hat, dass er eine ganz andere Bedeutung hat, nämlich die, dass man seinen Rechtsanspruch nicht rigoros durchsetzen darf, auch wenn die Buchstaben des Gesetzes dies vielleicht zuließen. Wer sein Recht bis zum letzten Buchstaben pedantisch verficht, der ist drauf und dran, Unrecht zu begehen. Wahre Gerechtigkeit – das ist Ciceros Erfahrung und tiefe Einsicht – ist nie bei einem allein; um sie zu verwirklichen bedarf es von beiden Seiten des Verzichtes, des Kompromisses, des Nachgebens.

Soweit ein kurzer Überblick über die Grundbedeutungen des Wortes humanitas bei Cicero. Kein Autor hat das Wort humanitas so häufig gebraucht wie er: Samt Adjektiven und Adverbien und dem Gegenteil kommt es etwa sechshundertmal bei ihm vor. Kein Autor hat das Wort aber auch so vielfältig verwandt wie er: Man hat 33 sinnverwandte Begriffe gezählt, die bei Cicero für und neben humanitas stehen. Um die Spannbreite deutlich zu machen, habe ich sechs Grundbedeutungen herausgegriffen und holzschnittartig zugespitzt. In Wirklichkeit sind die Grenzen zwischen den einzelnen Bedeutungen aber fließend. Um eine genaue Vorstellung des ciceronischen Sprachgebrauchs zu erhalten, müsste man sehr viel stärker differenzieren und nuancieren.

Zwei Zwischenbemerkungen

Die erste. Der häufige Gebrauch des Wortes humanitas durch Cicero darf nicht zu der Annahme verführen, Ciceros Zeitalter sei eine Epoche der Menschlichkeit gewesen. Das Gegenteil war der Fall. „Die Zeiten sind der Tugend nicht günstig", heißt es im „Orator". Zwar gab es abseits der Öffentlichkeit in einigen Häusern der Nobilität Oasen privater Humanität, aber repräsentativ waren sie nicht. Repräsentativ waren Krieg, Gewalt und Barbarei. In Rom herrschte zeitweise Anarchie. Man muss sich das einmal vorstellen: Eine Stadt von ein paar Hunderttausend Einwohnern einschließlich der Sklaven besaß keine Polizei, die für Ordnung hätte sorgen können! Knüppelbanden machten die Straßen unsicher, Mord und Totschlag waren an der Tagesordnung. Auch in der Politik war die Gewaltanwendung gang und gäbe. Plutarch berichtet, oft sei die Rednertribüne mit Blut und Leichen besudelt gewesen, wenn die Volksversammlung auseinanderging (Caesar 28). Unter Marius und Sulla kam es zu regelrechten Massenabschlachtungen. An Grausamkeit ist die Epoche nicht zu überbieten, galt doch der Tod *ohne Folter* schon als Wohltat. Ciceros ehemaliger Schwiegersohn Dolabella soll einen der Caesarmörder zwei Tage lang gefoltert haben. M. Antonius ließ dem ermordeten Cicero den Kopf und die rechte Hand abhauen und auf den Rostra annageln. Auch die Damen der Gesellschaft scheinen vor Grausamkeiten nicht zurückgeschreckt zu sein. Während Antonius' Gattin nachgesagt wird, dem toten Cicero die Zunge herausgezerrt und mit Haarnadeln durchstochen zu haben, soll sich die Tochter von Ciceros *Alter ego* Atticus den Sklaven haben ausliefern lassen, der Ciceros Fluchtweg verraten habe: „Seiner Person mächtig geworden, zwang sie ihn – außer anderen furchtbaren Martern, die sie anwandte –, sich sein Fleisch Stück für Stück abzuschneiden, es zu braten und zu essen" (Plutarch, Cicero 49).

Cicero hat nie daran gezweifelt, dass die Gewöhnung an derartige Grausamkeiten im Menschen den *sensus humanitatis* abtötet. „Wenn wir zu jeder Stunde sehen und hören, dass etwas Grausiges geschieht, dann mögen wir die mildeste Sinnesart haben: unser Herz verliert, wenn die bedrückenden Ereignisse sich beständig wiederholen, jegliches Empfinden für Menschlichkeit". Cicero hat sich keine Illusionen über die Menschen gemacht. In seiner letzten Schrift „De officiis" notiert er: Es gibt kein noch so abscheuliches Verbrechen, das dem Menschen nicht von Menschen zugefügt wird. Gottlob hat er selbst sich keine seelische Hornhaut zugelegt, sondern einen Sinn für Menschlichkeit bewahrt oder besser: entwickelt, der vor dem Hintergrund der unmenschlichen Zeitläufte alles andere als selbstverständlich ist.

Ein Philologe wird jetzt vielleicht fragen – und damit komme ich zu meiner zweiten Zwischenbemerkung –, wodurch unterscheidet sich Ciceros Begriff der humanitas von früheren Vorstellungen über Menschlichkeit? Was ist das Neue, Originelle an seiner Auffassung etwa gegenüber Homer, Menander oder Terenz? So wichtig diese Fragen für das Verständnis Ciceros sind, für einen Politikwissenschaftler wie mich steht eher die Frage im Vordergrund: Was können wir aus Ciceros Gedanken heute noch lernen? Sind seine Vorstellungen überhaupt noch zeitgemäß oder sind sie schon längst überholt und nur noch von historischem Interesse? Aus Zeitgründen will ich die Frage nur an einem einzigen Beispiel zu beantworten versuchen, am Beispiel der Höflichkeit.

Die Meinung ist weit verbreitet, Höflichkeit sei ein Ausdruck von Heuchelei. Sie alle kennen das Sprichwort: „Im Deutschen lügt man, wenn man höflich ist“. Es ist gerade vier Jahrzehnte her, dass die 68er-Bewegung „das Ende der Höflichkeit“ ausrief. Höflichkeit, so behaupteten die Jünger des Zeitgeistes, sei Aufforderung zur Verlogenheit und diene der Verschleierung der Herrschaftsverhältnisse. Stattdessen forderte man rücksichtslose Ehrlichkeit. Was aber würde geschehen, wenn wir absolut ehrlich wären und jedem unverblümt zu verstehen gäben, was wir von ihm hielten? Wir würden uns gegenseitig doch an die Gurgel springen! Gewiss sollten wir ehrlich sein, aber nicht auf Kosten des anderen. Höflichkeit ist eine Möglichkeit, ehrlich zu bleiben, ohne dass der andere das Gesicht verliert.

Höflichkeit ist eine Tugend der gegenseitigen Rücksichtnahme, die das Miteinanderleben erleichtert. Sie entlastet uns von der Unmöglichkeit, allen Menschen positive Gefühle entgegenbringen, sie gar lieben zu müssen. Sie erleichtert den Umgang zwischen Menschen unterschiedlicher Meinungen, unterschiedlicher Interessen, unterschiedlicher Kultur. Sie verhindert, dass entgegengesetzte Gesinnungen unvermittelt aufeinanderprallen. Sie ist, nach einem Wort von Cora Stephan, „ein Angebot, das Aggressionsverzicht signalisiert und zugleich Fremdheit und Distanz bekräftigt“.

Höflichkeit mag eine Sekundärtugend sein, aber ohne Sekundärtugenden gibt es keine Primärtugenden.

Ciceros humanitas und der Neuhumanismus

Es liegt nahe, Ciceros Gedanken über *humanitas* mit den Vorstellungen jener Bewegung zu vergleichen, an die wir Deutsche zuerst denken, wenn von Humanismus die Rede ist, ich meine den Neuhumanismus an der Wende des achtzehnten zum neunzehnten Jahrhundert. Wie weit stimmen die beiden Vorstellungen überein? Die Altphilologen sind sich in dieser Frage uneins. Karl Büchner sieht zwischen den beiden keine „so enge Beziehung“. Wolfgang Schadewaldt hingegen urteilt lakonisch: „Wer so denkt, der irrt“.

Meines Erachtens gibt es Übereinstimmungen vor allem hinsichtlich des normativen Grundcharakters der Humanität. „Humanität“, heißt es bei Herder, „ist der Charakter unsres Geschlechts; er ist uns aber nur in Anlagen angeboren und muss uns eigentlich angebildet werden. Wir bringen ihn nicht fertig auf die Welt mit; auf der Welt aber soll er das Ziel unsres Bestrebens, die Summe unsrer Übungen, unser Wert sein.“ Das könnte auch Cicero gesagt haben.

Daneben gibt es aber auch erhebliche Unterschiede. Ein Unterschied besteht im Stil. Der Neuhumanismus schreitet gern ernst und feierlich einher, während bei Cicero der Ernst häufig durch Witz aufgelockert wird, die Würde durch Liebenswürdigkeit gemildert ist und die Leichtigkeit der Strenge die Waage hält. „Dadurch unterscheidet er sich von vornherein von dem salbungsvollen Ernst Herders, der gravitätischen Art Humboldts“ und der „etwas fanatischen Ergriffenheit“ Schillers (Friedrich Klingner). Dass das Lachen, auch und gerade über uns selbst, zur Humanität gehört, davon ist bei Herder nichts zu spüren. Herder ist höchstens unfreiwillig komisch, so etwa, wenn er, Marc Aurel zitierend, einem Morgenmuffel rät: „Stehst du des Morgens ungern auf, so ermuntere dich mit dem Gedanken: ich erwache zum Werk des Menschen!“.

Der zweite Unterschied. Im Neuhumanismus liegt der Nachdruck auf der Bildung. Andere Formen der Humanität, philanthropische etwa, treten in den Hintergrund. Die allgemeine Überzeugung war: Erst das Studium der Griechen und Römer macht den Menschen zum Menschen. Gewiss, auch bei Cicero spielt die geistige Bildung eine große Rolle, aber die ciceronische humanitas ist an Bedeutungen sehr viel reicher: Sie reicht, wie wir gesehen haben, von rücksichtsvollen Umgangsformen, kultivierter Geselligkeit und zivilisierter Sprache über das Mitgefühl für Schwache und Unterworfene sowie dem Maßhalten bei Übertreibungen bis hin zu den studia humanitatis. Das heißt: Für Cicero gibt es keinen Königsweg zur humanitas, wie es das humanistische Gymnasium für den Humanismus war: Wer versucht, seiner menschlichen Natur gerecht zu werden, muss danach trachten, auf vielen Feldern human zu werden.

Der dritte Unterschied. Im Neuhumanismus steht das Individuum im Mittelpunkt. Es geht um die Kultivierung oder, wie Wilhelm von Humboldt sagt, um die „Veredelung der Persönlichkeit“, genauer: um die allseitige Ausbildung aller Anlagen des Menschen zu einem harmonischen Ganzen. Damit versuchte man, der drohenden Gefahr der Spezialisierung und Professionalisierung des Menschen zu entgehen, wie sie Schiller in seinen „Briefen zur ästhetischen Erziehung des Menschen“ anschaulich geschildert hat: „Ewig nur an ein kleines Bruchstück des Ganzen gefesselt, bildet sich der Mensch selbst nur als Bruchstück aus, ewig nur das eintönige Geräusch des Rades, das er umtreibt, im Ohr, entwickelt er nie die Harmonie seines Wesens, und anstatt die Menschheit in seiner vollen Natur auszuprägen, wird er bloß zum Abdruck seines Geschäfts, seiner Wissenschaft“. Für Cicero verstand sich die allseitige Selbstvervollkommnung des Menschen von selbst. Für einen Menschen seines Standes war es selbstverständlich, neben der politischen Tätigkeit Bücher zu sammeln, philosophische und literarische Studien zu treiben, Sophokles und Thukydides im Urtext zu lesen, Landsitze in reizvoller Umgebung anzulegen und deren Gärten mit Statuen zu schmücken: Eine ausdrückliche Lehre machte er daraus jedoch nicht. Als Römer und Republikaner ging es ihm aber auch gar nicht um die Kultivierung der Persönlichkeit, sondern um die Humanisierung der Gemeinschaft. Nun werden Sie vielleicht einwerfen: Bei der Höflichkeit, der Geselligkeit, der Sprache, dem Mitgefühl und dem Maßhalten leuchtet uns das ein; bei diesen Eigenschaften handelt es sich ja ganz offensichtlich um soziale, gesellige Tugenden, aber wie steht es mit der geistigen Bildung? Ist sie nicht Sache des Einzelnen? Ja und nein. Natürlich muss der Einzelne sie zunächst einmal erwerben. Aber mit dem Erwerb erweitert der Einzelne seinen geistigen Horizont, er gewinnt Anschluss an das, was andere denken oder andere gedacht haben, er nimmt Teil am geistigen Erbe und das heißt doch: Bildung führt den Einzelnen über sich selbst hinaus, stellt ihn in einen größeren Beziehungsraum, der unser verschwindend kleines Ich zu bereichern, zu stützen und zu tragen vermag.

Der vierte Unterschied: Der Schwerpunkt des humanistischen Bildungskanons liegt auf den literarisch-ästhetischen Disziplinen, auf Literatur, Philosophie, Geschichte, Theater, Musik, bildender Kunst, weniger auf der Politik. Dabei war der Neuhumanismus nicht von Anfang an unpolitisch gewesen. Die Schwärmerei für die attische Demokratie und die römische Republik war weit verbreitet. Noch Bismarck behauptete, beim Abitur überzeugter Republikaner gewesen zu sein. Aber dieser Republikanismus war theoretischer Natur, weil „der republikanischen Imagination zu ihrer Verwirklichung die reale gesellschaftliche Kraft fehlte, die das Antizipierte hätte einlösen können" (Walter Jens). Unter dem Druck der Restauration, vollends nach dem Scheitern der Revolution von 1848/49 verblasste der freiheitliche Impetus zunehmend. Am Ende des Jahrhunderts heißt es in Fontanes Roman „Jenny Treibel" von 1893: „Überhaupt, Kommerzienrat, warum verirren Sie sich in die Politik? ... Sie verderben sich Ihren guten Charakter, Ihre guten Sitten und Ihre gute Gesellschaft". Im Gegensatz dazu war Ciceros Begriff der humanitas von Anfang an politisch geprägt. Staat und Politik waren in seiner Vorstellung von der Humanisierung nicht ausgenommen. Kultur und Politik bildeten für ihn keine getrennten Bereiche, so dass auch nicht die Gefahr drohte, der der Neuhumanismus schließlich erlag, dass nämlich die Humanität unpolitisch wird und die Politik inhuman bleibt. Im Unterschied zum Neuhumanismus ging es Cicero nicht um die Ausbildung zum „vollkommenen Menschentum", sondern um die Ausbildung zum „vollkommenen Römer", der sich nicht „in einer übernationalen, zeitlosen Sphäre menschlicher Bildung", sondern in der aktuellen res publica zu bewähren hat (Hellfried Dahlmann). Stets hielt er an der Aussage fest: „Leichter, sicherer und anderen weniger drückend und lästig ist das Leben der in Muße Lebenden, fruchtbringender hingegen für das Menschengeschlecht ... (ist) das derjenigen, die sich um das Gemeinwesen ... bemühen".

Schließlich ein letzter Unterschied. Der Neuhumanismus glaubt an die Perfektibilität der Menschheit. Die Verbesserung und Vervollkommnung des Menschengeschlechts, heißt es bei Herder, ist „keine Täuschung": „Allenthalben ist die Saat gesät; hier verwest und keimt, dort wächst sie und reift zu einer neuen Aussaat. Dort liegt sie unter Schnee und Eis; getrost! das Eis schmilzt; der Schnee wärmt und deckt die Saat. Kein Übel, das der Menschheit begegnet, kann und soll ihr anders als ersprießlich werden. ... Das ist mein Credo". Hier hätte Cicero wohl einige Ausrufezeichen gemacht. Er war Realist genug, um zu wissen, dass auch nur halbwegs humane Verhältnisse die Ausnahme sind, dass alles, was in mühsamer Arbeit einmal erreicht wird, von heute auf morgen wieder verfallen kann. Einzelne mögen dem Ideal der humanitas nahekommen, aber dass sich die gesamte Menschheit in stetigem Fortschritt einem Zustand der vollendeten humanitas nähern würde: daran hat er gewiss nie geglaubt. „Aus so krummen Holze, als woraus der Mensch gemacht ist, kann nichts ganz Gerades gezimmert werden", heißt es bei Kant. Marcus Tullius Cicero hat nicht anders gedacht.

Lässt sich Ciceros Begriff humanitas übersetzen?

Das Wort Humanismus ist missverständlich: Humanitas ist keine Weltanschauung, auch keine bloß geistige Haltung. Die Wörter Humanität oder Menschlichkeit wiederum sind zu eng; sie treffen nur für den philanthropischen Aspekt der humanitas zu. Am ehesten kommen vielleicht die Worte „Zivilisation" und „zivilisiert" in Betracht. Zivilisation freilich nicht im deutschen, sondern im romanischen und angelsächsischen Verständnis. Während wir im Deutschen gewohnt sind, Zivilisation und Kultur voneinander zu unterscheiden und mit Zivilisation gewöhnlich nur das äußerliche Benehmen des Menschen meinen, verstehen Romanen und Angelsachsen darunter eine bestimmte Verfasstheit des ganzen Menschen: gesellschaftliche wie moralische, technische wie künstlerische, geistige wie politische Verhaltensweisen und Fähigkeiten. Zwar fehlt dem Begriff Zivilisation das seelenhafte Pathos, das dem Wort Humanismus anhaftet. Aber das dürfte nur von Vorteil sein. Es wäre ein arges Missverständnis, wollte man die ciceronische humanitas als eine „Norm hohen Menschentums" verstehen, die sich oberhalb des gewöhnlichen Lebens abspielt. Sie ist alles andere als das. Wenn wir sie uns aneignen wollen, müssen wir sie vom Philosophenhimmel herab in den Alltag holen. Im Grunde handelt es sich doch um elementare Normen der Zivilisation, nämlich: Dass man lernt, seine Instinkte und Triebe zu beherrschen und rücksichtsvoll miteinander umzugehen; dass man in der Lage ist, seine Freizeit anders zuzubringen als vor der Glotze oder mit dem Lesen der Bild-Zeitung; dass man seine Sprache nicht verludern und verlottern lässt, sondern an ihr arbeitet; dass man nicht daran zweifelt, dass eine Einrichtung wie Guantánamo einen Rückfall in die schlimmste Barbarei bedeutet; dass man in allen Dingen maßhält; dass man erkennt, dass der Mensch nicht vom Brot allein lebt und die Bildungsbemühungen nicht auf ökonomische Interessen reduziert werden dürfen.

Simple Dinge, fürwahr, aber offensichtlich schwer zu verwirklichen.

Der Verf. verzichtet bei dieser Veröffentlichung auf die Nachweise der Zitate und auf Anmerkungen. Hingewiesen sei wenigstens auf die einschlägigen Arbeiten von Beckmann, Büchner, Dahlmann, Haffter, Harder, Klingner, Lefèvre, Reitzenstein, Rieks, Rüegg, Schadewaldt, Snell und Veyne.

Oskar Negt

Demokratie als Lebensform. Mein Achtundsechzig

Wo ist der Anfang zu machen, wenn man sich ernsthaft darauf einlassen wollte, in der mittlerweile verwilderten Landschaft „Achtundsechzig", die mit jedem mediengesteuerten Rückerinnerungsdatum zusätzlich verdreht, perspektivisch verzerrt und retuschiert wird, einige Linien zu ziehen, die den Proportionen der damaligen Ideen und den heutigen Bewegungsabläufen zugleich gerecht werden? Ein Bild, das allen gefallen wird, kann es nicht geben. Jedes Urteil über diese Zeit wird anfechtbar sein; auch das meine. Aufrichtigkeit ist der einzige jedem zumutbare Leitfaden für eine Auseinandersetzung, die mit der Erinnerung dieser Zeit kritisch umgeht.

Jubiläen sind günstige Einstiegsmöglichkeiten zur öffentlichen Thematisierung von Fragestellungen, die weder zu umgehen noch mit allgemeiner Zustimmung zu beantworten sind. Dieses neue Jubiläum – vierzig Jahre Umgang mit Ereignissen, die nach jedem Jahrzehnt immer wieder in Erinnerung gerufen wurden, obwohl ihr Einfluss auf unsere Gesellschaft deutlich spürbar, aber kaum exakt zu bestimmen ist – hat einen ganz anderen Charakter als die Jubiläumsjahre, die wir gerade hinter uns haben: Kant, Einstein, Mozart, Adorno und viele der anderen. Plötzlich entsteht eine Atmosphäre, als hätten wir es mit der Aufarbeitung einer in ihren Zielen legitimen, in der Realität jedoch missglückten, ja abgebrochenen Revolution zu tun. Die Schuldzuschreibungen nehmen in der Tat Dimensionen an, dass ein Mensch, der vielleicht im Jahr 2068 Schriftdokumente aus diesen vierzig Jahren in die Hand bekommt, sich überwältigt zeigen müsste, um welche tiefgreifende Umbruchszeit es sich bei dem Symboldatum Achtundsechzig handeln muss.

Unsere Gesellschaft ist eine andere geworden. Sozialpsychologisch könnte man, nimmt man die Hass- und Verachtungsreaktionen, durchaus von einer kollektiven Paranoia sprechen, von einem Verfolgungswahn, der im Allgemeinen mit einer aggressiven Ausgrenzung alles fremdartig Erscheinenden beantwortet wird, in dem jedoch viel unbewältigt Eigenes enthalten ist. Deshalb eignet sich Achtundsechzig vorzüglich für die Bestätigung von Vorurteilen, für die Entlastung von eigenen Problemen, deren Arsenal die Öffentlichkeit seit vierzig Jahren angesammelt und von Zeit zu Zeit publik gemacht hat.

Wollte man jedoch die gegenwärtige Wirrnis in den Schuldzuschreibungen etwas aufhellen, indem man Linien zeichnet, dann käme man sofort in Verlegenheit. Beklagt wird an der antiautoritären Protestbewegung, die eine hochgradig politische war, dass sie alles zerstört habe, was die damalige Sicherheit der Werthaltungen und des Denkens garantierte: Disziplin, Autorität, das für Erziehung notwendige Machtgefälle zwischen Erwachsenen und den Kindern oder Jugendlichen wurden eingerissen. Die Achtundsechziger hätten Disziplin als wesentliches Erziehungsmittel infrage gestellt, indem sie die Erhebung der Demokratisierung leichtfertig zum Prinzip für alle Gesellschaftsbereiche forderten. Aber auch das genaue Gegenteil wird den Achtundsechzigern vorgeworfen: Tendenzen des Totalitären, der Verachtung verständigungsorientierter Kommunikation; auch der von Jürgen Habermas formulierte und später zurückgenommene Vorwurf des „Linksfaschismus" kommt in verschiedenen Ausprägungen wieder zum Vorschein.

Als aktuelles Dokument jener Richtung, die Autoritätszerfall und Entwertung urbürgerlicher Tugenden wie Disziplin und Gehorsam Achtundsechzig zuschreibt, mag das Buch „Lob der Disziplin" des ehemaligen Leiters des Elite-Internats Schloss Salem, Bernhard Bueb, gelten. Nicht die Qualität des Buches selbst erfordert Aufmerksamkeit, es ist inzwischen einer vernichtenden wissenschaftlichen Kritik unterzogen worden. Vielmehr ist es die schier unglaubliche Rezeption; innerhalb eines Jahres sind 14 Auflagen erschienen, mit hunderttausenden von Exemplaren, so als wäre hier eine ganz neue Idee von Erziehung im Schwange, etwa dem vergleichbar, was Anfang der 1970er Jahre Alexander Neill mit Summerhill vorgeschlagen hatte. In aller Unschuld und ohne Umschweife hält Bueb fest: „Einer auf Autorität beruhenden Pädagogik der frühen Nachkriegszeit folgte nach 1968 die Neigung, Erziehung bis in den letzten Winkel der Kinderzimmer zu demokratisieren." Disziplinierung und, bei Regelbruch, empfindliche Strafen werden hier zum Kern pädagogischer Arbeit. Das passt gut ins Bild der Verschärfung des Jugendstrafrechts und zur Forderung mancher Politiker, auch die Zwölfjährigen mit Strafexpeditionen zu überziehen. Die Rechnung der Wahlstrategen, mit diesem Vorurteil auf Stimmenfang zu gehen, ist glücklicherweise nicht ganz aufgegangen.

Nachdem Eva Herman selbst die Zerstörung der bürgerlichen Familie den Achtundsechzigern anhängen wollte und nicht für diesen Unsinn kritisiert wurde, sondern deshalb, weil sie das mit einem Lob für die Nazi-Familienpolitik und mit dem Autobahnbau verknüpfte, hat sich der Kampf auf dem Schlachtfeld Achtundsechzig deutlich verschärft. Mit wachsender Dreistigkeit und im einvernehmlichen Interesse gegenwärtiger Ordnungspolitiker begeben sich auch Historiker an die Front.

Wird im Zusammenhang von Erziehung gleichsam der anarchistisch angehauchte Gedanke der Demokratisierung, also eine Form der Libertinage, zum Ursprung gegenwärtigen Werteverfalls dingfest gemacht, so werden auf der anderen Seite jetzt Herkunftsmilieus aus dem „Dritten Reich" bemüht, der autoritäre, ja totalitäre Zug im Denken und Handeln der Achtundsechziger. Für einen Historiker, dem manches Preisgeld zugeflossen ist, weil man ihn für solide hielt, ist es schon ein bemerkenswertes Selbstverständnis seiner professionellen Kompetenz, wenn er in voller Breite Zitatmontagen nebeneinander reiht (zumal aus Sekundärquellen), um die geistige Herkunft der Achtundsechziger aus dem „Dritten Reich" zu begründen. Jeder Historiker, der etwas auf sich hält, wird mit Analogien äußerst vorsichtig umgehen. So nicht Götz Aly in einem Artikel der Frankfurter Rundschau vom 30. Januar 2008 mit der abenteuerlichen, aber den gegenwärtigen Ordnungsdenkern und Strafrechtspolitikern gut ins Konzept passenden Überschrift: „Die Väter der 68er", darunter kleingedruckt „Vor 75 Jahren kam Hitlers Generationsprojekt an die Macht: die 33er". Die Assoziationen sind kaum verhüllt, freilich kann man sich über die Dürftigkeit dieser Zitatforschung nur wundern. Aber es scheint offenbar gerade den Konvertiten ein Bedürfnis zu sein, in zunehmendem Alter doch noch Anschluss an die geordneten Mehrheiten zu finden.

Ich will diese Auseinandersetzung hier jedoch nicht weiterführen; in meiner Untersuchung habe ich differenziert Stellung bezogen. So viel ist doch festzuhalten: Ich werde den Verdacht nicht los, dass es bei diesen Kritikern, von denen ich jetzt nur zwei exemplarisch genannt habe, um Aufklärung über das, was die so genannten Achtundsechziger bewirkt haben, was sie wollten, diskutierten, was sie provokativ in die Öffentlichkeit brachten, überhaupt nicht geht. Deshalb ist das Aufklärungspathos nicht auf den Zusammenhang dieser Zeitverhältnisse, den Zustand der Gesellschaft, die internationalen Aspekte, den Generationskonflikt gerichtet, sondern Achtundsechzig wird als eine Art Folie, als Projektionsfläche benutzt, auf die jeder im politischen Raum abladen kann, was seine enttäuschten Hoffnungen und seine ungelösten Lebensprobleme ausmacht. Das passt gut in eine konservative Ordnungspolitik, die zurzeit einen hohen Legitimationsbedarf hat. Wer Ordnung will, muss vorher Chaosängste schüren.

Aber auch das ist nicht hinreichend, um die ungeheure Attraktivität dieses Jubiläumsjahrs zu erklären. Es gibt umfangreiche Ausstellungen zu Achtundsechzig; Akademien machen Veranstaltungen, in Rom findet ein richtiges Festival statt, nur wenige Verlage verzichten darauf, Bücher, Bildbände zu diesem Jahrestag herauszubringen. Achtundsechzig sitzt wie ein Pfahl im Fleische dieser nach neuer Übersichtlichkeit und verlässlicher Ordnung verstärkt Ausschau haltenden Gesellschaft. Irgend etwas wird nach wie vor als Provokation empfunden, als Herausforderung an die etablierten Mächte, die spüren, dass in dieser Bewegung auch ein Wahrheitsgehalt, etwas Plausibles und Richtiges enthalten ist. Ernst Bloch würde von dem Unabgegoltenen sprechen, dem utopischen Überhang, der durch bloße Tatsachenhinweise nicht außer Kraft gesetzt ist. Gäbe es dieses überschüssige nicht, den realistischen Tagtraum einer besseren Gesellschaft, aber auch eines guten Lebens in einem gerechten Gemeinwesen, dann wäre diese Bewegung längst der Vergessenheit anheim gefallen. Weil zentrale Probleme unserer Gesellschaft zu Bereichen einer unterschlagenen Wirklichkeit gehören, Krise der Arbeitsgesellschaft, Misere des Bildungssystems, die Polarisierung von Arm und Reich usw., eignet sich Achtundsechzig vorzüglich als Ersatzdebatte, die mit Symbolen des Werteverfalls und der Erziehungsdefizite jongliert.

So ist es an dieser Stelle sinnvoll, sich noch einmal einige bestimmende Aspekte dieser Bewegung zu vergegenwärtigen. Sie bezeichnen nicht primär ein Generationenproblem (das vielleicht auch), vielmehr geht es um ein demokratisches Gemeinwesen, das Basisdemokratie zum Wesensgehalt hat. Das Jahr Achtundsechzig öffnet die Geschichte für Augenblicke; es ist ein in jeder Hinsicht politisch anstößiges Jahr, das Anfänge und Hoffnungen setzte. Aber auch die Niederlagen und die enttäuschten Erwartungen gehen in jenes kollektive Gedächtnis ein, das, je entfernter die Originalereignisse liegen, desto straffer im Sinne der gegenwärtigen Realitätsanpassung zurechtgestutzt wird. So ist die Frage legitim: Was bleibt? Was soll gemacht werden, und was ist unter allen Umständen zu vermeiden? Welche Anstöße dieses anstößigen Jahres wirken weiter, welche Ideen und Ansätze sind unausgetragen, unabgegolten? Die Friedensbewegung der 1980er Jahre, Anti-Atombewegung, Ökologiebewegung und vieles andere mehr – die meisten dieser breitenwirksamen Initiativen von unten sind angestoßen von Achtundsechzigern und deren mutiger Rebellion. Wir sind Lernende, und nur in einem Prozess kollektiven Lernens, also der mühevollen Annäherung werden uns Ereignisse der Vergangenheit wieder lebendig und gewinnen ihren Gebrauchswertcharakter zurück.

Es handelt sich ja keineswegs, was häufig vergessen wird, um eine lediglich aus der deutschen Geschichte erklärbare und ausschließlich in ihr gewachsene Bewegung. Alle Faschismusanalogien sind Produkt eines borniert deutschen Blicks. In Paris sammeln sich im Mai 1968 eine Million Arbeiter, Studenten, Lehrer, Ingenieure, Menschen praktisch aus allen Schichten der Gesellschaft, die gegen das etablierte System aufstehen und die Veränderung der Gesellschaft fordern; das de Gaulle'sche Präsidialsystem ist dem Absturz nahe.

In der Tschechoslowakei entwickelt sich, wie wir heute nachträglich feststellen können, unter Dubček eine der letzten möglichen, aber bereits überfälligen Reformen des Sozialismus, die sich aus der uralten Kraft sozialistischer Utopien nährt, um durch einen „Sozialismus mit menschlichem Antlitz", friedlich und waffenlos, die nachstalinistischen Bürokratien zum Abtreten zu veranlassen – die letzte dieser Möglichkeiten wird von manchen Linksintellektuellen in der Gorbatschow'schen Öffnungsstrategie gesehen.

Über zwanzig Jahre hat es gedauert, bis der verachtete und geprügelte Alexander Dubček als Parlamentspräsident Recht behalten durfte – aber jetzt war es kein Sozialismus mehr, den er repräsentierte. Der Vietnamkrieg treibt dem Höhepunkt entgegen. Die Tet-Offensive leitet das allmähliche Scheitern der amerikanischen Interventionspolitik ein. Antikriegskampagnen und Bürgerrechtsbewegungen der Vereinigten Staaten verschmelzen mit dieser Rebellion von Studenten und Jugendlichen, die in Berkeley ihren Ausgang nimmt. Aber es ist auch das Jahr furchtbarer individueller Tragödien: Martin Luther King wird hinterrücks erschossen, Robert Kennedy, der Hoffnungskandidat eines Neuaufbruchs, getötet. Ich erinnere daran, um auf den engen Horizont mancher Kritiker zu verweisen, die, in Verbindung mit den Konvertiten, Achtundsechzig zum Schauplatz pubertärer Rangeleien entpolitisieren.

Achtundsechzig ist weder schwärende Wunde noch ein revolutionärer Umbruch wie die Französische Revolution von 1789. Es ist ein beziehungsreicher, die Offenheit eines Prozesses gewinnender Anfang. Bei allen Irrtümern im Denken und Irrwegen im Handeln, die sich konkret benennen lassen, müssen zwei Handlungsfelder hervorgehoben werden, in denen mit Ernst und Ausdauer über Veränderungen nachgedacht und sinnvolle praktische Experimente gemacht wurden. Das wird den heutigen Ordnungspolitikern aller politischen Schattierungen nicht gefallen, denn darüber sprechen sie nur in einem ironisch-abwertenden Ton: Ich meine das Gebiet der Erziehung und Bildung, wie vor allem aber die entschiedene Neubewertung von Teilhabe und Demokratie. Beides sind wesentlich politische Probleme.

Gewiss, die Frage: Was bleibt? ist schwer zu beantworten; Argumente für eine positive Antwort gibt es aber durchaus. Nie zuvor in der deutschen Bildungsgeschichte waren Reflexionen auf die Bedürfnisse des Kindes und des Jugendlichen so ins Zentrum des schulischen Geschehens gerückt wie in der Kinderladenbewegung oder in der Alternativschulbewegung Anfang der 1970er Jahre. Lernprojekte über Lernprojekte wurden entwickelt, stets standen das Kind oder der Jugendliche im Zentrum von Überlegungen, wie Neugiermotive des Lernens befestigt werden und emotionale und soziale Reifung stattfinden könnten. Ein Grundprinzip, das übrigens in den großen Bildungsratsgutachten der sozialliberalen Reform vorgedacht ist, bestimmt die pädagogische Arbeit dieser Zeit: Nie darf der Leistungsbegriff auf bloße kognitive Operationen reduziert werden. Vielmehr gibt es drei gleichgeordnete, wenn auch in den Zeitmaßen sehr differenzierte Leistungsbegriffe; die emotionale, soziale und die kognitive Leistung. Wo diese Leistungsarten auseinander gebrochen werden, gibt es Störungen in den individuellen Lernprozessen und im Verhalten der Jugendlichen und der Kinder.

Es ist schon bemerkenswert, im Sinne des pädagogischen Erbes der Achtundsechziger, dass der Begriff der Selbstregulierung, zentral für die antiautoritären Bildungsideen, in den PISA-Studien mit positiver Bewertung auftaucht; dass der Erwerb kognitiver Kompetenzen von der emotionalen Entwicklung der Selbstwertgefühle und der sozialen Kompetenz abhängt, ist eine durchgängige Botschaft dieser internationalen Vergleichsstudien. Umso erstaunlicher ist die deutsche Lesart der PISA-Studien, die bloß kognitiven Lernprozesse zu verstärken. Das mag damit zu tun haben, dass die Abwehr der pädagogischen Phantasie der Achtundsechziger so zum kompakten Vorurteil geronnen ist, dass vom Phantasierohstoff, den Träumen und Bedürfnissen der Kinder, nur noch Irritationen im Lehrangebot ausgehen.

Der reaktionären Wende in den Erziehungs- und Bildungsfragen, die ohnmächtige Reaktionen auf die wirkliche Misere des ganzen Bildungssystems, der Schulen, der Kindergärten, der Universitäten signalisiert, entspricht die zunehmende Tendenz des Abbaus von Mitbestimmungsrechten in allen gesellschaftlichen Bereichen. Das war ja ein Grundzug der Achtundsechziger, Mitbestimmungsrechte über den Wissenschaftsprozess, über Lehre und Erziehung zu sichern; zum ersten Mal hat es in der westdeutschen Nachkriegsgesellschaft eine diskutierende Öffentlichkeit in den Universitäten und Schulen gegeben, in der die Mitbestimmungsforderungen eine ganz neue Dimension angenommen haben, nämlich ihre Erweiterung auf Demokratie als Lebensform.

Mitbestimmung wird nicht mehr ausschließlich verstanden als symbolisches Mitspracherecht, sondern mit demokratischer Selbstbestimmung verknüpft. Da tauchen dann auch Rätegedanken auf, die syndikalistischen Traditionen der Arbeiterbewegung, des Anarchismus werden neu diskutiert, Bücher und Broschüren des im Nachkriegsdeutschland abgerissenen Traditionsfadens der Arbeiterbewegung gelesen und diskutiert. Es ist das Verdienst der Bewegung von Achtundsechzig, die Wundmale einer parlamentarischen Demokratie öffentlich erkennbar gemacht zu haben. Und zwei Elemente gehören zu dieser Art Basis-Demokratisierung: zum einen ist es die Politisierung der Interessen und Bedürfnisse der Menschen, so dass sie in einer kritischen Öffentlichkeit in den Prozess politischer Urteilsbildung einbezogen sind. Zum anderen betrifft die Demokratisierung der Gesellschaft, wenn man von Basisdemokratie spricht, die Bereiche konkreten Lebens, in denen die Menschen ihre alltäglichen Erfahrungen machen: in den Betrieben, Büros, Schulen und Universitäten.

Es war eine gewiss utopische, aber die Realitäten immer wieder herausfordernde Idee, dass es eine demokratische Gesellschaft ohne Demokraten nicht geben kann. Wenn die Menschen in ihren Alltagsangelegenheiten keine Mitbestimmungsrechte und Kontrollmöglichkeiten haben, dann werden die besten demokratischen Institutionen ausgehöhlt, dann werden sie langfristig auch in den politischen Bereichen nur Objekte von manipulierenden Eliten sein. Die zunehmende Wahlmüdigkeit ist ein bedrohliches Symptom jeder repräsentativen Demokratie.

Aber die Selbstbestimmung am Arbeitsplatz, die praktische Erziehung zur Selbständigkeit und zu kritischer Urteilsfähigkeit ist nicht eine Forderung, die von außen an die hoch industrialisierten Gesellschaften herangetragen wird; sie entspricht der industriellen Entwicklung in ihren differenzierten und komplexen Strukturen selbst. Mit wachsender Vernetzung und Globalisierung der Wirtschaft nimmt der Aktionsspielraum von relativ autonomen Einheiten zu, in denen sich neuartige Kooperationsverhältnisse entwickeln. Befehlsverhältnisse werden selbst unter wirtschaftlichen Gesichtspunkten unproduktiv; wie nie zuvor ist die Ausbildung von politischer und soziologischer Phantasie notwendig.

In diesem Sinne ist Mitbestimmung, wie sie Achtundsechzig gefordert wurde, ein entscheidender Schritt auf dem Wege zur Selbstbestimmung und der konkreten Verwirklichung von Teilhaberechten, die sich auf den Alltagszusammenhang der Menschen beziehen. Wenn ich dieses demokratische Element des antiautoritären Protestes hier in den Vordergrund rücke, dann darf jedoch nicht übersehen werden, dass in den Zerfallsprozessen der Achtundsechzigerbewegung sehr schnell auch ganz andere Tendenzen sichtbar wurden. Manche gingen, mit proletenhaftem Habitus in die Betriebe, um das Proletariat für den Klassenkampf wachzurütteln. Die meisten taten das in gutem Glauben, mussten aber sehr schnell erkennen, dass selbst die spontan aufbrechenden wilden Streiks das eher reformistische Bewusstsein, wie es von diesen Studenten beklagt wurde, nicht aufzubrechen vermochten; sie scheiterten. Andere wiederum sahen in Deutschland ein Land des „offenen Faschismus" und griffen zur Waffe, um auf diese Weise das Volk aufzurütteln. Auch diese Form des Terrors, mit Wiederbelebung von Kommandostrukturen in den eigenen Reihen, hinterließ ein verödetes Feld sinnloser Opfer und beförderte Tendenzen, die den Sicherheitsstaat erweiterten, aber die Autonomiespielräume der Menschen weiter verengten.

Wenn man also Achtundsechzig mit der politischen Substanz der Basisdemokratie so eng verknüpft, wie ich das tue, darf man das Unterscheidungsvermögen nicht verlieren. Dieses anstößige, symbolträchtige Jahr ist offensichtlich nach wie vor für viele, die ein gespaltenes Bewusstsein im Blick auf Demokratie haben, ein fortwirkendes großes Ärgernis. Und die substantielle Leitidee, die dieses Ärgernis auslöst, ist das umfassende Mitbestimmungsmodell der Demokratie. So hatte es ja Willy Brandt verstehen wollen, als er die Parole formulierte: Mehr Demokratie wagen.

Immanuel Kant spricht davon, dass Autonomie, Selbstdenken und Selbstbestimmung, Selbstgesetzgebung Grundlagen der menschlichen Würde sind. Wo Menschen zu bloßen Mitteln für Zwecke anderer werden, da verlieren sie ihr eigentliches Unterscheidungsmerkmal von allen anderen Lebewesen dieser Welt. Demokratie und Würde in diesem umfassenden Sinne sind daher untrennbar und Grundlage eines friedensfähigen und nach Gerechtigkeitsprinzipien eingerichteten Gemeinwesens. So steht es auch im Grundgesetz: „Die Würde des Menschen ist unantastbar. Sie zu achten und zu schützen ist Verpflichtung aller staatlichen Gewalt."

Nun haftet der Demokratie als einer gesellschaftlichen Gesamtverfassung ein Makel an; sie funktioniert nicht aus sich heraus, auch nicht, wenn man über die besten Institutionen und rechtlichen Regelungen verfügt. Das Schicksal einer demokratischen Gesellschaftsordnung, die mit Leben erfüllt ist, hängt davon ab, in welchem Maße die Menschen dafür Sorge tragen, dass das Gemeinwesen nicht beschädigt wird und der politische Faden zum Wohlergehen des Ganzen nicht reißt.

Und vor allem eines war im öffentlichen Diskussionszusammenhang der Achtundsechziger, in dem sich viele Problemstellungen um das Verhältnis von Politik, Moral und Macht gruppierten, Debattenthema: Demokratie ist die einzige politisch verfasste Gesellschaftsordnung, die gelernt werden muss – nicht ein für allemal, so als könnte man sich einen gesicherten Regelbestand anlegen, der fürs ganze Leben ausreicht, sondern stets aufs Neue, in tagtäglicher Anstrengung und bis ins hohe Alter hinein. Und solch ein Lernprozess ist ohne praktische Übung in solidarischer und kooperativer Mitbestimmung nicht möglich. Nimmt man also das höchst strapazierte Wort vom lebensbegleitenden Lernen in den Mund, dann ist zunächst Nachdenken darüber erforderlich, worin diese Dimension politischen Lernens besteht, bevor man sich den marktbezogenen individuellen Qualifikationsanforderungen zuwendet.

Dass man fortwährend lernen müsse, ist freilich ein uralter Topos, der seit Entstehen der kapitalistischen Wirtschaftsdynamik mit der sie begleitenden Klage über die Enttraditionalisierung des Lernens auf engste verknüpft ist. Schon Goethes „Wahlverwandtschaften" legen Zeugnis ab für dieses Erschrecken über die Notwendigkeit fortwährenden Lernens und die geringe Verlässlichkeit von Traditionsbeständen: „Es ist schlimm genug", rief Eduard (dieser reiche Baron im besten Mannesalter, wie Goethe ihn kennzeichnet), „dass man jetzt nichts mehr für sein ganzes Leben lernen kann. Unsere Vorfahren hielten sich an den Unterricht, den sie in ihrer Jugend empfangen; wir aber müssen jetzt alle fünf Jahre umlernen, wenn wir nicht ganz aus der Mode kommen wollen."

Demokratie macht Lernen in noch kleineren Zeitabschnitten notwendig; ohne Mitbestimmung in allen Lebensbereichen, die wichtige Angelegenheiten der Menschen regulieren, ist demokratisches Lernen nicht möglich. Achtundsechzig ist wahrlich ein anstößiges Jahr – insbesondere für eine Gesellschaft, die wieder dabei ist, auf Prämien für Tugenden des leistungsbewussten Mitläufers zu setzen.

Barack Obama

„A world that stands as one"

Die „Berliner Rede"

Thank you to the citizens of Berlin and to the people of Germany. Let me thank Chancellor Merkel and Foreign Minister Steinmeier for welcoming me earlier today. Thank you Mayor Wowereit, the Berlin Senate, the police, and most of all thank you for this welcome.

I come to Berlin as so many of my countrymen have come before. Tonight, I speak to you not as a candidate for President, but as a citizen – a proud citizen of the United States, and a fellow citizen of the world.

I know that I don't look like the Americans who've previously spoken in this great city. The journey that led me here is improbable. My mother was born in the heartland of America, but my father grew up herding goats in Kenya. His father – my grandfather – was a cook, a domestic servant to the British.

At the height of the Cold War, my father decided, like so many others in the forgotten corners of the world, that his yearning – his dream – required the freedom and opportunity promised by the West. And so he wrote letter after letter to universities all across America until somebody, somewhere answered his prayer for a better life.

That is why I'm here. And you are here because you too know that yearning. This city, of all cities, knows the dream of freedom. And you know that the only reason we stand here tonight is because men and women from both of our nations came together to work, and struggle, and sacrifice for that better life.

Ours is a partnership that truly began sixty years ago this summer, on the day when the first American plane touched down at Tempelhof.

On that day, much of this continent still lay in ruin. The rubble of this city had yet to be built into a wall. The Soviet shadow had swept across Eastern Europe, while in the West, America, Britain, and France took stock of their losses, and pondered how the world might be remade.

This is where the two sides met. And on the twenty-fourth of June, 1948, the Communists chose to blockade the western part of the city. They cut off food and supplies to more than two million Germans in an effort to extinguish the last flame of freedom in Berlin.

The size of our forces was no match for the much larger Soviet Army. And yet retreat would have allowed Communism to march across Europe. Where the last war had ended, another World War could have easily begun. All that stood in the way was Berlin.

And that's when the airlift began – when the largest and most unlikely rescue in history brought food and hope to the people of this city.

The odds were stacked against success. In the winter, a heavy fog filled the sky above, and many planes were forced to turn back without dropping off the needed supplies. The streets where we stand were filled with hungry families who had no comfort from the cold.

But in the darkest hours, the people of Berlin kept the flame of hope burning. The people of Berlin refused to give up. And on one fall day, hundreds of thousands of Berliners came here, to the Tiergarten, and heard the city's mayor implore the world not to give up on freedom. "There is only one possibility," he said. "For us to stand together united until this battle is won...The people of Berlin have spoken. We have done our duty, and we will keep on doing our duty. People of the world: now do your duty ... People of the world, look at Berlin!"

People of the world – look at Berlin!

Look at Berlin, where Germans and Americans learned to work together and trust each other less than three years after facing each other on the field of battle.

Look at Berlin, where the determination of a people met the generosity of the Marshall Plan and created a German miracle; where a victory over tyranny gave rise to NATO, the greatest alliance ever formed to defend our common security.

Look at Berlin, where the bullet holes in the buildings and the somber stones and pillars near the Brandenburg Gate insist that we never forget our common humanity.

People of the world – look at Berlin, where a wall came down, a continent came together, and history proved that there is no challenge too great for a world that stands as one.

Sixty years after the airlift, we are called upon again. History has led us to a new crossroad, with new promise and new peril. When you, the German people, tore down that wall – a wall that divided East and West; freedom and tyranny; fear and hope – walls came tumbling down around the world. From Kiev to Cape Town, prison camps were closed, and the doors of democracy were opened. Markets opened too, and the spread of information and technology reduced barriers to opportunity and prosperity. While the 20th century taught us that we share a common destiny, the 21st has revealed a world more intertwined than at any time in human history.

The fall of the Berlin Wall brought new hope. But that very closeness has given rise to new dangers – dangers that cannot be contained within the borders of a country or by the distance of an ocean.

The terrorists of September 11th plotted in Hamburg and trained in Kandahar and Karachi before killing thousands from all over the globe on American soil.

As we speak, cars in Boston and factories in Beijing are melting the ice caps in the Arctic, shrinking coastlines in the Atlantic, and bringing drought to farms from Kansas to Kenya.

Poorly secured nuclear material in the former Soviet Union, or secrets from a scientist in Pakistan could help build a bomb that detonates in Paris. The poppies in Afghanistan become the heroin in Berlin. The poverty and violence in Somalia breeds the terror of tomorrow. The genocide in Darfur shames the conscience of us all.

In this new world, such dangerous currents have swept along faster than our efforts to contain them. That is why we cannot afford to be divided. No one nation, no matter how large or powerful, can defeat such challenges alone. None of us can deny these threats, or escape responsibility in meeting them. Yet, in the absence of Soviet tanks and a terrible wall, it has become easy to forget this truth. And if we're honest with each other, we know that sometimes, on both sides of the Atlantic, we have drifted apart, and forgotten our shared destiny.

In Europe, the view that America is part of what has gone wrong in our world, rather than a force to help make it right, has become all too common. In America, there are voices that deride and deny the importance of Europe's role in our security and our future. Both views miss the truth – that Europeans today are bearing new burdens and taking more responsibility in critical parts of the world; and that just as American bases built in the last century still help to defend the security of this continent, so does our country still sacrifice greatly for freedom around the globe.

Yes, there have been differences between America and Europe. No doubt, there will be differences in the future. But the burdens of global citizenship continue to bind us together. A change of leadership in Washington will not lift this burden. In this new century, Americans and Europeans alike will be required to do more – not less. Partnership and cooperation among nations is not a choice; it is the one way, the only way, to protect our common security and advance our common humanity.

That is why the greatest danger of all is to allow new walls to divide us from one another.

The walls between old allies on either side of the Atlantic cannot stand. The walls between the countries with the most and those with the least cannot stand. The walls between races and tribes; natives and immigrants; Christian and Muslim and Jew cannot stand. These now are the walls we must tear down.

We know they have fallen before. After centuries of strife, the people of Europe have formed a Union of promise and prosperity. Here, at the base of a column built to mark victory in war, we meet in the center of a Europe at peace. Not only have walls come down in Berlin, but they have come down in Belfast, where Protestant and Catholic found a way to live together; in the Balkans, where our Atlantic alliance ended 16wars and brought savage war criminals to justice; and in South Africa, where the struggle of a courageous people defeated apartheid.

So history reminds us that walls can be torn down. But the task is never easy. True partnership and true progress requires constant work and sustained sacrifice. They require sharing the burdens of development and diplomacy; of progress and peace. They require allies who will listen to each other, learn from each other and, most of all, trust each other.

That is why America cannot turn inward. That is why Europe cannot turn inward. America has no better partner than Europe. Now is the time to build new bridges across the globe as strong as the one that bound us across the Atlantic. Now is the time to join together, through constant cooperation, strong institutions, shared sacrifice, and a global commitment to progress, to meet the challenges of the 21st century. It was this spirit that led airlift planes to appear in the sky above our heads, and people to assemble where we stand today. And this is the moment when our nations – and all nations – must summon that spirit anew.

This is the moment when we must defeat terror and dry up the well of extremism that supports it. This threat is real and we cannot shrink from our responsibility to combat it. If we could create NATO to face down the Soviet Union, we can join in a new and global partnership to dismantle the networks that have struck in Madrid and Amman; in London and Bali; in Washington and New York. If we could win a battle of ideas against the communists, we can stand with the vast majority of Muslims who reject the extremism that leads to hate instead of hope.

This is the moment when we must renew our resolve to rout the terrorists who threaten our security in Afghanistan, and the traffickers who sell drugs on your streets. No one welcomes war. I recognize the enormous difficulties in Afghanistan. But my country and yours have a stake in seeing that NATO's first mission beyond Europe's borders is a success. For the people of Afghanistan, and for our shared security, the work must be done. America cannot do this alone. The Afghan people need our troops and your troops; our support and your support to defeat the Taliban and al Qaeda, to develop their economy, and to help them rebuild their nation. We have too much at stake to turn back now.

This is the moment when we must renew the goal of a world without nuclear weapons. The two superpowers that faced each other across the wall of this city came too close too often to destroying all we have built and all that we love. With that wall gone, we need not stand idly by and watch the further spread of the deadly atom. It is time to secure all loose nuclear materials; to stop the spread of nuclear weapons; and to reduce the arsenals from another era. This is the moment to begin the work of seeking the peace of a world without nuclear weapons.

This is the moment when every nation in Europe must have the chance to choose its own tomorrow free from the shadows of yesterday. In this century, we need a strong European Union that deepens the security and prosperity of this continent, while extending a hand abroad. In this century – in this city of all cities – we must reject the Cold War mind-set of the past, and resolve to work with Russia when we can, to stand up for our values when we must, and to seek a partnership that extends across this entire continent.

This is the moment when we must build on the wealth that open markets have created, and share its benefits more equitably. Trade has been a cornerstone of our growth and global development. But we will not be able to sustain this growth if it favors the few, and not the many. Together, we must forge trade that truly rewards the work that creates wealth, with meaningful protections for our people and our planet. This is the moment for trade that is free and fair for all.

This is the moment we must help answer the call for a new dawn in the Middle East. My country must stand with yours and with Europe in sending a direct message to Iran that it must abandon its nuclear ambitions. We must support the Lebanese who have marched and bled for democracy, and the Israelis and Palestinians who seek a secure and lasting peace. And despite past differences, this is the moment when the world should support the millions of Iraqis who seek to rebuild their lives, even as we pass responsibility to the Iraqi government and finally bring this war to a close.

This is the moment when we must come together to save this planet. Let us resolve that we will not leave our children a world where the oceans rise and famine spreads and terrible storms devastate our lands. Let us resolve that all nations – including my own – will act with the same seriousness of purpose as has your nation, and reduce the carbon we send into our atmosphere. This is the moment to give our children back their future. This is the moment to stand as one.

And this is the moment when we must give hope to those left behind in a globalized world. We must remember that the Cold War born in this city was not a battle for land or treasure. Sixty years ago, the planes that flew over Berlin did not drop bombs; instead they delivered food, and coal, and candy to grateful children. And in that show of solidarity, those pilots won more than a military victory. They won hearts and minds; love and loyalty and trust – not just from the people in this city, but from all those who heard the story of what they did here.

Now the world will watch and remember what we do here – what we do with this moment. Will we extend our hand to the people in the forgotten corners of this world who yearn for lives marked by dignity and opportunity; by security and justice? Will we lift the child in Bangladesh from poverty, shelter the refugee in Chad, and banish the scourge of AIDS in our time?

Will we stand for the human rights of the dissident in Burma, the blogger in Iran, or the voter in Zimbabwe? Will we give meaning to the words "never again" in Darfur?

Will we acknowledge that there is no more powerful example than the one each of our nations projects to the world? Will we reject torture and stand for the rule of law? Will we welcome immigrants from different lands, and shun discrimination against those who don't look like us or worship like we do, and keep the promise of equality and opportunity for all of our people?

People of Berlin – people of the world – this is our moment. This is our time.

I know my country has not perfected itself. At times, we've struggled to keep the promise of liberty and equality for all of our people. We've made our share of mistakes, and there are times when our actions around the world have not lived up to our best intentions.

But I also know how much I love America. I know that for more than two centuries, we have strived – at great cost and great sacrifice – to form a more perfect union; to seek, with other nations, a more hopeful world. Our allegiance has never been to any particular tribe or kingdom – indeed, every language is spoken in our country; every culture has left its imprint on ours; every point of view is expressed in our public squares. What has always united us – what has always driven our people; what drew my father to America's shores – is a set of ideals that speak to aspirations shared by all people: that we can live free from fear and free from want; that we can speak our minds and assemble with whomever we choose and worship as we please.

These are the aspirations that joined the fates of all nations in this city. These aspirations are bigger than anything that drives us apart. It is because of these aspirations that the airlift began. It is because of these aspirations that all free people – everywhere – became citizens of Berlin. It is in pursuit of these aspirations that a new generation – our generation – must make our mark on the world.

People of Berlin – and people of the world – the scale of our challenge is great. The road ahead will be long. But I come before you to say that we are heirs to a struggle for freedom. We are a people of improbable hope. With an eye toward the future, with resolve in our hearts, let us remember this history, and answer our destiny, and remake the world once again.

Hans-Jürgen Papier

„Der Zweck des Staates ist in Wahrheit die Freiheit"

Das Spannungsverhältnis von Freiheit und Sicherheit aus verfassungsrechtlicher Sicht*

I. Freiheits- und Sicherheitszwecke des Verfassungsstaates

„Der letzte Zweck des Staates ist nicht, zu herrschen noch die Menschen in Furcht zu halten oder sie fremder Gewalt zu unterwerfen, sondern vielmehr den einzelnen von der Furcht zu befreien, damit er so sicher als möglich leben und sein natürliches Recht zu sein und zu wirken ohne Schaden für sich und andere vollkommen behaupten kann. (...) Der Zweck des Staates ist in Wahrheit die Freiheit."

Diese Worte aus dem im Jahre 1670 erschienenen „Theologisch-Politischen Traktat" (Zwanzigstes Kapitel: „Die Gedankenfreiheit" – Deutsche Ausgabe von Günter Gawlick auf der Grundlage der Übersetzung von Carl Gebhardt, 1976, S. 301) des großen niederländischen Philosophen Baruch de Spinoza – eines Zeitgenossen von Thomas Hobbes und John Locke – benennen in einer sehr frühen Phase der Aufklärung das Verhältnis von Freiheit und Sicherheit. Der Staat ist danach kein Selbstzweck, sondern er hat dienende Funktion – er dient im Letzten der Ermöglichung menschlicher Freiheit, indem er den Frieden gewährleistet und die Menschen durch Sicherheit von ihrer Furcht – insbesondere ihrer Furcht vor Gewalt, Verbrechen und Tod – befreit. Spinoza entwickelt diesen Gedanken in einem Abschnitt über die „Gedankenfreiheit" und sieht ihn in unmittelbarem Zusammenhang mit einer Art Gesellschaftsvertrag, der Notwendigkeit eines staatlichen Machtmonopols, aber auch der Notwendigkeit freier Rede und Gedanken innerhalb des souveränen Staates. Mit diesem Ansatz, der die Wechselbezüglichkeit von Freiheit und Sicherheit klar erkennt, begibt sich Spinoza ins Zentrum der auch heute zu erörternden Problematik: Wie lösen wir das Paradox, dass der Staat im Interesse der Freiheitsrechte potentiell bedrohter Menschen seinerseits Freiheitseingriffe vornimmt?

1. Der moderne Verfassungsstaat ist aus einem sicherlich nicht reibungslos verlaufenden Wandel des absoluten Staates zum Rechtsstaat hervorgegangen (vgl. Isensee: „Drei teleologische Ebenen des Verfassungsstaates", in: Isensee / Kirchhof (Hrsg.), Handbuch des Staatsrechts, Band V – Allgemeine Grundrechtslehren, 2. Aufl. 2000, § 111, Rn. 32-36). Die Philosophie der Freiheit beispielsweise eines John Locke gewann allmählich die Oberhand über die Philosophie der Sicherheit von Thomas Hobbes. Sicherheit als Legitimationsprinzip des Staates hatte einst Thomas Hobbes für den absoluten Staat des 17. Jahrhunderts entworfen. Der Staat der Neuzeit hatte sich ursprünglich als Macht- und Friedenseinheit entwickelt, mit einem Gewaltmonopol des Staates und mit der Friedenspflicht seiner Bürger. Der Staat begegnete der Furcht vor wechselseitiger Gewalttätigkeit, vor Bürgerkrieg und vor äußeren Angriffen, er befriedigte das elementare Sicherheitsbedürfnis der Menschen gegenüber der Gewalt der Mitmenschen und gegenüber äußeren Einwirkungen.

Der moderne Verfassungsstaat beruht auf einer eindrucksvollen Fortentwicklung dieser Sicherungszwecke des Staates. Es geht nunmehr auch um das Bedürfnis des Einzelnen nach Sicherheit gegenüber staatlichen Eingriffen, also um die Gewährleistung der Menschen- und Bürgerrechte als Freiheitsrechte gegen den Staat, der von der staatlichen Schutzmacht zur Unterdrückungsmacht zu werden drohte. Nicht der absolute Staat, der „Leviathan", vielmehr der rechtsgebundene und machtbegrenzte Staat sichert den inneren und äußeren Frieden und damit die Sicherheit seiner Bürger. John Locke sah weiter als Thomas Hobbes, „weil er auf seinen Schultern steht" (Josef Isensee).

Nach der Wandlung des absoluten Staates zum Rechts- und Verfassungsstaat sieht sich der moderne Staat immer wieder mit weiteren, neuartigen Aufgaben konfrontiert. So galt es auf einer weiteren Entwicklungsstufe, der Furcht der Menschen vor den wirtschaftlichen und sozialen Risiken zu begegnen; der moderne Staat nahm auch dieses Verlangen nach sozialer Sicherheit auf. Er wandelte sich mit anderen Worten vom liberalen zum sozialen Rechtsstaat.

Wir können überdies weitere Entwicklungsstufen der sicherheitsorientierten staatlichen Zweckordnung und Aufgabenstellung beobachten. So geht es heute auch um die Erhaltung und den Schutz der natürlichen Lebensgrundlagen der Menschen. Im Angesicht der Furcht vor ihrer irreversiblen Zerstörung nimmt sich der moderne Verfassungsstaat auch dieser Sicherheitsbelange genauso an, wie er sich den vorgelagerten elementaren Sicherheitsbedürfnissen zu widmen hat. Anders ausgedrückt: Auch der moderne Sozialstaat und der Umweltstaat ersetzen nicht den Rechtsstaat in der eben umschriebenen Doppelfunktion als Garant von Freiheit und Sicherheit im engeren und elementarsten Sinne. Die neuartigen sozialen und umweltspezifischen Sicherheitszwecke können jene elementaren rechtsstaatlichen Sicherheitszwecke nicht ersetzen, sie können sie nur ergänzen und bereichern. Die Erweiterung der staatlichen Zweckordnungen und Zweckdimensionen darf also in keinem Fall zur Aufgabe der elementaren Sicherungszwecke führen. Der Sozial- und Umweltstaat darf nicht gegen den Rechtsstaat ausgespielt werden; der Sicherheitszweck des Staates, der mit seinem Gewaltmonopol Frieden und Sicherheit zu gewährleisten hat, darf aber auch nicht gegen den liberalen, staatsbegrenzenden und freiheitsverbürgenden Zweck des Rechtsstaats ausgespielt werden. Das gilt umgekehrt selbstverständlich genauso. Ein Rechtsstaatsverständnis, das einseitig von der Gewährleistung der Sicherheit des Bürgers und nicht zugleich von der Staatsabwehrdoktrin beherrscht wird, gibt den Rechtsstaat selbst preis. Deshalb darf auch aufgrund einer die „hobbesianische“ Sicherheitsbedürfnisse berührenden Furcht vor terroristischen Gewaltanwendungen von innen und von außen keinesfalls die verfassungsstaatliche Entwicklung in die Vergangenheit zurückgedreht, die verfassungspolitische Philosophie eines John Locke schrittweise zugunsten einer einseitigen staatlichen Zweckordnung und Zweckdimension im Sinne von Thomas Hobbes geopfert werden.

2. Diese Fragen stellen sich vor dem Hintergrund terroristischer Bedrohungen spätestens seit dem 11. September 2001 wieder in neuer und drängender Form. Denn angesichts der seitdem anzutreffenden gesetzgeberischen Aktivitäten wird immer häufiger die Frage gestellt, ob die bürgerliche Freiheit vor dem Staat selbst ins Hintertreffen zu geraten droht. Die Geschichte zeigt dabei, dass gewonnene Standards jederzeit wieder verloren gehen können und dass gerade die Sicherung des Überlebens und die Möglichkeit einer selbstbestimmten Lebensführung ebenso wenig selbstverständlich sind wie die Erhaltung grundrechtlicher Standards der Menschen gegenüber dem Staat.

Zusätzlich und verstärkend zu neuen terroristischen Motivationen werden dabei auch Gefahren gesehen, die von der organisierten Kriminalität und von neuartigen technischen Instrumentarien ausgehen, derer sich die Täter bedienen können. Es werden Gegenmaßnahmen vorgeschlagen, streitig diskutiert und zum Anlass für staatliche Einschränkungen bürgerlicher Freiheitsrechte genommen. Genannt seien hier nur einige Beispiele der aktuellen Debatte, bei der parallele Initiativen einerseits des Bundes vornehmlich im Bereich seiner Strafrechtskompetenz und andererseits der Länder im Rahmen ihrer präventiven Sicherheits-, Polizei- und Verfassungsschutzkompetenz auseinander zu halten sind:

– Der Bund hat kürzlich das „Gesetz zur Neuregelung der Telekommunikationsüberwachung und anderer verdeckter Ermittlungsmaßnahmen sowie zur Umsetzung der Richtlinie 2006/24/EG“ vom 21. Dezember 2007 – kurz Telekommunikationsüberwachungsgesetz – erlassen. Ein Teil dieses Gesetzes befasst sich mit der so genannten Vorratsdatenspeicherung. Einerseits wird im Telekommunikationsgesetz eine Pflicht der Telekommunikationsunternehmen zur sechsmonatigen Speicherung der Telekommunikationsverkehrsdaten begründet und damit EG-Recht umgesetzt. Andererseits werden damit korrespondierende Zugriffsmöglichkeiten staatlicher Behörden geschaffen. Zahlreiche Verfassungsbeschwerden gegen dieses Gesetz sind beim Bundesverfassungsgericht anhängig. Der Antrag von Beschwerdeführern, die angegriffenen Vorschriften im Wege der einstweiligen Anordnung bis zur Entscheidung über die Verfassungsbeschwerden außer Kraft zu setzen, hatte teilweise Erfolg. Mit Beschluss vom 11. März 2008 ließ das Bundesverfassungsgericht die Verwendung der Daten zum Zwecke der Strafverfolgung bis zur Entscheidung in der Hauptsache nur eingeschränkt zu. Von einer Übermittlung der Daten an die Strafverfolgungsbehörden ist einstweilen abzusehen, soweit es nicht um „schwere Straftaten“ i.S. des § 100a StPO geht.

– Auf der Bundesebene wird ferner erwogen, dem Bundeskriminalamt die Befugnis zu verleihen, sog. Online-Durchsuchungen von privaten Computersystemen vorzunehmen. Ein nordrhein-westfälisches Gesetz über die Online-Durchsuchung durch Verfassungsschutzbehörden des Landes ist vom Bundesverfassungsgericht für nichtig erklärt worden. Das Bundesverfassungsgericht hat in dieser Entscheidung allgemeine verfassungsrechtliche Vorgaben für gesetzliche Ermächtigungen zu sog. Online-Durchsuchungen aufgestellt und aus dem allgemeinen Grundrecht des Schutzes der Persönlichkeit (Art. 2 Abs. 1 i.V.m. Art. 1 Abs. 1 GG) das spezifische Grundrecht auf Schutz der Vertraulichkeit und Integrität informationstechnischer Systeme entwickelt.

Ähnliche Befugnisse sollen den Landespolizeibehörden eingeräumt werden.

– Die Verwaltungs- bzw. Polizeigesetze mehrerer Bundesländer ermächtigen zur anlass- und verdachtslosen automatisierten Erfassung einer Vielzahl von Kfz-Kennzeichen im Straßenverkehr zum Zwecke eines elektronischen Abgleichs mit den Fahndungsbeständen. Diejenigen Kfz-Kennzeichen, die in den Fahndungsdateien nicht genannt sind, sollen unverzüglich gelöscht werden. Gegen die entsprechenden hessischen und schleswig-holsteinischen Regelungen waren Verfassungsbeschwerden beim Bundesverfassungsgericht erhoben worden, denen das Bundesverfassungsgericht mit Urteil vom 11. März 2008 stattgegeben hat. Die beanstandeten Regelungen genügten nicht dem Gebot der Normenbestimmtheit und Normenklarheit, da sie weder den Anlass noch den Ermittlungszweck benannten, denen die Erhebung und der Abgleich der Daten dienen sollten. Darüber hinaus genügten die angegriffenen Vorschriften in ihrer unbestimmten Weite auch dem verfassungsrechtlichen Gebot der Verhältnismäßigkeit nicht. Sie ermöglichten schwerwiegende Eingriffe in das informationelle Selbstbestimmungsrecht der Betroffenen.

– Weiter gibt es Überlegungen, das Bundeskriminalamt zu ermächtigen, in Wohnungen Apparaturen zur optischen Überwachung zu installieren.

Sie werden verstehen, dass ich mich zu den beim Bundesverfassungsgericht bereits anhängigen oder möglicherweise demnächst anhängig werdenden Verfahren und Regelungen, über die der Gesetzgeber noch gar nicht abschließend entschieden hat, nicht im Vorgriff äußern werde. Man kann aber in einer Reihe bereits ergangener Entscheidungen des Bundesverfassungsgerichts, die sich mit dem Verhältnis von Freiheit und Sicherheit befassen, allgemeine Grundstrukturen erkennen und festhalten.

II. Rechtsstaatliche Bindungen

1. Die Sicherheit des Staates als verfasster Friedens- und Ordnungsmacht und die von ihm zu gewährleistende Sicherheit der Bevölkerung vor Gefahren für Leib, Leben und Freiheit sind Verfassungswerte, die mit anderen hochwertigen Gütern im gleichen Rang stehen. Die Schutzpflicht des Staates findet ihren Grund sowohl in Art. 2 Abs. 2 Satz 1 als auch in Art. 1 Abs. 1 Satz 2 des Grundgesetzes. Der Staat darf und muss terroristischen Bestrebungen – etwa solchen, welche die Zerstörung der freiheitlichen demokratischen Grundordnung zum Ziel haben und die planmäßige Vernichtung von Menschenleben als Mittel zur Verwirklichung dieses Vorhabens einsetzen – mit den erforderlichen rechtsstaatlichen Mitteln wirksam entgegen treten.

2. Auf diese rechtsstaatlichen Mittel hat sich der Staat unter dem Grundgesetz jedoch auch zu beschränken. Das Grundgesetz enthält einen Auftrag zur Abwehr von Beeinträchtigungen der Grundlagen einer freiheitlichen demokratischen Ordnung unter Einhaltung der Regeln des Rechtsstaats. Daran, dass er auch den Umgang mit seinen Gegnern den allgemein geltenden Grundsätzen unterwirft, zeigt sich gerade die Kraft dieses Rechtsstaates. Dies gilt auch für die Verfolgung der fundamentalen Staatszwecke der Sicherheit und des Schutzes der Bevölkerung. Die Verfassung verlangt vom Gesetzgeber, eine angemessene Balance zwischen Freiheit und Sicherheit herzustellen. Dies schließt nicht nur die Verfolgung des Zieles absoluter Sicherheit aus, welche ohnehin faktisch kaum, jedenfalls aber nur um den Preis einer Aufhebung der Frei-

heit zu erreichen wäre. Das Grundgesetz unterwirft auch die Verfolgung des Zieles, die nach den tatsächlichen Umständen größtmögliche Sicherheit herzustellen, rechtsstaatlichen Bindungen, zu denen insbesondere das Verbot unangemessener Eingriffe in die Grundrechte als Rechte staatlicher Eingriffsabwehr zählt.

3. In diesem Verbot finden auch die Schutzpflichten des Staates ihre Grenze. Die Grundrechte sind dazu bestimmt, die Freiheitssphäre des Einzelnen vor Eingriffen der öffentlichen Gewalt zu sichern; sie sind Abwehrrechte des Bürgers gegen den Staat. Die Funktion der Grundrechte als objektive Prinzipien und der sich daraus ergebenden Schutzpflichten besteht in der prinzipiellen Verstärkung ihrer Geltungskraft, hat jedoch ihre Wurzeln in dieser primären Bedeutung der Grundrechte als Freiheitsrechte. Dem Staat und seinen Organen kommt bei der Erfüllung derartiger Schutzpflichten ein weiter Einschätzungs-, Wertungs- und Gestaltungsbereich zu.

Anders als die Grundrechte in ihrer Funktion als subjektive Abwehrrechte sind die sich aus dem objektiven Gehalt der Grundrechte ergebenden staatlichen Schutzpflichten grundsätzlich unbestimmt. Wie die staatlichen Organe solchen Schutzpflichten nachkommen, ist von ihnen prinzipiell in eigener Verantwortung zu entscheiden. Das gilt auch für die Pflicht zum Schutz des menschlichen Lebens. Zwar kann sich gerade mit Blick auf dieses Schutzgut in besonders gelagerten Fällen, wenn anders ein effektiver Lebensschutz nicht zu erreichen ist, die Möglichkeit der Auswahl der Mittel zur Erfüllung der Schutzpflicht auf die Wahl eines bestimmten Mittels verengen. Die Wahl kann aber immer nur auf solche Mittel fallen, deren Einsatz mit der Verfassung in Einklang steht. So kann unter Berufung auf die Schutzpflicht zugunsten des Lebens der Staat nicht die Subjektstellung anderer unschuldiger Menschen in einer mit Art. 1 Abs. 1 GG nicht zu vereinbarenden Weise und durch Verletzung des an ihn gerichteten Tötungsverbots missachten. Die staatlichen Achtungspflichten aus Art. 1 Abs. 1 GG haben unbedingten Vorrang vor den grundrechtlichen Schutzpflichten.

4. Bei der Wahl der Mittel zur Erfüllung seiner Schutzpflichten ist der Staat daher auf diejenigen Mittel beschränkt, deren Einsatz mit der Verfassung in Einklang steht. Der staatliche Eingriff in den absolut geschützten Achtungsanspruch des Einzelnen auf Wahrung seiner Würde ist ungeachtet des Gewichts der betroffenen Verfassungsgüter stets verboten. Aber auch im Rahmen der Abwägung nach Maßgabe des Grundsatzes der Verhältnismäßigkeit im engeren Sinne dürfen staatliche Schutzpflichten nicht dazu führen, dass das Verbot unangemessener Grundrechtseingriffe unter Berufung auf grundrechtliche Schutzpflichten leer läuft, so dass in der Folge allenfalls ungeeignete oder unnötige Eingriffe abgewehrt werden könnten.

a) Es gibt also für den grundrechtsbeschränkenden Gesetzgeber – auch soweit er Schutzpflichten erfüllen will – im Wesentlichen zwei verfassungsrechtliche Schranken: Die eine – engere – folgt aus der Menschenwürdegarantie, sie gilt absolut und ist abwägungsfest, die andere – weitere – folgt aus dem Verhältnismäßigkeitsgrundsatz, sie unterliegt einer Abwägung und wirkt daher relativ.

Es gibt unter dem Grundgesetz einen Kernbestand unveräußerlicher Rechte, der absoluten Schutz genießt und auch für den verfassungsändernden Gesetzgeber nicht zur (abwägenden) Disposition steht. Von zentraler Bedeutung ist insbesondere die Menschenwürde, die sich als unverbrüchlicher Kernbestand auch in den meisten Einzelgrundrechten wiederfindet und von der Rechtsprechung in Fallgruppen konkretisiert wird.

So führt der Menschenwürdegehalt des Grundrechts auf Unverletzlichkeit der Wohnung (Art. 13 Abs. 1 GG) zu einem absoluten (also auch nicht mit hochrangigen Ermittlungsinteressen abwägbaren) Überwachungs- und Erhebungsverbot im Bereich des so genannten Kernbereichs privater Lebensgestaltung. Dieser Kernbereich hängt zunächst vom Inhalt der Gespräche ab. Weil aber die Privatwohnung (im Gegensatz zu Betriebs- und Geschäftsräumen) regelmäßig der Rückzugsbereich der privaten Lebensgestaltung sein soll, spricht eine Vermutung dafür, dass es bei Gesprächen, die den Bereich der Privatwohnung nicht verlassen, um diesen Kernbereich geht. Auch kommt es für den Kernbereich auf die Gesprächspartner an. Wenn mit Personen des höchstpersönlichen Vertrauens kommuniziert wird, insbesondere mit engsten Familienangehörigen, wird es regelmäßig um den Kernbereich privater Lebensgestaltung gehen. Aber auch im Gespräch mit seelsorgenden Geistlichen wird der Menschenwürdekern des Art. 13 Abs. 1 GG regelmäßig tangiert sein.

Der Schutz des Fernmeldegeheimnisses nach Art. 10 des Grundgesetzes enthält gleichfalls einen Menschenwürdekern, dessen Verletzung nicht im Wege der Abwägung mit anderen Rechtsgütern gerechtfertigt werden kann. Allerdings sind die Bürger zur höchstpersönlichen Kommunikation auf die Telekommunikation nicht in gleicher Weise angewiesen wie auf eine Wohnung. Aus diesem Grund führt das Risiko, dass eine Abhörmaßnahme Kommunikation aus dem Kernbereich privater Lebensgestaltung erfasst, nicht per se zur Unzulässigkeit der Abhörmaßnahme an sich. Das Bundesverfassungsgericht wendet also den Gedanken des Kernbereichs der Menschenwürde nicht schematisch an, sondern differenziert zwischen den einzelnen Grundrechten. Vom Gesetzgeber zu verlangen ist aber immer, dass er durch geeignete Vorschriften sicherstellt, dass die Kommunikationsinhalte des höchstpersönlichen Bereichs nicht gespeichert und nicht verwertet, sondern unverzüglich gelöscht werden.

In seinem Urteil vom 27. Februar 2008 hat das Bundesverfassungsgericht aus dem allgemeinen Persönlichkeitsrecht (Art. 2 Abs. 1 in Verbindung mit Art. 1 Abs. 1 GG) das Grundrecht auf Gewährleistung der Vertraulichkeit und Integrität informationstechnischer Systeme abgeleitet. Auch Eingriffe in dieses Grundrecht, etwa durch heimliche Infiltration eines informationstechnischen Systems, mittels derer die Nutzung des Systems überwacht und seine Speichermedien ausgelesen werden können, haben einen unantastbaren Kernbereich privater Lebensgestaltung zu wahren, dessen Schutz sich aus Art. 1 Abs. 1 GG ergibt. Selbst überwiegende Interessen der Allgemeinheit können einen Eingriff in ihn nicht rechtfertigen. Zur Entfaltung der Persönlichkeit im Kernbereich privater Lebensgestaltung gehört die Möglichkeit, innere Vorgänge wie Empfindungen und Gefühle sowie Überlegungen, Ansichten und Erlebnisse höchstpersönlicher Art ohne Angst zum Ausdruck zu bringen, dass staatliche Stellen dies überwachen.

Allerdings wird in dieser jüngsten Entscheidung ausdrücklich betont, dass die verfassungsrechtlichen Anforderungen an die konkrete Ausgestaltung des Kernbereichsschutzes, je nach der Art der Informationserhebung und der durch sie erfassten Informationen, unterschiedlich sein kann. So wird sich gerade bei einer heimlichen Infiltration eines informationstechnischen Systems die Kernbereichsrelevanz der erhobenen Daten vor oder bei der Datenerhebung vielfach nicht klären lassen. Es ist hier daher praktisch unvermeidbar, Informationen zur Kenntnis zu nehmen, bevor ihr Kernbereichsbezug bewertet werden kann. Hinreichender Schutz muss dann in der Auswertungsphase gewährt werden. Insbesondere müssen aufgefundene und erhobene Daten mit Kernbereichsbezug unverzüglich gelöscht und ihre Verwertung ausgeschlossen werden.

Neben den eben genannten Menschenwürdeaspekten der Grundrechte auf Schutz der Wohnung, des Fernmeldegeheimnisses und der Gewährleistung der Vertraulichkeit und Integrität informationstechnischer Systeme möchte ich noch kurz das Verbot der Folter nennen. Unabhängig von Art. 104 Abs. 1 Satz 2 GG, der körperliche oder seelische Misshandlung festgehaltener Personen verbietet, handelt es sich um einen grundlegenden Aspekt der Menschenwürde, des tragenden Konstitutionsprinzips und obersten Verfassungswerts, der vom Staat auch im Interesse an sich schützenswerter Rechtsgüter Dritter nicht angetastet werden darf. Durch was sollte ein Mensch mehr zum bloßen Objekt staatlicher Ermittlungsinteressen und damit erniedrigt werden als durch Folter? Anknüpfend an die Erfahrungen in der Zeit des Nationalsozialismus standen dem Grundgesetzgeber bei der ausdrücklichen Normierung des Menschenwürdeschutzes doch gerade der Schutz vor Erniedrigung, Brandmarkung, Verfolgung und Ächtung vor Augen.

In diesem Zusammenhang ist ergänzend darauf hinzuweisen, dass die von der Bundesrepublik Deutschland ratifizierte Europäische Konvention zum Schutz der Menschenrechte und Grundfreiheiten ebenfalls ein absolutes Folterverbot explizit normiert (vgl. Art. 3 EMRK), von dem auch im Staatsnotstand nicht abgewichen werden darf (vgl. Art. 15 Abs. 2 EMRK). Zwar hat die EMRK nur den Rang eines einfachen Bundesgesetzes. Wegen der Bindung aller staatlichen Stellen an Gesetz und Recht (Art. 20 Abs. 3 GG) sind aber nach der Rechtsprechung des Bundesverfassungsgerichts die Wertungen der EMRK bei der Auslegung des Grundgesetzes wie auch aller anderen deutschen Gesetze zu berücksichtigen. Auch bei der Anwendung der deutschen Grundrechte besteht die Pflicht, die Europäische Menschenrechtskonvention in ihrer konkreten Ausgestaltung als Auslegungshilfe heranzuziehen.

b)aa) Abgesehen von dem erwähnten absoluten Kernbereichsschutz, der aus der Menschenwürdegarantie folgt und der als essentieller Kern auch in andere Grundrechte quasi hineinwirkt, hat der in Grundrechte eingreifende Gesetzgeber in jedem Fall das Gebot der Verhältnismäßigkeit zu beachten. Auch außerhalb eines – engen – Schutzes des Menschenwürdekerns stehen die Freiheitsrechte nicht zur unbeschränkten staatlichen Disposition. Sie dürfen durch den Gesetzgeber auch außerhalb des ohnehin unverrückbaren Kernbereichs nur insoweit angetastet werden, als es dafür einen wichtigen Grund des gemeinen Wohls gibt und der Grundrechtseingriff zur Erreichung eines solchen verfassungslegitimen Ziels geeignet, erforderlich und im Hinblick auf die Schwere des Eingriffs noch angemessen ist. In dem Spannungsverhältnis zwischen der Pflicht des Staates zum Rechtsgüterschutz und dem Interesse des Einzelnen an der Wahrung seiner von der Verfassung verbürgten Rechte gehört es zur Aufgabe des Gesetzgebers, in abstrakter Weise einen Ausgleich der widerstreitenden Interessen zu erreichen. Dies kann dazu führen, dass bestimmte intensive Grundrechtseingriffe nur zum Schutz bestimmter Rechtsgüter und erst von bestimmten Verdachts- oder Gefahrenstufen an vorgesehen werden dürfen. In dem Verbot unangemessener Grundrechtseingriffe finden auch die Pflichten des Staates zum Schutz anderer Rechtsgüter ihre Grenze. Entsprechende Eingriffsschwellen sind durch die gesetzliche Regelung zu gewährleisten.

Aus dem Gebot der Verhältnismäßigkeit im engeren Sinne kann unter bestimmten Voraussetzungen sogar die vollständige Unzulässigkeit der Vornahme bestimmter Grundrechtseingriffe zu Zwecken persönlichkeitsbezogener Ermittlungen im Bereich der inneren Sicherheit folgen. Ein Grundrechtseingriff von hoher Intensität kann bereits als solcher unverhältnismäßig sein, wenn der gesetzlich geregelte Eingriffsanlass kein hinreichendes Gewicht aufweist.

bb) So kann nach der – auch insoweit einschlägigen – Entscheidung zur „Online-Durchsuchung" der schwerwiegende Eingriff in das Grundrecht auf Gewährleistung der Vertraulichkeit und Integrität informationstechnischer Systeme durch die heimliche Infiltration eines informationstechnischen Systems, mittels derer die Nutzung des Systems überwacht und seine Speichermedien ausgelesen werden können, nur gerechtfertigt sein, wenn tatsächliche Anhaltspunkte einer konkreten Gefahr für ein überragend wichtiges Rechtsgut vorliegen, auch wenn sich nicht mit hinreichender Wahrscheinlichkeit feststellen lässt, dass die Gefahr in naher Zukunft eintritt. Überragend wichtig sind Leib, Leben und Freiheit der Person, ferner sind überragend wichtig solche Güter der Allgemeinheit, deren Bedrohung die Grundlagen oder den Bestand des Staates oder die Grundlagen der Existenz der Menschen berührt. Zum Schutz sonstiger Rechtsgüter Einzelner oder der Allgemeinheit in Situationen, in denen eine existentielle Bedrohungslage nicht besteht, ist eine staatliche Maßnahme grundsätzlich nicht angemessen, durch die die Persönlichkeit des Betroffenen einer weitgehenden Ausspähung durch die Ermittlungsbehörde preisgegeben wird. Zum Schutz solcher Rechtsgüter hat sich der Staat auf andere Ermittlungsbefugnisse zu beschränken, die ihm das jeweils anwendbare Fachrecht einräumt.

Neuartige Grundrechtseingriffe werden nicht selten damit begründet, angesichts neuer Gefährdungen müsse eine effektive Terrorismusbekämpfung, etwa durch die Verfassungsschutzbehörden, sichergestellt werden. Ist allerdings die gesetzliche Regelung in ihrem Anwendungsbereich weder ausdrücklich noch als Folge des systematischen Zusammenhangs auf die Terrorismusbekämpfung begrenzt, bedarf sie einer Rechtfertigung für ihr gesamtes Anwendungsfeld.

Auch wenn die Schutzgüter einer gesetzlichen Eingriffsermächtigung als solche hinreichend schwergewichtig erscheinen, begründet der Verhältnismäßigkeitsgrundsatz verfassungsrechtliche Anforderungen an die tatsächlichen Voraussetzungen des Eingriffs. Der Gesetzgeber hat insoweit die Ausgewogenheit zwischen der Art und Intensität der Grundrechtsbeeinträchtigung einerseits und den zum Eingriff berechtigenden Tatbestandsvoraussetzungen andererseits zu wahren. Die Anforderungen an den Wahrscheinlichkeitsgrad und an die Tatsachenbasis der Gefahrenprognose müssen in angemessenem Verhältnis zur Art und Schwere der Grundrechtsbeeinträchtigung stehen. Selbst bei höchstem Gewicht der drohenden Rechtsgutbeeinträchtigung kann auf das Erfordernis einer hinreichenden Eintrittswahrscheinlichkeit nicht verzichtet werden. Die gesetzliche Eingriffsgrundlage beispielsweise für einen heimlichen Zugriff auf informationstechnische Systeme muss vorsehen, dass zumindest tatsächliche Anhaltspunkte einer konkreten Gefahr für die hinreichend gewichtigen Schutzgüter bestehen. Bloße Vermutungen oder allgemeine Erfahrungssätze allein reichen nicht aus, um diesen Zugriff zu rechtfertigen. Vielmehr müssen bestimmte Tatsachen festgestellt werden, die eine Gefahrenprognose tragen. Dem Gewicht des Grundrechtseingriffs, der in dem heimlichen Zugriff auf informationstechnische Systeme liegt, wird nicht hinreichend Rechnung getragen, wenn der tatsächliche Eingriffsanlass noch weitgehend in das Vorfeld einer im Einzelnen noch nicht absehbaren konkreten Gefahr für die zu schützenden Rechtsgüter vorverlegt wird und Ermittlungen damit letztlich „ins Blaue hinein" erfolgen.

cc) Eine Ermächtigung zum heimlichen Zugriff etwa auf ein informationstechnisches System muss ferner – gerade wegen der Heimlichkeit des Eingriffs – mit geeigneten gesetzlichen Vorkehrungen verbunden werden, um die Interessen des Betroffenen verfahrensrechtlich abzusichern. Sieht eine Norm heimliche Ermittlungstätigkeiten des Staates vor, die besonders geschützte Zonen der Privatheit berühren oder eine besonders hohe Eingriffsintensität aufweisen, ist dem Gewicht des Grundrechtseingriffs durch geeignete Verfahrensvorkehrungen Rechnung zu tragen, insbesondere ist der Zugriff grundsätzlich unter den Vorbehalt richterlicher Anordnung zu stellen.

III. Resümee

Neue Gefahren- und Bedrohungsszenarien werfen neue Fragen beim Ausgleich zwischen Freiheit und Sicherheit auf. Der Gesetzgeber ist bei der Gestaltung von Eingriffsbefugnissen nicht zwingend an die mit dem überkommenen Gefahrenbegriff verbundenen polizeirechtlichen Eingriffsgrenzen gebunden. Das Grundgesetz hindert ihn nicht daran, die traditionellen rechtsstaatlichen Bindungen auf der Grundlage einer seiner Prärogative unterliegenden Feststellung neuartiger oder veränderter Gefahrenlagen und Bedrohungssituationen fortzuentwickeln. Die Balance zwischen Freiheit und Sicherheit darf vom Gesetzgeber neu justiert, die Gewichte dürfen allerdings von ihm nicht grundlegend verschoben werden.

Das Grundgesetz anerkennt dabei die grundlegende staatliche Sicherheitsaufgabe auch und gerade im Interesse der Grundrechte der Bürger und geht insoweit von einer Schutzpflicht des Staates aus. Gleichzeitig verlangt das Grundgesetz aber von Gesetzgebung, Verwaltung und Gerichtsbarkeit gleichermaßen eine permanente Rückbesinnung auf die von ihnen zu verteidigenden Freiheitsrechte und die Herstellung und Wahrung einer angemessenen Balance. Dabei hat sich das Grundgesetz dagegen entschieden, sämtliche verbürgten Rechte abwägbar oder gar „wegwägbar" zu machen. Die Menschenwürdegarantie sowie der Menschenwürdegehalt der speziellen Freiheitsrechte gehören zu diesem absolut geschützten Kernbestand.

Außerhalb des Kernbestandes des Menschenwürdeschutzes besteht allerdings eine Bandbreite gleichermaßen möglicher Alternativen. Innerhalb des von der Verfassung gesetzten Rahmens sind die Lösungen, auch die für eine Balance von Freiheit und Sicherheit, nicht von vornherein durch Sachzwänge, durch den technischen Fortschritt oder durch historische Gesetzmäßigkeiten konkret vorgegeben. Nicht alles, was technisch machbar ist, muss auch rechtlich erlaubt sein. Von technischen Möglichkeiten auf normative Aussagen oder Postulate zu schließen, also von einem „Sein" auf ein „Sollen", wäre ein „naturalistischer Fehlschluss" (Ernst-Wolfgang Böckenförde, Menschenwürde als normatives Prinzip – die Grundrechte in der bioethischen Debatte, in: ders. Recht, Staat, Freiheit, erweiterte Ausgabe 2006, S. 389 ff.(392)).

Die Lösungen müssen vielmehr unter Wahrung des Grundsatzes der Verhältnismäßigkeit durch Abwägung herausgearbeitet werden. Dies geschieht in einer parlamentarischen Demokratie wie der unsrigen zuvörderst im Verfahren der parlamentarischen Gesetzgebung. Das Spannungsverhältnis zwischen Individuum und Gesellschaft ist seit je eine Herausforderung für den Gesetzgeber, aber gerade im Spannungsverhältnis zwischen Sicherheit und individueller Freiheit kann es wegen der sich ständig wandelnden Sachverhaltsgestaltungen keine gleich bleibenden Lösungsstrategien geben. Die in der globalisierten Welt sich stellenden Anforderungen, auch solche europarechtlicher und völkerrechtlicher Art, verlangen Beachtung.

Das Grundgesetz stellt hierbei – nicht zuletzt auch aufgrund historischer Erfahrungen – hohe Anforderungen. Dabei wäre ein Konzept, Menschen – auch wenn sie Täter oder Tatverdächtige sind – einfach aus der Rechtsgemeinschaft auszuschließen und als Feinde der Rechtsgemeinschaft rechtlos zu stellen, eine Kapitulation des Rechtsstaats. Gefahren für den Rechtsstaat und Beeinträchtigungen der Grundlagen einer freiheitlichen demokratischen Ordnung muss mit Mitteln des Rechtsstaats begegnet werden. Diesem hohen Anspruch der Verfassung müssen wir uns auch in Zukunft stellen, sonst bedroht man selbst genau das, was es zu schützen gilt.

Der Gesetzgeber ist insoweit der Erstinterpret der Verfassung. Aber zu unserer Verfassungsstaatlichkeit gehört eben auch, dass die dem Gesetzgeber dabei von Verfassungs wegen vorgegebenen Grenzen letztverbindlich vom Bundesverfassungsgericht interpretiert und deren Wahrung gegebenenfalls durchgesetzt werden. Das Wissen um dieses Phänomen, aber auch seine Akzeptanz in Politik und Gesellschaft, stellen offenbar einen ganz wesentlichen Faktor der staatlichen Integration und Einheitsbildung in Deutschland dar.

IV. Schlussbemerkung

„Der freiheitliche, säkularisierte Staat lebt von Voraussetzungen, die er selbst nicht garantieren kann" (Ernst-Wolfgang Böckenförde, Die Entstehung des Staates als Vorgang der Säkularisation, in ders.: Recht, Staat, Freiheit, erweiterte Ausgabe 2006, S. 92 ff. (S. 112 f.)). Mit diesem viel zitierten Wort meines früheren Richterkollegen und Staatsrechtslehrers Ernst Wolfgang Böckenförde möchte ich meinen Vortrag schließen, nicht ohne allerdings gewisse Zweifel anzumelden, ob der Satz in dieser Apodiktheit wirklich zutreffend ist. Er ist im Übrigen auch gar nicht so gemeint, wie er in der eben wiedergegebenen Kürze verstanden werden könnte. Die Entscheidung des Grundgesetzgebers für eine streitbare, wehrhafte Demokratie gibt dem Staat durchaus einige rechtliche Instrumente an die Hand, gewisse Voraussetzungen einer freiheitlichen, rechtsstaatlichen Demokratie zu sichern. Ich erinnere nur an die Möglichkeiten von Partei- und Vereinsverboten. Aber der Satz Böckenfördes ist sicher richtig, wenn und soweit darin zum Ausdruck gebracht wird, dass der Staat nicht alle seine existenzwichtigen Bedingungen selbst sichern und wahren kann.

So besteht für den Verfassungsstaat – mit den Worten Böckenfördes – das Dilemma, dass er einerseits nur bestehen kann, „wenn sich die Freiheit, die er seinen Bürgern gewährt, von innen her, aus der moralischen Substanz des Einzelnen und der Homogenität der Gesellschaft, reguliert. Andererseits kann er diese inneren Regulierungskräfte nicht von sich aus, das heißt mit den Mitteln des Rechtszwanges und autoritativen Gebots, zu garantieren suchen, ohne seine Freiheitlichkeit aufzugeben und (...) in jenen Totalitätsanspruch zurückzufallen, aus dem er in den konfessionellen Bürgerkriegen herausgeführt hat". Der heutige Rechts- und Verfassungsstaat lebt also – um es schlagwortartig auszudrücken – von dem immer wieder hervorzubringenden und zu artikulierenden Willen seiner Bürger zur Freiheit, zur Freiheit in Verantwortung. Die zentrale Aufgabe des Staates dabei ist es, „Recht zu vermitteln, um Freiheit zu ermöglichen" (vgl. Hermann Krings, Staat und Freiheit, in ders.: System und Freiheit. Gesammelte Aufsätze, 1. Aufl. 1980, S. 185ff. (196); s. auch Georg Essen, Sinnstiftende Unruhe im System des Rechts – Essener Kulturwissenschaftliche Vorträge 14, 1. Aufl. 2004, S. 54 ff. (56)).

*Es handelt sich um den Redetext eines Vortrags, den der Verfasser am 30. Mai 2008 vor der Politischen Akademie Tutzing gehalten hat. Die Vortragsform wurde beibehalten.

Gerhard Roth

Homo neurobiologicus – ein neues Menschenbild?

Kaum etwas hat in den vergangenen Jahren den Diskurs zwischen den Wissenschaften und den Medien so sehr bestimmt wie das Vordringen neurowissenschaftlicher Erkenntnisse und Konzepte in Themenbereiche, die bisher Theologen, Philosophen, Geistes- und Sozialwissenschaftlern vorbehalten waren, etwa die Frage nach der Willensfreiheit, dem Wesen von Geist und Bewusstsein, der Persönlichkeit und ihrer Veränderbarkeit, Glück und Zufriedenheit bis hin zum Glauben an Gott und einem Leben nach dem Tod.

Während die einen das Ende abendländischen Denkens befürchten, sehen andere den Vormarsch der Neurowissenschaften als eine Modeerscheinung an, die bald wieder vergehen wird. Ist tatsächlich der „Homo neurobiologicus“ das neue Leitbild? Im Folgenden möchte ich anhand dreier Themenbereiche, die wesentlich unser Menschenbild bestimmten, diese Frage in der gebotenen Kürze zu beantworten versuchen.

Die naturalistische Sicht von Geist und Bewusstsein

Die Frage nach dem Wesen und der Funktion von Geist und Bewusstsein beschäftigt die Menschen, seit es Philosophie und Wissenschaften gibt. Traditionell werden Geist und Bewusstsein als etwas angesehen, das sich von den Geschehnissen der materiell-physikalischen Welt wesensmäßig unterscheidet („ontologischer Dualismus“); danach entzieht sich Bewusstsein grundsätzlich der Erklärung durch die empirischen Wissenschaften. Für andere werden Bewusstseinszustände unmittelbar von bestimmten Hirnprozessen hervorgebracht und lassen sich auf diese vollständig reduzieren („neurobiologischer Reduktionismus“). Für wieder andere entspringt Bewusstsein zwar den Hirnfunktionen, ist jedoch nicht oder nicht vollständig auf sie zurückführbar („Emergentismus“). Insbesondere das private Erleben von Bewusstsein („phänomenales

Bewusstsein") wird als unüberwindliches Hindernis für eine naturwissenschaftliche Erklärung angesehen. Man spricht hier von einer „fundamentalen Erklärungslücke".

Resultate der empirischen Bewusstseinsforschung. Bewusstsein tritt beim Menschen in einer Vielzahl von Zuständen auf: a) als Sinneswahrnehmungen von Vorgängen in der Umwelt und im eigenen Körper; b) als mentale Zustände wie Denken, Vorstellen und Erinnern; c) als Selbst-Reflexion; d) als Emotionen, Affekte, Bedürfniszustände; e) als Erleben der eigenen Identität und Kontinuität; f) als „Meinigkeit" des eigenen Körpers; g) als Autorschaft und Kontrolle der eigenen Gedanken und Handlungen; h) als Verortung des Selbst und des Körpers in Raum und Zeit; i) als Realität des Erlebten, als Unterscheidung von Realität und Vorstellung. Die unter e) bis i) genannten Zustände bilden zusammen ein „Hintergrund-Bewusstsein", vor dem die unter a) bis d) genannten spezielleren Bewusstseinszustände mit wechselnden Inhalten, Intensitäten und Kombinationen auftreten.

Alle einschlägigen Untersuchungen zeigen, dass bestimmte Bewusstseinszustände, von einfachen Wahrnehmungen bis hin zu Zuständen des Wissens oder Glaubens, und bestimmte Hirnvorgänge untrennbar miteinander verbunden sind. Ebenso lässt sich mit Hilfe der Kombination der Elektroenzephalographie (EEG) oder der Magnetenzephalographie (MEG) mit funktioneller Magnetresonanztomographie (fMRI) nachweisen, dass allen Bewusstseinszuständen unbewusste Prozesse zeitlich (200 Millisekunden oder länger) in systematischer Weise vorhergehen. Man kann entsprechend in vielen Fällen nicht nur verlässlich von bestimmten Hirndefiziten auf bestimmte Bewusstseinsstörungen schließen und umgekehrt, sondern auch bei Variation der Reizdarbietung und der Beeinflussung spezifischer neuronaler Mechanismen das Auftreten von bestimmten Bewusstseinszuständen gut vorhersagen.

Die verschiedenen Inhalte von Bewusstsein können nach Schädigungen bestimmter Gehirnteile, insbesondere der Großhirnrinde, mehr oder weniger unabhängig voneinander ausfallen. So gibt es Patienten, die völlig normale geistige Leistungen vollbringen, jedoch glauben, dass der sie umgebende Körper nicht der ihre ist bzw. bestimmte Körperteile nicht zu ihnen gehören. Andere wiederum besitzen bei sonst intakten Bewusstseinsfunktionen keine autobiographische Identität mehr. Dies deutet auf eine modulare, d.h. funktional getrennte Organisation der Bewusstseinsinhalte hin.

Bewusstseinsrelevante Hirnstrukturen. Dieser Modularität entspricht, dass am Entstehen von Bewusstsein stets viele, über das ganze Gehirn verteilte Zentren mitwirken; es gibt kein „oberstes" Bewusstseinszentrum. Allerdings können Geschehnisse nur dann bewusst werden, wenn sie von Aktivitäten der assoziativen Großhirnrinde (Kortex) begleitet sind, und zwar im hinteren und unteren Scheitellappen (parietaler Kortex), im mittleren und unteren Schläfenlappen (temporaler Kortex) und im Stirnlappen (präfrontaler Kortex). Alles, was nicht in der assoziativen Großhirnrinde abläuft, ist uns nach gegenwärtigem Wissen grundsätzlich nicht bewusst.

Bewusstsein ist aus neurobiologisch-psychologischer Sicht ein besonderer Zustand der Informationsverarbeitung, der dann eintritt, wenn das Gehirn neue, wichtige und meist detailreiche Informationen verarbeiten muss. Während der Bewusstseinszustände finden entsprechend Umstrukturierungen vorhandener kortikaler neuronaler Netzwerke aufgrund von Sinnesreizen und Gedächtnisinhalten statt, und zwar durch eine schnelle Veränderung der Kopplungen (Synapsen) zwischen Neuronen. Hierbei spielen die so genannten Neuromodulatoren Serotonin, Dopamin, Noradrenalin und Acetylcholin eine wichtige Rolle, die über das so genannte limbische System Emotionen, Motivation und Bedeutungen vermitteln. Derartige schnelle Umverknüpfungsprozesse sind stoffwechselintensiv und führen im Kortex zu einem überdurchschnittlichen Verbrauch an Zucker und Sauerstoff, was wiederum den lokalen kortikalen Blutfluss erhöht. Dies macht man sich bei bildgebenden Verfahren wie fMRI zunutze.

Eine wichtige Rolle beim Bewusstwerden von Wahrnehmungsinhalten scheint die simultane oder sequenzielle Aktivierung kortikaler Areale zu sein, und zwar durch eine Kombination aufsteigender und absteigender, d.h. rückkoppelnder Verbindungen zwischen primären und assoziativen Kortexarealen. Entsprechend bleiben sensorische Erregungen unbewusst, wenn sie ausschließlich aufsteigende Verbindungen aktivieren und nicht zu Rückwirkungen assoziativer Areale auf primäre Areale führen. Die Interpretation dieser Befunde lautet: Sinnesreize werden zuerst unbewusst im primären sensorische Kortex nach ihren Details „vorsortiert". Diese Informationen werden zu assoziativen Arealen weitergeleitet und dort unter Zuhilfenahme von Gedächtnisinhalten interpretiert. Diese Interpretation wird zum primären sensorischen Kortex zurückgeleitet, und hierdurch werden die Wahrnehmungsdetails sinnvoll gruppiert.

Zusammengefasst lässt sich heute experimentell nachweisen, mit welchen neuronalen Strukturen und Prozessen das Entstehen von Bewusstsein und auch die Inhalte dieser Zustände verbunden sind, seien sie perzeptiver, kognitiver oder emotional-psychischer Art. Am eindrucksvollsten ist dies zweifellos bei optischen Täuschungen, wo man zeigen kann, dass bestimmte Neurone des visuellen Kortex diesen Täuschungen genauso „unterliegen" wie die subjektive Wahrnehmung, während dies für Neurone außerhalb des Kortex nicht zutrifft – sie reagieren „noch" auf die physikalischen Eigenschaften der Reize. Dies bedeutet, dass bestimmte neuronale Ereignisse einerseits und Erlebniszustände andererseits „zwei Seiten einer Medaille" sind, die unterschiedlich wahrgenommen werden, nämlich einmal aus Sicht des Experimentators und zum anderen aus der Perspektive des Selbsterlebens. Auch das Selbsterleben ist eine Eigenschaft kortikaler neuronaler Netzwerke, aber als solche ist sie von der Außenperspektive verschieden und lässt sich deshalb auch nicht auf sie reduzieren.

Das bewusste Ich

Wer oder was ist das Ich? Auch dies hat seit Jahrtausenden die klügsten Menschen beschäftigt. Ich kann Namen, Beruf, Adresse und Familienverhältnisse angeben, und dies beschreibt meine äußere Identität. Die innere Identität wird mir durch die eigentümliche Gewissheit „ich bin ich!" vermittelt. Dazu gehört die Aussage: „Dies ist mein Körper, dies sind meine Gedanken, Vorstellungen und Absichten." Das Ich scheint also Träger dieser Inhalte zu sein. Aber jeder Versuch, durch Introspektion herauszubekommen, wer oder was dieses Ich darüber hinaus ist, verläuft im Sande. Dies hat den Philosophen David Hume (1711 – 1776) zu der Ansicht gebracht, dass das Ich nur ein Bündel besonderer Bewusstseinszustände ist, die nacheinander erlebt und in diesem Erleben integriert werden.

Das Gehirn und seine Ich-Zustände. Die Sicht Humes scheint sich zu bestätigen, wenn man psychologisch oder neurowissenschaftlich die Ich-Zustände untersucht: Wir sind offenbar ein Bündel von unterschiedlichen Ich-Zuständen, die mit unterschiedlichen Regionen der Großhirnrinde in Verbindung gebracht werden können. Als erstes ist das Körper-Ich zu nennen, d.h. das Gefühl, dass dasjenige, in dem ich „stecke" und das ich zu beherrschen scheine, mein Körper ist.

Eng damit verbunden sind das Verortungs-Ich, d.h. das Bewusstsein, dass ich mich gerade an diesem Ort und nicht woanders befinde, sowie das perspektivische Ich, d.h. der Eindruck, dass ich der Mittelpunkt der von mir erfahrbaren Welt bin. Alle diese Ich-Empfindungen haben mit Funktionen des Scheitellappens zu tun. Hier entstehen während der Entwicklung des Gehirns das Körperschema und die Raum- und Handlungswelt, in die der Körper „hineingestellt" wird, und schließlich gesellt sich zum Körper das Ich, das dadurch zugleich zum Mittelpunkt der Raum- und Handlungswelt wird.

Ein anderer Typ ist das Erlebnis-Ich, d.h. das Gefühl, ich habe diese Wahrnehmungen, Ideen, Gefühle und nicht etwa ein anderer. Damit verwandt sind das Autorschafts- und Kontroll-Ich, d.h. das Gefühl, dass ich Verursacher und Kontrolleur meiner Gedanken und Handlungen bin, und das autobiographische Ich, d.h. das Gefühl der Kontinuität in meinen verschiedenen Empfindungen. Das Erlebnis-Ich ist vornehmlich eine Funktion des Schläfenlappens und des Übergangs zum Scheitellappen, wo Sehen, Hören und Fühlen zusammenkommen. Das Autorschafts-Ich ist gebunden an die Tätigkeit motorischer Kortexareale in Zusammenarbeit mit Scheitellappen und präfrontalem Kortex. Das autobiographische Ich hat mit einer Region am vorderen Rand des Schläfenlappens und im Bereich des unteren Stirnhirns (orbitofrontaler Kortex) zu tun. Schließlich gibt es das selbstreflexive Ich, d.h. das Nachdenken über sich selbst, das sprachliche Selbst und das ethische Ich oder Gewissen, also eine Instanz, die mir sagt oder befiehlt, was ich zu tun und zu lassen habe. Das erstere hat mit Funktionen des präfrontalen Kortex zu tun, das sprachliche Ich mit dem Wernicke- und dem Broca-Sprachzentrum. Das ethische Ich schließlich ist vornehmlich eine Funktion des orbitofrontalen Kortex; Patienten mit Schädigungen in diesem Bereich verhalten sich typisch „unmoralisch" bzw. „unethisch".

Welche Funktionen hat das Ich? Traditionell wird das Ich als oberste Kontrollinstanz von Denken, Planen und Handeln angesehen. Allerdings gab es daran schon immer Zweifel, denn häufig erfahren wir, dass unsere Wünsche und Handlungen in andere Richtungen gehen als beabsichtigt und dass uns Gefühle überwältigen. Das würde die von einigen zeitgenössischen Philosophen vertretene Meinung unterstützen, dass das Ich eine wirkungslose Instanz ist, eine bloße Illusion. Dagegen spricht aber die Tatsache, dass Patienten mit schweren Ich-Störungen zugleich massive Verhaltensstörungen aufweisen.

Welche Funktion könnte das Ich tatsächlich haben? Eine erste Funktion erfüllt es als Zuschreibungs-Ich: Das Gehirn entwickelt eine von Bewusstsein begleitete Instanz, über die es zu einer Erlebniseinheit wird, und damit kommt es zur Ausbildung von Identität. Offenbar ist es von großem Vorteil, in die vom Gehirn konstruierte Erlebniswelt eine Instanz hineinzusetzen, die von sich meint, die unterschiedlichen Wahrnehmungen, Gedanken, Vorstellungen, Erinnerungen und Gefühle seien ihre Zustände. Dies dürfte die wichtige Unterscheidung der eigenen mentalen Zustände von denen anderer und damit die Unterstellung einer Erlebniswelt bei anderen Menschen (Theory of Mind) überhaupt erst ermöglichen.

Die zweite Funktion besteht im Handlungs- und Willens-Ich. Hier geht es um die Schaffung einer Instanz, die es ermöglicht, den Willen auf eine Handlungsabsicht zu „fokussieren", ohne sich um Ausführungsdetails zu kümmern. Eine bewusste Repräsentation der vielen Untersysteme, die an der Kontrolle und dem letztendlichen Auslösen einer Handlung beteiligt sind, würde eine effektive Handlungssteuerung unmöglich machen. Eine dritte Funktion besteht im Interpretations- und Legitimations-Ich. Das bewusste, sprachliche Ich hat die Aufgabe, die eigenen Handlungen vor sich selbst und vor der sozialen Umwelt zu einer plausiblen Einheit zusammenzufügen und zu rechtfertigen, und zwar unabhängig davon, ob die gelieferten Erklärungen auch den Tatsachen entsprechen.

Willensfreiheit – gibt es so etwas?

Das bewusste Ich ist als Erlebniszustand also keineswegs eine Illusion. Das Illusionäre an ihm besteht vielmehr in der Vorstellung, es sei „Herr im Hause". Dies stellt die traditionelle Sicht von „Willensfreiheit" in Frage, nach der das Ich bei so genannten willentlichen Entscheidungen das letzte Wort hat. Natürlich bestreitet kein Vertreter dieser Sicht, dass es bei Entscheidungen Motive gibt, die uns in eine bestimmte Richtung drängen, aber wir haben die Möglichkeit, aus geistiger Kraft heraus solche Antriebe zu überstimmen und unserem Handeln eine andere Richtung zu geben. Dieses Konzept liegt auch dem deutschen und kontinentaleuropäischen Strafrecht und seinem Schuldbegriff zugrunde. Sofern der Täter wusste, was er tat, und in der Lage war, seine Handlungen zu steuern, hatte er die Möglichkeit, aufgrund dieses freien Willens der Versuchung zur Tat zu widerstehen. Dass er dies nicht getan hat, begründet seine strafrechtliche Schuld.

Aus neurobiologisch-psychologischer ebenso wie aus philosophischer Sicht hat dieser Begriff von Willensfreiheit erhebliche und in der Strafrechtstheorie seit langem bekannte Schwächen. Erstens unterstellt er, dass der Wille zwar kausal das Handeln steuert, seinerseits aber nicht kausal determiniert wird, sondern „frei" ist. Es ist bisher keinem Vertreter dieser Sicht gelungen, plausibel zu machen, wie so etwas funktionieren soll. Entsprechend wird „Willensfreiheit" als metaphysische Entität angesehen, die sich der Sicht der Naturwissenschaften entzieht. Zweitens kann man leicht nachweisen, dass eine Person, die der Neigung bzw. Versuchung zu einer bestimmten rechtswidrigen Tat widersteht, dies nur dann tun kann, wenn ein noch stärkeres Motiv sein Handeln bestimmt, z.B. die Angst vor dem Entdecktwerden.

Neurobiologie und Handlungspsychologie gehen von einem Motiv-Determinismus aus: Unser Handeln wird davon bestimmt, welches unter den gerade herrschenden Motiven sich durchsetzt. Diese Motive mögen „angeboren" sein, aus frühkindlichen oder sonstigen Erfahrungen oder aus der gerade vorliegenden Bedürfnislage resultieren. Sie können unbewusst, als Gefühle oder als rationale Erwägungen auftreten. Sie werden in ganz unterschiedlichen Bereichen unseres Gehirns, im überwiegend unbewusst arbeitenden limbischen System bzw. in der bewusstseinsfähigen Großhirnrinde verarbeitet und dann im Handlungssteuerungssystem zusammengebracht, das seinerseits bewusste und unbewusste Anteile hat. In den so genannten Basalganglien wird unmittelbar vor einer Handlung auf unbewusste Art der „Schlussstrich" gezogen, den wir gegebenenfalls, aber nicht immer, als Willensruck erleben.

Es ist also nicht notwendig so, dass das Gehirn „schon längst entschieden hat", ehe das bewusste Ich davon erfährt. Dies ist nur bei automatisierten oder hoch emotionalen Entscheidungen der Fall, und hier erleben wir zuweilen drastisch, dass irgendetwas „in uns" ist, das entscheidet und wogegen wir machtlos sind. Bei komplexen Entscheidungen hingegen kommt dem bewussten Ich eine bedeutende Rolle zu, nämlich als „Bühne" des Abwägens von Handlungsalternativen und ihrer jeweiligen Konsequenzen. Ob und in welcher Weise wir diesen bewussten Abwägungen folgen, hängt wiederum von der Motivlage ab, und manchmal rät der Verstand, etwas zu tun – allein, wir tun dann doch etwas anderes und wundern uns. Der Motiv-Determinismus unseres Willens ist letztlich darin begründet, dass wir unseren Willen nicht selbst wollen können, er formt sich ohne unser Zutun.

Woher kommt dann aber das Gefühl, aus freiem Willen heraus zu handeln? Das unabweisbare Gefühl der „freien Willensentscheidung" haben wir, wenn wir keinem äußeren oder inneren Zwang unterliegen und die realistische Möglichkeit haben, eine bestimmte Sache tun oder auch lassen zu können. Ich möchte jetzt Kaffee trinken, eine Tasse Kaffee steht vor mir, und in einem bestimmten Moment greife ich nach der Tasse. Ich könnte die Bewegung früher oder später ausführen oder sie auch ganz sein lassen. Ich tue genau davon eines, und ich bin dabei frei in dem Sinne, dass es nur von mir und von niemandem sonst abhängt, was ich tue. Selbstverständlich werde ich dabei immer auch von unbewussten Motiven bestimmt, aber es sind Motive, die aus meiner Lebenserfahrung stammen, und solche, die durch Gegenmotive „überstimmt" werden können. Willensfreiheit in diesem Sinne drückt sich meist darin aus, dass wir eine bestimmte Sache „gern" tun – wir stehen dahinter, hätten aber auch anders handeln können, wenn wir nur anders gewollt hätten. Wir haben aber nicht anders gewollt, und so haben wir das eine getan und nicht etwas anderes.

Wir sehen also, dass Determiniertheit durch Motive und Willensfreiheit keine Gegensätze sind, sondern das eine sich aus dem anderen ergibt. Ein „unbedingter" Wille ist nutzlos, und sein Wirken wäre von Zufall nicht zu unterscheiden.

Anlage, Gehirn und Umwelt

Ein drittes Herzstück unseres herkömmlichen Menschenbildes ist die Frage, ob menschliches Handeln hauptsächlich von „angeborenen Faktoren" (Genen) bestimmt ist oder von Lernen, Erziehung und damit von Umwelteinflüssen. Lange Zeit haben sich unterschiedliche Sichtweisen abgewechselt. Seit den 1970er Jahren herrscht bei uns unter dem Einfluss der behavioristischen Psychologie ein Erziehungsoptimismus vor, der nur langsam schwindet. Eine Anlage-Umwelt-Dichotomie erweist sich aber als falsch; vielmehr arbeiten Gene und Umwelt in einer komplizierten Weise zusammen, und der Ort dieses Zusammenwirkens ist das Gehirn.

Dies ergibt sich unter anderem aus der Erkenntnis, dass es nicht einzelne Gene sind, die ein bestimmtes Verhalten oder eine bestimmte Persönlichkeitseigenschaft bestimmen, sondern dass viele Gene beteiligt sind, und dies meist indirekt, über komplexe Hirnentwicklungsprozesse, die je nach Umwelteinflüssen in unterschiedlicher Weise verhaltensrelevant werden können. Dabei sind genetische Varianten, Gen-Polymorphismen, besonders interessant. Diese zeigen für sich genommen bei ihren Trägern keine auffallende Wirkung, sondern nur in Kombination mit nichtgenetischen Faktoren. Ebenso hat sich der seit langem hartnäckig behauptete wie bestrittene Einfluss frühkindlicher Erfahrung bestätigt, besonders in Form psychischer Traumatisierung infolge Misshandlung, Vernachlässigung und sexuellen Missbrauchs. Dieser Einfluss lässt sich auch neurobiologisch anhand von Defiziten im Stressverarbeitungssystem nachweisen.

Aus heutiger Sicht sind es vier Faktoren, die unsere Persönlichkeit und unser Handeln bestimmen, nämlich 1) genetische Prädispositionen, 2) Eigenheiten der Hirnentwicklung, 3) frühe psychische Prägungen, insbesondere im Rahmen der Bindungserfahrung, und 4) weitere psychosoziale Erfahrungen in Kindheit und Jugend. Zwischen diesen Hauptfaktoren besteht eine sich verstärkende oder schwächende Interaktion, wie insbesondere Studien zur Genese gewalttätigen

Verhaltens und psychischer Erkrankungen zeigen. In solchen Studien findet man an Hauptfaktoren neben dem Geschlecht (meist männlich) und dem Alter (meist Jugendliche und junge Erwachsene zwischen 15 und 25) bestimmte genetische Prädispositionen, vorgeburtliche, geburtliche oder nachgeburtliche Hirnschädigungen und einen niedrigen Serotoninspiegel. An psychologischen und sozialpsychologischen Hauptfaktoren findet man traumatisierende psychische Belastungen in der Kindheit und Erfahrung von Gewaltausübung in der eigenen Familie und im engeren Lebensbereich.

Bei den genetischen Faktoren handelt es sich nicht etwa um „Verbrechergene", sondern um die bereits erwähnten Gen-Polymorphismen. Im Zusammenhang mit erhöhter Neigung zu Gewalt betreffen diese fast immer den Auf- und Abbau des Neurotransmitters Serotonin. Der Neurotransmitter bzw. -modulator Serotonin wirkt beruhigend und besänftigend; er liefert der Psyche die Botschaft: „Nichts und niemand bedroht dich!" Entsprechend führt ein abnorm niedriger Serotoninspiegel bei vielen Personen zu einem ständigen Gefühl großer innerer Unruhe und des Bedrohtseins. Dies äußert sich bei Mädchen und Frauen häufig in einer starken Tendenz zur Selbstverletzung, bei Jungen und Männern hingegen häufig in gewalttätigem Verhalten, das als „reaktiv" bezeichnet wird, da es aus einem Gefühl des Bedrohtseins resultiert.

Wichtig ist, dass ein genetisch bedingter, niedriger Serotoninspiegel durch starke negative Umwelteinflüsse weiter gesenkt werden kann. Diese wirken nicht automatisch traumatisierend, sondern hauptsächlich bei Personen, die bestimmte Serotonin-Polymorphismen aufweisen. Eine große Längsschnittstudie von Forschern aus Neuseeland zeigte, dass bei Kindern, die ohne größere psychische Belastungen aufgewachsen waren, aber Serotonin-Polymorphismen aufwiesen, die Neigung zu Gewalt nur gering erhöht war, und dasselbe war der Fall bei Kindern ohne Serotonin-Polymorphismen, die psychische Traumatisierungen erlebt hatten. Wenn aber beides zusammenkam, war die Gewaltbereitschaft um mehr als das Doppelte erhöht.

Diese Befunde wurden inzwischen vielfach bestätigt und zeigen, dass im Hinblick auf Gewaltbereitschaft, aber auch bei psychischen Erkrankungen wie Angststörungen, Depression oder Schizophrenie in aller Regel weder die Gene noch die Umwelt die Hauptursache sind, sondern das Zusammentreffen beider Typen von Faktoren. Man stellt sich heute vor, dass die das Serotonin-System betreffenden Gen-Polymorphismen eine erhöhte Verletzbarkeit („Vulnerabilität") für schwere psychische Belastungen darstellen. Treten solche Belastungen vor der Geburt und in der Kindheit nicht auf, dann kann die weitere psychische Entwicklung normal oder mit nur geringen Störungen verlaufen. Ist umgekehrt eine solche Vulnerabilität nicht vorhanden, dann kann ein Mensch eine Fülle psychischer Belastungen aushalten, ohne psychisch krank oder gewaltkriminell zu werden. Verhängnisvoll wird es, wenn eine erhöhte genetisch bedingte Verletzbarkeit auf starken psychischen Stress in früher Kindheit trifft. Umgekehrt ließ sich in Aufsehen erregenden Tierexperimenten zeigen, dass mütterliches Fürsorgeverhalten in den Neugeborenen über das Freisetzen bestimmter Gehirnstoffe diejenigen Genprozesse aktiviert, welche die Wirksamkeit des Stressverarbeitungssystems erhöhen.

Zugleich zeigt sich, dass Persönlichkeit und Psyche eines Menschen im Kindes- und frühen Jugendalter weitgehend festgelegt und in späterem Lebensalter zunehmend resistent gegen weitere Veränderungen werden. Dies bedeutet: Veränderungen sind möglich, aber sie sind immer schwerer zu erreichen. Diese Erkenntnis hat große Auswirkungen auf unsere bisherigen Vorstellungen von Erziehung, Personalführung und Psychotherapie, die aber hier nicht weiter dargestellt werden können.

Fazit

Anhand dreier Beispiele habe ich zu zeigen versucht, dass Erkenntnisse der Hirnforschung eine große Bedeutung für das derzeit dominierende Menschenbild haben, welches gekennzeichnet ist durch einen expliziten oder zumindest impliziten Geist-Gehirn-Dualismus, durch die Annahme eines rationalen Ichs als Steuermann und eines jenseits der Naturkausalität „frei" wirkenden Willens und schließlich durch den Glauben an die große Macht der Erziehung und die lebenslange gleichmäßige Veränderbarkeit des Menschen.

Dem stehen folgende Erkenntnisse gegenüber: 1) Geist und Bewusstsein sind untrennbar mit Hirnprozessen verbunden, bilden mit ihnen eine Einheit und überschreiten nicht die Grenzen des Naturgeschehens. 2) Menschliches Wollen und Handeln unterliegen einem Motiv-Determinismus, der seine Wurzeln in der Persönlichkeitsentwicklung einer Person hat, die wiederum von Genen, Gehirnentwicklung, frühen psychischen Prägungen und späteren psychosozialen Erfahrungen bestimmt wird. Die Auffassung eines indeterminierten „freien" Willens dagegen ist in sich widersprüchlich und empirisch unhaltbar. 3) Gene und Umwelt interagieren auf komplexe Weise miteinander, und zwar vermittelt über Hirnprozesse, die Psyche und Verhalten kontrollieren: Gene bestimmen, welche Umwelteinflüsse wirksam werden, und umgekehrt können psychische und psychosoziale Umwelteinflüsse die Wirksamkeit („Expression") von Genen beeinflussen. Insofern ist jeder Gen-Umwelt-Dualismus obsolet.

Allerdings: So beeindruckend diese Erkenntnisse sind, sie gehen nicht über das hinaus, was Philosophen und Wissenschaftler seit der Antike in Opposition zum dominierenden Menschenbild gedacht und geschrieben haben. Schon immer sind große Denker von der Einheit von Geist und Gehirn bzw. Körper ausgegangen, haben die Macht des bewussten Ichs und die Existenz einer metaphysischen Willensfreiheit bezweifelt; ebenso haben viele erkannt, dass die Persönlichkeit eines Menschen eine komplizierte Mischung aus Anlage, Entwicklung und Erziehung ist und es mit zunehmendem Alter immer schwerer wird, Menschen zu ändern. Die Bedeutung der hier vorgestellten neuen Erkenntnisse der Hirnforschung liegt also nicht in deren Originalität, sondern in der empirischen Unterstützung bestimmter – meist alternativer – Ansichten vom Menschen. Schließlich zeigt sich, dass die neuen Erkenntnisse keineswegs von Neurobiologen allein gewonnen wurden, sondern in enger Zusammenarbeit mit Psychologen, Psychiatern, Genetikern, Anthropologen und Soziologen. Dies macht den Vorwurf eines neurobiologischen Reduktionismus überflüssig.

Wie ein neues Menschenbild aussehen wird, weiß niemand, denn zum einen können sich die hier vorgestellten Erkenntnisse zumindest teilweise verändern, und zum anderen wird das Bild des Menschen von sich nicht überwiegend von wissenschaftlichen Erkenntnissen bestimmt.

Friedrich Schleiermacher

„Erkennen, nicht lernen ist der Zweck der Universität"

Ein fiktives Gespräch zur Qualität der Lehre mit Friedrich Schleiermacher

Forschung & Lehre: Die Qualität der Lehre an den Universitäten ist seit kurzem wieder in aller Munde. Viele schlagen vor, die Universitäten mehr als höhere Schulen zu verstehen. Ist das angemessen?

Friedrich Schleiermacher: Nein. Es ist geradezu verderblich, wenn die Universitäten nur fortgesetzte Schulen werden. Die Schulen beschäftigen sich nur mit Kenntnissen als solchen; die Einsicht in die Natur der Erkenntnis überhaupt, den wissenschaftlichen Geist, das Vermögen der Erfindung und der eigenen Kombination suchen sie nur vorbereitend anzuregen, ausgebildet aber wird dies alles nicht in ihnen.

Das heutige Studium wird durch die Modularisierung immer engmaschiger. Studenten und Hochschullehrer beklagen den Rückgang der akademischen Freiheit. Welche Bedeutung hat die Freiheit für die Universität?

Das Lernen an und für sich ist nicht der Zweck der Universität, sondern das Erkennen. Es soll nicht das Gedächtnis angefüllt, auch nicht bloß der Verstand bereichert werden. Es soll ein ganz neues Leben, ein höherer, der wahrhaft wissenschaftliche Geist soll erregt werden. Dies aber gelingt nun einmal nicht im Zwang. Der Versuch kann nur angestellt werden in der Temperatur einer völligen Freiheit des Geistes. Zur Wissenschaft und zum Erkennen, welches ihn befreit vom Dienst jeder Autorität, kann der Student nicht durch irgendeine Gewalt oder durch einen Zwang äußerer Übungen. Es muss Raum gelassen werden allem, was jedem von innen kommt. Je mehr sich der Geist der Wissenschaft regt, desto mehr wird sich auch der Geist der Freiheit regen, und sie werden sich nur in Opposition stellen gegen die ihnen zugemutete Dienstbarkeit.

Die Universitäten sollen viele Aufgaben erfüllen wie z.B. für den globalen Arbeitsmarkt ausbilden und für die Wirtschaft umsetzbare Forschungsergebnisse liefern. Was ist die Hauptaufgabe einer Universität?

Die Universität hat es vorzüglich mit der Einleitung eines Prozesses zu tun, und zwar eines ganz neuen geistigen Lebensprozesses. Die Idee der Wissenschaft soll erweckt, ihr zur Herrschaft über die Studenten verholfen werden, und zwar auf demjenigen Gebiet der Erkenntnis, dem jeder sich besonders widmen will, so daß es ihnen zur Natur werde, alles aus dem Gesichtspunkt der Wissenschaft zu betrachten, alles Einzelne nicht für sich, sondern in seinen nächsten wissenschaftlichen Verbindungen anzuschauen, und in einen großen Zusammenhang einzutragen, daß sie lernen, in jedem Denken sich der Grundgesetze der Wissenschaft bewußt zu werden, und eben dadurch das Vermögen selbst zu forschen, zu erfinden und darzustellen, allmählich in sich herausarbeiten, dies ist das Geschäft der Universität.

Sollte nicht doch mehr Wert auf die Berufstauglichkeit der Absolventen z.B. für den Staatsdienst gelegt werden?

Von jeher sind die jungen Männer aus den Schulen der Weisen unmittelbar in die Säle der Gerichtshöfe und die Verwaltungskammern geströmt. Schauen und tun, wenn sie auch gegeneinander reden, arbeiten einander immer in die Hände; das Verhältnis zwischen denen, welche sich der bloßen Wissenschaft widmen, und den übrigen bestimmt die Natur immer richtig und sehr ebenmäßig. Die Hauptsache der Universitäten darf nicht unter einer Menge von Nebendingen erstickt werden. Der Staat beraubte sich selbst auf die Länge der wesentlichsten Vorteile, welche ihm die Wissenschaften gewähren, indem es ihm je länger je mehr an solchen fehlen muß, die Großes auffassen und durchführen und mit scharfem Blick die Wurzel und den Zusammenhang aller Irrtümer aufdecken könnten.

Können Sie eine „Schlüsselkompetenz" des universitären Studiums nennen?

Gelingt es, die Prinzipien und gleichsam den Grundriß allen Wissens auf zur Anschauung zu bringen, entsteht daraus die Fähigkeit, sich in jedes Gebiet des Wissens hineinzuarbeiten. An der Universität geht es um das Lernen des Lernens. Es geht darum, daß die Idee des Erkennens, das höchste Bewußtsein der Vernunft, als ein leitendes Prinzip in dem Menschen aufwacht.

Die Vorlesung hat seit einigen Jahren keinen guten Ruf. Ist sie überholt?

Die ganze Universität ist ein wissenschaftliches Zusammenleben und die Vorlesungen insbesondere das Heiligtum desselben. Wenige verstehen die Bedeutung des Kathedervortrages; aber zum Wunder hat er sich, ohnerachtet immer von dem größten Teile der Lehrer sehr schlecht durchgeführt, doch immer erhalten, zum deutlichen Beweise, wie sehr er zum Wesen einer Universität gehört und wie sehr es der Mühe lohnt, diese Form immer aufzusparen für die wenigen, die sie von Zeit zu Zeit recht zu handhaben wissen. Ja, man könnte sagen, der wahre eigentümliche Nutzen, den ein Universitätslehrer stiftet, stehe immer in gradem Verhältnis mit seiner Fertigkeit in dieser Kunst.

Aber läuft das nicht auf „Frontalunterricht" hinaus, der didaktisch doch überholt ist?

Nein, denn der Kathedervortrag der Universität muß die Natur des alten Dialogs haben, wenn auch nicht seine äußere Form; er muß danach streben, einerseits das gemeinschaftliche Innere der Zuhörer, ihr Nichthaben sowohl als ihr unbewußtes Haben dessen, was sie erwerben sollen, andererseits das Innere des Lehrers, sein Haben dieser Idee und ihre Tätigkeit in ihm recht klar ans Licht zu bringen.

Wären nicht individuellere Formen, wie z.B. das Gespräch zwischen Hochschullehrer und Student, besser für die Lehre geeignet?

Jede Gesinnung bildet und vervollkommnet sich nur im Leben, in der Gemeinschaft mehrerer. Durch Ausströmung aus den Gebildeten, Vollkommenen wird sie zuerst aufgeregt und aus ihrem Schlummer erweckt in den Neulingen; durch gegenseitige Mitteilung wächst sie und stärkt sich in denen, die einander gleich sind. Man sollte meinen, das Gespräch könne am besten das schlummernde Leben wecken und seine ersten Regungen hervorlocken. Allein es muß wohl nicht so sein unter vielen und in der neueren Zeit, weil doch ohnerachtet so mancher erneuerten Versuche das Gespräch nie als allgemeine Lehrform auf dem wissenschaftlichen Gebiet aufgekommen ist, sondern die zusammenhängende Rede sich immer erhalten hat. Es ist auch leicht einzusehen warum. Unsere Bildung ist weit individueller als die alte, das Gespräch wird daher gleich weit persönlicher, so daß kein Einzelner im Namen aller als Mitunterredner aufgestellt werden kann und das Gespräch eine viel zu äußerliche, nur verwirrende und störende Form sein würde.

Was ist für einen guten Vortrag besonders wichtig?

Der Lehrer muß alles, was er sagt, vor den Zuhörern entstehen lassen; er muß nicht erzählen, was er weiß, sondern sein eignes Erkennen, die Tat selbst, reproduzieren, damit sie beständig nicht etwa nur Kenntnisse sammeln, sondern die Tätigkeit der Vernunft im Hervorbringen der Erkenntnis unmittelbar anschauen und anschauend nachbilden. Dabei müssen sich zwei Tugenden vereinigen: Lebendigkeit und Begeisterung auf der einen Seite. Das Reproduzieren muß kein bloßes Spiel sein, sondern Wahrheit; so oft der Hochschullehrer seine Erkenntnis in ihrem Ursprung anschaut, so oft er den Weg vom Mittelpunkt zum Umkreise der Wissenschaft beschreibt, muß er ihn auch wirklich machen. Bei keinem wahren Meister der Wissenschaft wird das auch anders sein; ihm wird keine Wiederholung möglich sein, ohne daß eine neue Kombination ihn belebt, eine neue Entdeckung ihn an sich zieht; er wird lehrend immer lernen, und immer lebendig und wahrhaft hervorbringend dastehn vor seinen Zuhörern.

Ebenso notwendig ist ihm aber auch Besonnenheit und Klarheit, um, was die Begeisterung wirkt, verständlich und gedeihlich zu machen, daß er nicht etwa nur für sich, sondern wirklich für sie rede und seine Ideen und Kombinationen ihnen wirklich zum Verständnis bringe und darin befestige, damit nicht etwa nur dunkle Ahndungen von der Herrlichkeit des Wissens in ihnen entstehen statt des Wissens selbst. Kein Universitätslehrer kann wahren Nutzen stiften, wenn er von einer dieser Trefflichkeiten ganz entblößt ist. Es geht nicht um eine Anhäufung von Literatur, welche dem Anfänger nichts hilft und vielmehr in Schriften muß niedergelegt als mündlich mitgeteilt werden. Die echte Klarheit besteht nicht in unermüdetem Wiederkäuen und Dünne und Dürre des Gesagten. Die wahre Lebendigkeit nicht im Reichtum gleichbedeutender Beispiele und, gleichviel ob guter oder schlechter, nebenherlaufender Einfälle und polemischer Ausfälle.

Was ist mit den Hochschullehrern, die über Jahre immer wieder das Gleiche vortragen?

Nichts jämmerlicheres zu denken als dieses. Ein Professor, der ein ein für allemal geschriebenes Heft immer wieder abliest und abschreiben läßt, mahnt uns sehr ungelegen an jene Zeit, wo es noch keine Druckerei gab und es schon viel wert war, wenn ein Gelehrter seine Handschrift vielen auf einmal diktierte, und wo der mündliche Vortrag zugleich statt der Bücher dienen mußte. Jetzt aber kann niemand einsehn, warum der Staat einige Männer lediglich dazu besoldet, damit sie sich des Privilegiums erfreuen sollen, die Wohltat der Druckerei ignorieren zu dürfen, oder weshalb wohl sonst ein solcher Mann die Leute zu sich bemüht und ihnen nicht lieber seine ohnehin mit stehenbleibenden Schriften abgefaßte Weisheit auf dem gewöhnlichen Wege schwarz auf weiß verkauft. Denn bei solchem Werk und Wesen von dem wunderbaren Eindruck der lebendigen Stimme zu reden, möchte wohl lächerlich sein.

Aber die Vorlesung alleine macht doch noch keine gute Lehre. Wie steht es mit der Betreuung der Studenten?

Freilich dürfen die eigentlichen Vorlesungen nicht das einzige Verkehr des Lehrers mit seinen Schülern sein. Steife Zurückgezogenheit und Unfähigkeit, auch außerhalb des Katheders noch etwas für die studierende Jugend zu sein, hängen auch gewöhnlich mit den schon gerügten Untugenden des Vortrages zusammen. Wenn der Lehrer mit Nutzen anknüpfen soll an den Erkenntniszustand der Zuhörer; wenn er ihnen helfen soll, die Abweichungen zu vermeiden, zu welchen sie hinneigen; wenn er sich glücklich hindurcharbeiten soll durch die unter ihnen herrschenden Unfähigkeiten im Auffassen: so müssen noch andere Arten und Stufen des Zusammenlebens mit ihnen ihm zustatten kommen, um ihn in der nötigen Bekanntschaft mit den immer abwechselnden Generationen zu erhalten.

Aber das ist doch in der heutigen Massenuniversität mit ihren überfüllten Seminaren und Studiengängen nicht möglich!

Man sage nicht, daß dies der Zahl wegen unmöglich sei. Es schließt sich an die Vorlesungen eine Kette von Verhältnissen, an denen, je vertrauter sie werden, schon von selbst desto wenigere teilnehmen, Konversatorien, Wiederholungs- und Prüfungsstunden, solche, in denen eigne Arbeiten mitgeteilt und besprochen werden, bis zum Privatumgang des Lehrers mit seinen Zuhörern, wo das eigentliche Gespräch dann herrscht und wo er, wenn er sich Vertrauen zu erwerben weiß, durch die Äußerungen der erlesensten und gebildetsten Jünglinge von allem Kenntnis erlangt, was irgend auf eine merkwürdige Weise in die Masse eindringt und sie bewegt. Nur indem er allmählich diese Verhältnisse knüpft und benutzt, kann der Lehrer die herrliche Sicherheit der Alten, welche immer den rechten Fleck trafen in ihren Unterredungen, verbinden mit der edlen Bescheidenheit der Neueren, welche eine schon angefangene und selbständig fortgehende individuelle Bildung jedes Einzelnen immer voraussetzen müssen.

Zum Schluss: wie beurteilen Sie den Bologna-Prozess?

Es ist dem ganzen Gang neueuropäischer Bildung angemessen, daß die Regierungen auch der Wissenschaften sich aufmunternd annehmen und die Anstalten zu ihrer Verbreitung in Gang bringen mußten. Allein hier wie überall kommt eine Zeit, wo diese Vormundschaft aufhören muß.

Also mehr Autonomie für die Universitäten?

Der Staat muss die Wissenschaften sich selbst überlassen, alle innern Einrichtungen gänzlich den Gelehrten als solchen anheimstellen und sich nur die ökonomische Verwaltung und die Beobachtung des unmittelbaren Einflusses dieser Anstalten auf den Staatsdienst vorbehalten. Schulen und Universitäten leiden je länger, je mehr darunter, daß der Staat sie als Anstalten ansieht, in welchen die Wissenschaften nicht um ihrer-, sondern um seinetwillen betrieben werden, daß er das natürliche Bestreben derselben, sich ganz nach den Gesetzen, welche die Wissenschaft fordert, zu gestalten, mißversteht und hindert, und sich fürchtet, wenn er sie sich selbst überließe, würde sich bald alles in dem Kreise eines unfruchtbaren, vom Leben und von der Anwendung weit entfernten Lernens und Lehrens herumdrehen. Vor lauter reiner Wißbegierde würde die Lust zum Handeln vergehn und niemand würde in die bürgerlichen Geschäfte hinein wollen. Dies scheint seit langer Zeit die Hauptursache zu sein, weshalb der Staat sich zu sehr auf seine Weise dieser Dinge annimmt.

Heike Schmoll

Die Institution frisst ihre Kinder

Warum die Exzellenzinitiative Elitebildung verhindert

Durch die Kür der Elitehochschulen und die Exzellenzinitiative ist der alte Gegensatz zwischen Masse und Elite, eine der Konstanten früherer Elitetheorien, ausgerechnet in das Bildungssystem zurückgekehrt. Das Vertrauen in die Leistungsfähigkeit der Hochschulen als Orte der Elitenproduktion war geschwunden, infolgedessen auch in weite Teile der Wissenschaftseliten. Daraus auf eine unzulängliche Elitenrekrutierung an den Hochschulen zu schließen, lag nahe. Zur Rettung der Wissenschaftselite wurden deshalb hektische Aktivitäten zur Etablierung sogenannter Elitehochschulen entfacht. Dass hinter den hektischen Aktivitäten bei der Schaffung der Elitehochschulen ein technokratisch-funktionalistisches Eliteverständnis steht, ist unübersehbar. Denn die jeweiligen Elitehochschulen erhalten dieses Etikett zum einen nur für fünf Jahre und müssen danach ihre Zusatzkosten selbst finanzieren, zum andern gehört der Absolvent einer Elite-Universität nicht auf jeden Fall zur Elite, was sich bei den Grandes Écoles in Frankreich und der insgesamt homogeneren französischen Elite durchaus behaupten ließe.

Möglicherweise hat ein deutscher Absolvent sein Examen an einer Fakultät abgelegt, die für den Elitestatus gar nicht maßgeblich und deshalb so durchschnittlich wie viele andere Studiengänge an Nicht-Elitehochschulen war. Vor allem aber sind Elite und Exzellenz von einer Aura umgeben, die Kritik daran von vornherein als unzulässig erscheinen lässt. Nach zwei Runden in der Exzellenzinitiative stellt sich heraus, dass einer kleinen Anzahl von Gewinnern eine große Menge Verlierer gegenüberstehen, auch wenn in der zweiten Runde alles getan wurde, diesen Eindruck zu zerstreuen und die Förderung auf möglichst viele Antragsteller, vor allem geisteswissenschaftliche, verteilt wurde. Die Exzellenzinitiative hat durch ihre Auswahlverfahren eine wissenschaftspolitische Entscheidung getroffen, die einer Bildung von Monopolstrukturen erheblichen Vorschub leistet. Während der eigentliche Wettbewerb im föderalen Pluralismus bisher unter den Universitäten im Wettstreit um hervorragende Forscher stattfand, wird Exzellenz in Zukunft von den wenigen Elite-Institutionen monopolisiert werden, ganz unabhängig davon, was die Hochschullehrer in diesen Elite-Institutionen eigentlich leisten. Exzellente Forschung außerhalb dieser Elite-Einrichtungen wird mit dem Makel der zweiten Klasse leben müssen, so herausragend sie auch sein mag. Es handelt sich um eine systemgesteuerte Benachteiligung, die mit Leistung nicht viel zu tun hat: „Die Exzellenzinitiative unterstützt Kartelle, Monopolstrukturen und Oligarchien, die den Wettbewerb einschränken und denen sich komplementär das Patriarchat in der Wissenschaft hinzugesellt" (Richard Münch).

Mehr als zwei Jahrzehnte wurde das Spitzenpersonal unter den Hochschullehrern durch die Expansion der Drittmittelforschung und der außeruniversitären Forschungseinrichtungen zugunsten eines Forschungskartells konzentriert und damit der Lehre an den Universitäten entzogen. Nun bemühen sich Politiker vergeblich, die Zusammenarbeit mit außeruniversitären Forschungseinrichtungen so zu intensivieren, dass eine Integration in die Universität wieder möglich ist. Denn die außeruniversitären Forschungseinrichtungen werden ihre Privilegien um keinen Preis wieder aus der Hand geben. Stattdessen sollten bisher Brückenprofessuren und andere Hilfskonstruktionen dazu dienen, die Fehler der Kartellbildung wieder auszugleichen. Sollte es der Max-Planck-Gesellschaft jetzt gelingen, das Promotionsrecht, das bisher allein den Universitäten eigen war, zu bekommen, wäre die Zusammenarbeit mit den Universitäten von den außeruniversitären Forschungsinstituten vermutlich gar nicht mehr erwünscht, waren sie doch bisher nur wegen ihres Promotionsprivilegs begehrte Partner.

Mit der Exzellenzinitiative zur Auswahl der Elitehochschulen verband sich nicht nur die Erwartung, die Zusammenarbeit mit außeruniversitären Forschungseinrichtungen zu stärken, sondern auch die Erwartung der Politiker, den sogenannten „brain drain", die Auswanderung von Intellektuellen, Wissenschaftlern und Forschern in Länder mit besseren Arbeitsbedingungen zu stoppen, darüber hinaus die Illusion, binnen zehn Jahren mit Spitzenhochschulen wie Harvard, Stanford, Oxford oder Cambridge wetteifern zu können. Das ist angesichts des Budgets ganz ausgeschlossen. So bemerkenswert die Gründung sogenannter Eliteuniversitäten erscheinen mag, so sehr ist die Exzellenzinitiative insofern einem Etikettenschwindel verpflichtet, als sie sich bevorzugt auf die als zukunfts- und wirtschaftsträchtig erachteten Gebiete technisch-naturwissenschaftlicher Forschung bezieht. Die daraus folgende Fächerverteilung in ganz Deutschland offenbart die planwirtschaftliche Seite der Exzellenzinitiative. Zu den bedenklichen Begleiterscheinungen gehört auch, dass Wissenschaftsorganisationen wie der Wissenschaftsrat und die Deutsche Forschungsgemeinschaft eine Machtfülle erlangt haben, für die es – ungeachtet aller unbestreitbaren Verdienste – keine rechtliche Grundlage gibt.

Es ist nicht so, dass Wettbewerbe den europäischen Wissenschafts- und Universitätstraditionen fremd wären, aber sie wurden bisher in der Auseinandersetzung um überzeugendere Theorien und begabte akademische Lehrer entschieden. Nun wird der Wettbewerb auf einen imaginären Markt bezogen, der von Rankinglisten und Testergebnissen bestimmt ist. Wissenschaft scheint zu einem gigantischen Unternehmen geworden zu sein, dem die Idee der Bildung völlig fremd ist. Doch das Gerede von Konkurrenz, Exzellenz, Steuerung und Effizienz verschleiert die technokratische Ideologie einer bildungs- und wissenschaftsfernen Pseudo-Elite. Ungeklärt blieb nämlich die Frage, welche Eliten eigentlich herangebildet werden sollen. Vielmehr schienen sich alle Beteiligten mit der vagen Hoffnung zu begnügen, es entstünden bessere Eliten. Es ist legitim, ausgezeichnete Leistungen in Wissenschaft und Forschung anzustreben und zu fördern, doch es geht häufig nur vordergründig um Forschungsförderung und in Wirklichkeit um Wissenschaftsplanung, die durch Zielvereinbarungen festgehalten wird und nicht selten nahezu totalitären Charakter gewinnt. Unter dem Deckmantel von mehr Freiheit und „Autonomie" werden Freiräume verengt und neue Fesseln angelegt, die aus manchem forschungswilligen Professor einen geknebelten Wissenschaftsmanager machen, der ständig Anträge schreibt, Gutachten formuliert und Sponsoren zu gewinnen versucht, aber keine Zeit mehr zum Forschen hat.

Die erste Runde der Exzellenzinitiative war den Planzielen der Wissenschaftsberater verpflichtet, die Mehrzahl der bewilligten Exzellenzcluster stammten aus den Naturwissenschaften, erst in der zweiten Runde kamen einige geisteswissenschaftliche Anträge zum Zuge, wobei in erster Linie Antragsexzellenz bewertet wurde. Denn es galt nicht, vorhandene Forschungsleistungen zu beurteilen, sondern geplante Forschungsprojekte zu genehmigen oder abzulehnen. Mit Ausnahme der Graduiertenschulen handelt es sich bei den Kriterien, die zur Auswahl der Elitehochschulen führen, um Visionen oder um Utopien. Wer in solchen Elitehochschulen erfolgreich sein will, muss anpassungsbereit sein, sich sozialen und intellektuellen Anforderungen stellen, die alles andere als wissenschaftsadäquat sind. Schrullige Gelehrte, die kauzig und bizarr leben und denken, sind in diesem System fehl am Platze. Häufig waren es aber diese Persönlichkeiten, die Wissenschaft und Forschung voranbrachten, nicht die Angepassten.

Unter diesem Aspekt wirkt der Gedanke der Elitebildung an den Elitehochschulen geradezu grotesk. Die Zugehörigkeit zur Elite wird nicht durch hervorragende intellektuelle Leistungen und eine umfassend gebildete Persönlichkeit konstituiert, sondern durch die simple Tatsache, einer Elitehochschule anzugehören oder eine solche absolviert zu haben. Nur so lässt sich auch die Uniformität der englischsprachigen Anträge verstehen. Sie entspricht nicht nur dem Sprachimperialismus der Europäischen Union, sondern auch dem Verzicht auf das Individuellste, die eigene Sprache. Ausgerechnet wissenschaftliche Eliten werden dadurch entmündigt. Sie werden durch die diktierte Verwendung des Englischen zu angelsächsischen Denkmustern und dadurch zum Verzicht auf Originalität gezwungen. Gleichzeitig bedingt der Englischzwang die faktische Unterwerfung unter das angelsächsische Wissenschaftssystem, das sich nach eigenem Bekunden vor allem in geisteswissenschaftlichen Fächern dem europäischen bisher immer unterlegen fühlte.

Nachdem die Universität durch Überlastung und Unterfinanzierung ruiniert worden war, musste sie nun unter dem Gütesiegel „Elitehochschule" neu installiert werden. An den Elitehochschulen wird es vielleicht noch möglich sein, außerhalb der Planbarkeit Erkenntnisse zu gewinnen, an den übrigen Hochschulen wird es um die verschulte Vermittlung von Wissen gehen, das nach seiner Verwertbarkeit beurteilt wird. Da Wissen hier wie käufliches Material behandelt wird, ist viel von Wissenschaftsmanagement, dafür um so weniger von Erkenntnis, Bildung oder gar von Wahrheit die Rede. Ironischerweise wird die Einrichtung von Elitehochschulen und Exzellenzzentren deshalb nicht für mehr Bildung sorgen, sondern geradezu rückwärtsgewandt dazu dienen, dass anspruchsvolle Bildung nur noch denen zur Verfügung steht, die sich eine solche leisten können. So hat die Beschwörung des Bildungsnotstands das Gegenteil von dem erreicht, was sie beabsichtigte. Der großen Mehrheit wird vorenthalten, was zweckfreie Erkenntnis und Bildung ermöglichen: die selbstreflexive Distanz eines mündigen Individuums und damit die Voraussetzung der Elitezugehörigkeit überhaupt.

Die Exzellenzinitiative beseitigt eine der grundlegenden Voraussetzungen der Elitebildung: die prinzipiell gleichen Wettbewerbsmöglichkeiten für alle Universitäten um ihre Forscher. Sie bringt Forscher nicht nur um ihre individuellen sprachlichen Ausdrucksmöglichkeiten, sie enteignet sie ihrer Exzellenz, um die zugesprochene Exzellenz auf Institutionen zu übertragen. Elite-Institutionen leben von der Exzellenz der dort lehrenden Forscher. Doch das moderne Wissenschaftssystem scheint nur eine wirkliche Gefahr zu kennen: den unabhängig forschenden Geist, der sich Vorstellungen von planbarer und kontrollierter Wissenschaft entzieht.

Jenes Wissenschaftsethos, das Max Weber leitet, wird vermutlich nur noch an wenigen Oasen zu finden sein: „Eine wirklich endgültige und tüchtige Leistung ist heute stets: eine spezialistische Leistung. Und wer also nicht die Fähigkeit besitzt, sich einmal sozusagen Scheuklappen anzuziehen und sich hineinzusteigern in die Vorstellung, dass das Schicksal seiner Seele davon: ob er diese, gerade diese Konjektur an dieser Stelle dieser Handschrift richtig macht, der bleibe der Wissenschaft nur ja fern" (Wissenschaft als Beruf). Ein solches Wissenschaftsverständnis, das sich im brennenden Interesse an den Fragen des eigenen Faches äußert, vermag das Feuer der individuellen Begabung allererst zu entfachen. Hochschulen dürfen deshalb auf keinen Fall zu Kompensatoren schulischer Defizite und zu reinen Ausbildungsinstitutionen werden. Universitäten waren immer Orte der Elitebildung und sie sind es noch, allerdings nicht mehr ausschließlich. Wenn die Bologna-Reform den positiven Impuls freisetzen könnte, dass Professoren sich in der Pflicht sehen, ihr Privileg der Forschungsfreiheit mit angemessenen Leistungen zu rechtfertigen und passende fachspezifische Bewertungssysteme für Forschung und Lehre entwickelten, wäre viel gewonnen. Viele Hochschulprofessoren haben sich allzu willfährig in Kommissionen zur Entwicklung von Studieneinheiten, Modulen genannt, zu verschultem Häppchenwissen hinreißen lassen und sich dabei selbst ihrer Freiräume für forschende Lehre beraubt. Sie enden dann als hochbezahlte Oberlehrer und resignieren. Die Professoren müssen selbst dafür kämpfen, dass die Forschung nicht aus der Universität ausgelagert und die Zerstörung der Einheit von Forschung und Lehre nicht zum Normalfall deutscher Hochschulen wird. Die neue Diskussion über die Übertragung des Promotionsrechts verstärkt diesen Eindruck noch und beschleunigt die neue Wirklichkeit.

Von der Autorin erschien C.H. Beck-Verlag, München, das Buch „Lob der Elite. Warum wir sie brauchen"

Gregor Schöllgen

Die Dienstleister

Von den Aufgaben der Geisteswissenschaften in der modernen Welt

Wissenschaftler sind Dienstleister. Sie versorgen die Gesellschaft, die sie alimentiert, mit dem Wissen, das diese Gesellschaft unter den sich ständig ändernden Gegebenheiten braucht, um eine Zukunft zu haben. Das gilt auch für die Geisteswissenschaften, die immer dann Konjunktur haben, wenn es darum geht, Orientierung zu geben und Sinn zu stiften. Und das ist vor allem in Zeiten der Krisen und Verwerfungen der Fall. Eigentlich verdanken die Geisteswissenschaften schon ihre Entstehung und Organisation als Interessenverbund einer Krise, genauer gesagt einer Doppelkrise. Die eine war eine Krise der Zeit. Die andere Krise war ihre eigene, eine Identitätskrise.

I.

Jedenfalls war es kein Zufall, dass die Vertreter unterschiedlicher Fächer und Methoden in dem Augenblick den Schulterschluss suchten, als sich die Naturwissenschaften und die Mathematik aus ihrer traditionellen Verankerung in den Philosophischen Fakultäten zu lösen und eigene, zudem sehr erfolgversprechende Wege einzuschlagen begannen. Der Prozess, der in der zweiten Hälfte des 19. Jahrhunderts einsetzte, verlief weder einheitlich noch linear. In einigen Fällen kam es zunächst zur Gründung einer mathematisch-naturwissenschaftlichen Abteilung innerhalb der Philosophischen Fakultät, in anderen wurde die Einrichtung einer eigenen mathematisch-naturwissenschaftlichen Fakultät erst nach dem Zweiten Weltkrieg abgeschlossen. Die Erlanger Fakultäten vollzogen die Trennung übrigens 1929.

Die Antwort auf die Frage, warum die Naturwissenschaften zu neuen, eigenen Horizonten aufbrachen, ist nicht mein Thema. Festzuhalten ist aber doch, dass die revolutionären Entwicklungen, namentlich in der Medizin und der Technik, aber auch in der Chemie und der Physik, den direkt oder auch indirekt beteiligten Wissenschaften eine enorme Konjunktur und mit ihr ein beträchtliches Selbstbewusstsein bescherten – und die übrigen Disziplinen in erhebliche Bedrängnis brachten.

Max Weber, einer der Pioniere der deutschen Soziologie und zugleich einer der prominentesten Teilnehmer an der zeitgenössischen Diskussion über den Standort und die Methodologie der sich formierenden Geisteswissenschaften, sprach 1909 vom „maßlosen Hochmut [...], mit welchem Vertreter der Naturwissenschaften auf die Arbeit anderer (namentlich: historischer) Disziplinen, die anderen methodischen Zielen entsprechend andere Wege gehen müssen, zu blicken pflegen", und fügte hinzu: „Es kommt keinem Historiker, Nationalökonomen oder anderen Vertretern ‚kulturwissenschaftlicher' Disziplinen heute die Anmaßung bei, den Chemikern oder Technologen vorzuschreiben, was für eine Methode und welche Gesichtspunkte sie anzuwenden hätten. Dass sich die Vertreter dieser Disziplinen nachgerade ebenso zu bescheiden lernen, – dies ist Voraussetzung fruchtbaren Zusammenarbeitens".

Der cholerische Ausfall Max Webers lässt nicht nur mit Händen greifen, wie sehr sich die Nicht-Naturwissenschaften in der Defensive, wenn nicht gar in einem Rückzugsgefecht befanden, er zeigt auch, dass sich ihre Vertreter nicht einmal darüber einig waren, wie sie das Boot nennen wollten, in dem sie notgedrungen gemeinsam Platz genommen hatten: Jedenfalls war der Name „Geisteswissenschaften" nicht unumstritten, sondern stand in Konkurrenz zu „Kulturwissenschaften" oder auch „historische Disziplinen" beziehungsweise schlicht „Geschichte". Dazu gleich noch ein Wort.

Webers Angriff auf die „rein naturwissenschaftlich geschulten", „Wechselbälge" zeugenden „Technologen" dokumentiert aber auch, dass an der Wende vom 19. zum 20. Jahrhundert von einem Kosmos der Wissenschaften, gar von einem alle Disziplinen verbindenden Wissenschaftsverständnis keine Rede mehr sein konnte. Kaum etwas zeigt das deutlicher als der Versuch, die herausragenden Gelehrten der Zeit in einer großen Kraftanstrengung mit einem Selbstportrait ihrer Disziplinen doch noch einmal unter einen Hut zu bringen.

Paul Hinneberg – studierter Staatswissenschaftler und Philosoph, zeitweilig Mitarbeiter des Historikers Leopold von Ranke, wissenschaftlicher Herausgeber von Beruf und Wissenschaftsorganisator aus Leidenschaft – hatte die Idee zu diesem Jahrhundertwerk. Auf fast 60 Bände angelegt, sollte die „Die Kultur der Gegenwart" die „Verbindungsfäden" sichtbar machen, welche die „Betätigungen auf den verschiedensten Gebieten menschlichen Denkens und Schaffens, in Religion und Wissenschaft, in Kunst und Technik, in Staat und Gesellschaft, in Recht und Wirtschaft zur Einheit der modernen Kultur verknüpfen".

Die Anlage des monumentalen Unternehmens, das nach Ausbruch des Ersten Weltkrieges ins Stocken geriet und nie zu Ende geführt wurde, lässt erkennen, wie sehr die „geisteswissenschaftlichen Kulturgebiete" inzwischen ins Hintertreffen geraten waren: Auf zwei Abteilungen – „Religion und Philosophie, Literatur, Musik und Kunst" sowie „Staat und Gesellschaft, Recht und Wirtschaft" – verteilt, waren ihnen 14 beziehungsweise zehn Bände vorbehalten, den „technischen Kulturgebieten" hingegen 15 und den „mathematischen, naturwissenschaftlichen und medizinischen Kulturgebieten" sogar 19 Bände.

Dass die Geisteswissenschaften damit schon in ihrer Formationsphase im Hintertreffen waren, hatte neben anderen einen simplen, aber für diese Spezies charakteristischen Grund – ihren Hang, das Wesentliche, in diesem Fall die naturwissenschaftliche und technische Konkurrenz, aus den Augen zu verlieren und einen internen Streit um Begriffe vom Zaun zu brechen: Wie wollte man das Boot taufen, in dem man notgedrungen zusammengerückt war, ohne im Übrigen immer in die gleiche Richtung zu rudern?

Dabei gab es eine klare Vorgabe. Der Philosoph Wilhelm Dilthey hatte zwar nicht den Begriff erfunden – dieses Verdienst kommt dem Übersetzer von John Stuart Mills wegweisender Logik zu, der aus „moral science" „Geisteswissenschaften" machte. Wohl aber hatte Dilthey 1883 eine „Einleitung" in diese und mit ihr eine Definition der „Geisteswissenschaften" vorgelegt: Das „Ganze der Wissenschaften, welche die geschichtlich-gesellschaftliche Wirklichkeit zu ihrem Gegenstande haben", wollte Dilthey so bezeichnet wissen.

Der Vorschlag war plausibel, setzte sich auch langfristig durch. Kurzfristig trat er freilich unter den Gelehrten einen Streit los, von dem man sich nicht erst heute fragt, warum und worum er eigentlich geführt worden ist. Jedenfalls kamen schon den Beteiligten Zweifel. So auch dem Philosophen Heinrich Rickert, einem der Hauptkombattanten an der Doppelfront zu den Protagonisten der „naturwissenschaftlichen Begriffsbildung" einerseits und den Gegnern des Begriffs „Kulturwissenschaften" andererseits, für den er sich ins Zeug legte.

„[...] während die Männer der Naturwissenschaften", gab Rickert 1899 zu Protokoll, „niemals im Zweifel sein werden, wie das Band heißen soll, das sie zusammenhält, stellt sich bei der anderen Gruppe, wenigstens was die Meinung der Einzelforscher betrifft, nicht ohne weiteres auch eine Bezeichnung für die gemeinsame Tätigkeit ein. Dieser Mangel eines allgemein üblichen und anerkannten Namens legt die Frage nahe, ob ihm nicht der Mangel eines eindeutig bestimmten Begriffes entspricht".

Einig war man sich immerhin, so Rickert, dass „die Spezialwissenschaften in zwei Hauptgruppen zerfallen" und dass ihre Vertreter jeweils „durch gemeinsame Interessen untereinander verbunden" waren. Einig war man sich auch, dass die eigene „Hauptgruppe" alle Vertreter beheimatete, die nicht in den technischen, mathematischen, naturwissenschaftlichen und medizinischen „Kulturgebieten" zuhause waren, um mit Hinneberg zu sprechen. Und einig war man sich schließlich über die gemeinsame Aufgabe: Es gehe, hatte Wilhelm Dilthey in seiner „Einleitung in die Geisteswissenschaften" gesagt, um die „Erkenntnis der Kräfte, welche in der Gesellschaft walten, der Ursachen, welche ihre Erschütterungen hervorgebracht haben, [und] der Hilfsmittel eines gesunden Fortschritts, die in ihr vorhanden sind".

Je heftiger diese Erschütterungen wurden, je mehr sich abzeichnete, dass die „Hilfsmittel" eines ursprünglich „gesunden Fortschritts" ihrerseits zu jenen Erschütterungen beitrugen, je schwerer – mit einem Wort – die Krise der europäischen Gesellschaften wurde, um so größer wurde der Erklärungs- und Aufklärungsbedarf der Zeitgenossen. Der gerade ins Leben gerufene Interessenverbund der Geisteswissenschaften hatte Konjunktur. Und die war so gut, dass seine Vertreter, als sie sich plötzlich in der Rolle von Dienstleistern wiederfanden, nicht einmal mehr Gelegenheit hatten, darüber nachzudenken oder gar zu streiten, ob sie dem Publikum nun als „Geisteswissenschaftler", als „Kulturwissenschaftler" oder auch als Vertreter „historischer Disziplinen" Rede und Antwort standen.

Der Vollständigkeit halber sei gesagt, dass sie den Marsch in den Ersten Weltkrieg, der schließlich weit mehr als eine militärische Katastrophe war, nicht aufzuhalten vermochten – weil sie es nicht konnten, und weil sie es nicht wollten. Wohl die meisten Repräsentanten der jungen deutschen Geisteswissenschaften stellten sich, jedenfalls anfänglich, in den Dienst des Krieges, weil sie in ihm langfristig eine Festigung von Deutschlands Rolle in der Welt und kurzfristig die Erfüllung ihrer Hoffnung auf ein reinigendes Gewitter sahen, die sie mit der Mehrzahl der Deutschen teilten.

Bekanntlich kam es dann anders als gedacht und erhofft. Nicht der rauschende Sieg stand am Ende eines mehr als vierjährigen Ringens, sondern die bittere Niederlage, eine neuerliche Krise – und mit ihnen der Ruf nach Erklärung und Orientierung. Daran hat sich auch in den folgenden Dezennien nichts geändert, schon weil aus dem 20. Jahrhundert ein Jahrhundert der Krisen, der heißen und der kalten Kriege und nicht zuletzt rapider Umbrüche aller Art geworden ist.

Alles deutet darauf hin, dass es auch im angebrochenen 21. Jahrhundert und auf nicht absehbare Zeit dabei bleiben wird. Kein Wunder, dass die Dienstleister Konjunktur haben wie selten zuvor. Auch deshalb befinden sich die Geisteswissenschaften heute in einer Situation, die durchaus derjenigen vergleichbar ist, in der sie vor mehr als einem Jahrhundert als Interessenverbund das Licht der Welt erblickten.

II.

Gewiss, die institutionellen Rahmenbedingungen haben sich dramatisch geändert. Die Hochschulen, der klassische Ort geisteswissenschaftlicher Arbeit, sind von Eliteanstalten zu Institutionen für die Massenausbildung geworden. Gab es um die Jahrhundertwende in Deutschland 31 Universitäten und Technische Hochschulen, sind es heute 81, die Fachhochschulen nicht mitgerechnet. Zählten die Philosophischen Fakultäten – einschließlich der naturwissenschaftlichen Fächer und der Mathematik – zu Beginn des 20. Jahrhunderts im gesamten Deutschen Reich knapp 3 800 Studenten, so waren zu Beginn des 21. Jahrhunderts allein an der bisherigen Erziehungswissenschaftlichen, der Wirtschafts- und Sozialwissenschaftlichen sowie den beiden Philosophischen Fakultäten der Friedrich-Alexander-Universität Erlangen-Nürnberg beinahe 13.700 Studierende eingeschrieben.

Schon weil die übrigen Fakultäten vergleichbare Entwicklungen verzeichnen, befinden sich die Geistes- und Sozialwissenschaften – als welche sie zum Beispiel von der Deutschen Forschungsgemeinschaft (DFG) geführt werden – einmal mehr oder immer noch in einem harten Wettbewerb mit den Naturwissenschaften, mit den bei der DFG so genannten Lebenswissenschaften, allen voran der Medizin, sowie mit den Ingenieurwissenschaften, also den technischen Fächern. Das gilt für ihre Reputation, es gilt für ihre öffentliche Wahrnehmung, und es gilt unter anderem deshalb auch für die Ressourcen, die ihnen für die Forschung und damit auch für die Außendarstellung zur Verfügung stehen.

Nun sind es in der Regel die gleichen Töpfe, aus denen die einen wie die anderen Wissenschaften ihre Mittel beziehen – allen voran öffentliche Gelder wie die Hochschuletats oder auch die Ressourcen der DFG, die ihrerseits ganze 0,1 Prozent ihres Budgets von immerhin gut 1,4 Milliarden Euro mit „Zuwendungen aus dem privaten Bereich“ bestreitet: Im Zahlenwerk der DFG belegen die Geistes- und Sozialwissenschaften – einschließlich der Wirtschafts- und der Rechtswissenschaften sowie der Theologie – mit knapp 15 Prozent der bewilligten Mittel den letzten Platz hinter den einsam führenden Lebens- sowie den Natur- und Ingenieurwissenschaften.

Allerdings reichen die öffentlichen Ressourcen längst nicht mehr aus, um den wachsenden Appetit sämtlicher Disziplinen zu befriedigen. Daher richtet sich ihr begehrlicher Blick zunehmend auf Stiftungen aller Art sowie in immer stärkerem Maße: auf die Wirtschaft. Das gilt vor allem für die Natur-, die Ingenieur- und die Lebenswissenschaften; es gilt aber in zunehmendem Maße auch für die Geistes- und Sozialwissenschaften.

Das ist gut und richtig so. Einmal ist es dem steuerzahlenden Publikum immer schwerer zu vermitteln, warum öffentliche Institutionen wie Lehrstühle, Institute oder Fakultäten Mittel von anderen öffentlichen Institutionen wie der DFG „einwerben". Im Grunde ist das nichts anderes als eine zudem kaum kaschierte Selbstbedienung, um nicht zu sagen: inzestuös. So wählen diejenigen, welche die Mittel beantragen, ihrerseits diejenigen, die maßgeblich über deren Vergabe und über die Ergebnisse der subventionierten Forschung befinden.

Kein Wunder, dass es im Bereich der so genannten Schwerpunktprogramme und Sonderforschungsbereiche der DFG zu absonderlichen Entwicklungen und erheblichem Wildwuchs gekommen ist. Zu ihnen gehört die massenhafte Produktion von promovierten, nicht selten auch habilitierten Spezialisten, die auf dem akademischen Markt allenfalls marginale Chancen haben, vom freien Markt gar nicht zu reden. Der Grund für den Wildwuchs ist leicht ausgemacht: Einer Institution wie der DFG fehlen die Möglichkeiten, die Mittel und wohl auch der Wille, überzeugende Ergebnisse jahre- oder jahrzehntelang subventionierter Forschung einzuklagen und das Scheitern beziehungsweise Versagen zu sanktionieren.

So hat zum Beispiel der Sonderforschungsbereich 164 „Vergleichende geschichtliche Städteforschung" von 1976 bis 1986 zwar insgesamt 60 Wissenschaftlern Arbeit und Brot, einer Reihe von ihnen schließlich eine unkündbare Stelle verschafft und eine Flut von mehr als 700 Publikationen, darunter auffallend viele mit einem Umfang von einer bis fünf Seiten, hervorgebracht. Aber ein Bericht, der die Ergebnisse der höchst heterogenen Forschungen zusammenfasst und die Frage nach der Relevanz des Großunternehmens für die politischen, wirtschaftlichen, gesellschaftlichen oder kulturellen Probleme der Gegenwart beantwortet oder auch nur stellt, ließ sich „wegen personeller und sachlicher Schwierigkeiten" nicht realisieren. Das ist im Bereich der Geisteswissenschaften nicht etwa die Ausnahme, sondern die Regel.

Dass auf dem freien Markt eingeworbene Gelder so sorg- und ergebnislos verwandt werden könnten, ist unwahrscheinlich. Aber nicht nur deshalb sollte sich die Wissenschaft den Gesetzen dieses Marktes stellen: Wenn die Universität von ihren Studenten Gebühren in beträchtlicher Höhe verlangt, muss sie dokumentieren, dass sie ihrerseits in der Lage ist, entsprechende Gelder einzutreiben, und zwar im freien Wettbewerb. Das gilt auch für die Geisteswissenschaften, und dort grundsätzlich für alle Fächer. Das dem überkommenen Elfenbeinturmdasein entstammende Argument, solch schnödes Anbiedern an den Mammon sei mit dem Selbstverständnis geisteswissenschaftlichen Tuns nicht vereinbar oder mit dem Profil des Faches nicht zu leisten, ist im günstigsten Falle weltfremd, in aller Regel aber Ausdruck mangelnder Phantasie oder fehlender Energie.

Eben dieser Phantasie und Energie bedarf es aber, wenn sich die Geistes- und Sozialwissenschaften im Wettbewerb mit den Natur-, den Lebens- und den Ingenieurwissenschaften behaupten wollen. Natürlich haben diese beim Kampf um die öffentlichen wie die privaten Ressourcen die besseren Chancen, jedenfalls auf den ersten Blick: Wer wollte die Notwendigkeit umfassender medizinischer Grundlagenforschung infrage stellen? Wer wollte der Perfektionierung von Mitteln und Methoden der Energiesuche und -gewinnung einen hinteren Platz in der Prioritätenskala zuweisen? Wer wollte der Konjunktur, der sich die Umwelt- und namentlich die Klimaforschung erfreut, ein rasches Ende wünschen?

Kein Wunder, dass sich die Geistes- und Sozialwissenschaften an dieser Front einmal mehr in der Defensive und damit in einer Situation befinden, die ihnen seit dem ausgehenden 19. Jahrhundert vertraut ist. Dabei ist das nur die eine Seite der Medaille. Auf der anderen tut sich für die Geisteswissenschaften ein riesiges Betätigungsfeld auf: Der Kollaps der alten Weltordnung hat in vielen Bereichen der politischen und wirtschaftlichen, der gesellschaftlichen und kulturellen Landschaft, aber auch der kollektiven wie der individuellen Seelenwelt ein Trümmerfeld hinterlassen, in dem die direkten wie die verdeckten Rufe nach Orientierung nicht zu überhören sind.

Das sind die Zeiten, in denen die Geisteswissenschaften Hochkonjunktur haben – wenn sie ihre Chance zu nutzen verstehen. Die Naturwissenschaften, die Medizin und die Technik jedenfalls tun sich mit Antworten auf die großen Fragen der Gegenwart und der Zukunft traditionell eher schwer, so sie diese überhaupt in einer Form anzubieten vermögen, die verstehbar, verständlich und plausibel ist. Sinnstiftung war und ist nun einmal das Geschäft der Geisteswissenschaften. Selbstredend schließt das die kritische Auseinandersetzung mit den gegebenen Verhältnissen ein.

Wenn man sich diese großen Fragen der Zeit anschaut, um die es heute geht, wird übrigens auch nachvollziehbar, warum viele Vertreter der „Geisteswissenschaften", als sie in der zweiten Hälfte des 19. Jahrhunderts nach einem gemeinsamen Nenner Ausschau zu halten begannen, eher unter der Flagge der „Kulturwissenschaften" oder der „historischen Disziplinen" segeln wollten. Stand die Kultur für den Gesamtkomplex des gesellschaftlichen Gefüges und damit für den eigentlichen Gegenstand geisteswissenschaftlichen Forschens, so bildete das Wissen um die in ständigem Umbau befindlichen Fundamente, auf denen das Ganze ruht, die entscheidende Voraussetzung für substantielle Fortschritte kulturwissenschaftlicher Erkenntnis.

So war es damals, und so ist es heute. Der historisch geschulte Blick auf die zeitgenössischen Entwicklungen führt zu dem Schluss, dass wir uns in einer Zeit befinden, die es durchaus mit den großen Epochen tief greifender Umbrüche und Verwerfungen aufnehmen kann. Ganz ähnlich wie an den Wenden vom 18. zum 19. und vom 19. zum 20. Jahrhundert durchlebt die Welt, von der jetzt alle sagen, dass sie in ein neues Zeitalter, das Zeitalter der Globalisierung, eingetreten sei, einen Prozess revolutionärer Mutation. Wie am Ende des 18. und zu Beginn des 20. Jahrhunderts vermag niemand zuverlässig zu sagen, welche Folgen er zeitigen und wo er enden wird.

Hinter dem Schlagwort der Globalisierung steckt eine komplexe, dynamische Entwicklung, die sich keineswegs auf die Wirtschaft beschränkt. Der Zusammenbruch der alten Weltordnung hat ja nicht zuletzt zum Kollaps der starren Ordnung des Kalten Krieges und mit ihr zur Überwindung der Grenzen aller Art geführt. Für viele bringt dieser revolutionäre Vorgang neue, bislang nicht gekannte Freiheiten – nicht zuletzt für jene Staaten und Völker der so genannten Dritten Welt, deren Zukunft sich in der Epoche des Ost-West-Gegensatzes über die mehr oder weniger bedingungslose Anpassung an den einen oder anderen Block definierte.

Für die industrialisierten Staaten der westlichen Welt brachte dieses System des Kalten Krieges deutlich mehr Vor- als Nachteile. Denn seine künstlichen Barrieren hielten Ungemach aller Art von dieser Wohlstandssphäre fern. Damit war es Anfang der neunziger Jahre gleichsam über Nacht vorbei, wenn es auch noch einige Zeit, ein Jahrzehnt etwa, dauerte, bis man das hier wahrhaben konnte oder wollte. Jetzt wird erkennbar, dass die lange Zeit unterdrückten, vernachlässigten oder vergessenen Völker, Staaten und Regionen der Welt ihrerseits nach vorne drängen –

als Wettbewerber auf den Märkten der Welt, als Anbieter kostengünstiger Arbeitskräfte und Produktionsbedingungen, als Konkurrenten beim Wettlauf um die knapper werdenden natürlichen Ressourcen des Globus, als Beschleuniger und Verstärker der globalen Umweltzerstörung, als Schauplatz oder Initiator bislang nicht gekannter Arten der Kriegführung und der Vernichtung oder auch – und nicht zuletzt aus diesen Gründen – als Ausgangspunkt von Migrationswellen bislang nicht bekannter Dimension und Intensität.

Eine Welt ohne Grenzen ist eben nicht, jedenfalls nicht per se, eine sicherere Welt. In jedem Falle ist sie eine Welt zusehends verloren gegangener oder verloren gehender Orientierung – obgleich oder eben weil Informationen aller Art grenzenlos, pausenlos und ohne Zeitverlust zur Verfügung stehen. In Situationen wie dieser gehört das Wissen um die Herkunft zu den wenigen Möglichkeiten zuverlässiger Ortsbestimmung. Die Krise der Zeit ist die Stunde der Geisteswissenschaften. Auch und vor allem der Geschichtswissenschaft.

Deshalb, aber auch weil ich dieses Fach vertrete und für andere Disziplinen allenfalls mit eingeschränkter Kompetenz sprechen könnte, will ich am Beispiel meines Faches, der Zeitgeschichte, den Auftrag erläutern, den die Geisteswissenschaften in der modernen Welt zu erfüllen haben, wenn sie ihre subventionierte Existenz namentlich als universitäre Institution – in Zukunft und für das breite Publikum – legitimieren wollen. Über die Aufgaben zu sprechen heißt – hier und heute – vor allem von den zahlreichen Möglichkeiten zu reden, die uns als Dienstleister bei ihrer Erfüllung zur Verfügung stehen.

III.

Niemand ist ohne Geschichte. Wir kapitalisieren diese Geschichte. Geschichte ist nämlich immer auch ein Kapital: Indem wir die Geschichte von Individuen, Gemeinschaften oder Institutionen erforschen, aufarbeiten und in der ein oder anderen Form aufbereiten, machen wir sie für diese handhabbar und nutzbar. Das ist eine bewährte, zudem sehr populäre Form der Selbstvergewisserung. Dass sie in diesen Zeiten allgemeinen Umbruchs und verbreiteter Orientierungslosigkeit besonders nachgefragt wird, ist eben kein Zufall.

Dieses Bedürfnis und die in ihm gründende Konjunktur der Geschichtswissenschaft ist zugleich eine Verpflichtung. Wer geschichtliche Zusammenhänge erforscht, muss auch die Frage stellen, welche Aussagekraft diese für unsere Gegenwart haben und für unsere Zukunft haben könnten. Die Frage birgt Risiken; die Antworten erst recht. Und dennoch gilt: Wer die Frage nicht stellt oder sich um die Antwort drückt, hat seine Aufgabe verfehlt und seine Legitimation verspielt – jedenfalls dann, wenn er in einer öffentlich getragenen Institution arbeitet. Das gilt im Übrigen nicht nur für die Zeitgeschichte. Es gilt – ohne Wenn und Aber – für alle unter dem Dach der Geisteswissenschaften versammelten Fächer. Zu den Pflichten ihrer Vertreter zählt auch, dass sie der Allgemeinheit die Ergebnisse ihres Forschens zugänglich machen – regelmäßig, überzeugend und verständlich. Die Möglichkeiten, das zu tun, sind vielfältig und reizvoll.

Zu ihnen zählt – erstens – die Lehre. Es ist wohl wahr, dass die neuen, auf das schnelle Durchschleusen von Massen angelegten Studiengänge die Entfaltungsmöglichkeiten aller Beteiligten stark einschränken, selbstverständlich auch der Lehrenden. Auch ist in Rechnung zu stellen, dass sich die Zusammensetzung des Auditoriums im Lauf der Jahre stark gewandelt hat. Neben der eigentlichen Studentenschaft finden sich in zeitgeschichtlichen Vorlesungen, um von diesen zu sprechen, in immer größerer Zahl interessierte Gasthörer ein.

Diese Entwicklung ist willkommen und durchaus als Kompliment an das Fach und seine Vertreter zu verstehen, stellt diese aber gleichzeitig vor bislang so nicht bekannte Herausforderungen. Einem so zusammengesetzten Auditorium in gedrängter Zeit ein komplexes und kompliziertes Thema so zu präsentieren, dass die Hörer am Ende der Veranstaltung auch einen Gewinn für das Verständnis ihrer Zeit verbuchen können, ist eine Aufgabe, der ein Dienstleister gewachsen sein muss.

Das gilt – zweitens – auch für Veröffentlichungen aller Art. Natürlich muss namentlich der zeitgeschichtliche wie der geisteswissenschaftliche Nachwuchs insgesamt zunächst mit Forschungsleistungen im engeren Sinne, also mit Dissertation und Habilitation, ein solides Fundament für die Hochschulkarriere legen. Auch sind alle Hochschullehrer verpflichtet, sich mit ihren Mitteln und Möglichkeiten am Forschungsprozess in ihrem Fach zu beteiligen.

Wer sich allerdings in Zeiten wie diesen, die nach Orientierung und Erklärung rufen, auf sein Forscherdasein beschränkt, wer nicht mehr oder minder regelmäßig die Ergebnisse seiner Forschungen in einer Form präsentiert, die von einer breiten, interessierten Öffentlichkeit wahrgenommen werden kann, wird seinem Auftrag als Dienstleister nicht gerecht. Ein deutscher Hochschullehrer mit seinen überschaubaren Lehr-, Prüfungs- und Verwaltungsverpflichtungen muss in der Lage sein, in nicht minder überschaubaren Abständen Monographien vorzulegen, die besagten Anforderungen genügen.

Vergleichbares gilt – drittens – auch für die Präsenz in den Medien. Natürlich rede ich nicht der Teilnahme am leeren Geschwätz des Boulevards oder des Feuilletons das Wort. Auch bin ich überzeugt, dass sich ein seriöser Vertreter seines Faches nicht zu allem und jedem äußern sollte. Vielmehr gilt auch hier, dass der Schuster bei seinem Leisten bleiben sollte. Dennoch gehört die Arbeit in und mit den Print- wie den elektronischen Medien zu den Aufgaben nicht nur des Zeithistorikers. Denn sie bieten Foren, auf denen man die Ergebnisse der eigenen, in aller Regel durch die Öffentlichkeit ermöglichten Arbeit nicht nur einem breiten, sondern gelegentlich auch einem Publikum vorstellen kann, das mit anderen, klassischen Mitteln wie dem Buch nicht zu erreichen ist. Vor allem aber bietet die Arbeit in und mit den Medien die Chance, direkt und vernehmlich an der Debatte über jene politischen, wirtschaftlichen oder kulturellen Themen teilzunehmen, die dem Land unter den Nägeln brennen. Ich denke dabei, um Beispiele aus der eigenen Arbeit zu nehmen, an die Diskussionen um Deutschlands außen- und sicherheitspolitisches Profil seit dem Zusammenbruch der alten Weltordnung oder an die jüngst aufgekommene Debatte über die Bedeutung familiengeführter Unternehmen für die Entwicklung der deutschen Wirtschaft und Gesellschaft.

Man mag es bedauern; man mag es beklagen; man mag es verdammen. Ändern kann man es nicht: Wer nicht auf die eine oder andere Weise in den Medien präsent ist, existiert nicht; und wer nicht existiert, wird auf dem freien Markt wenig Chancen haben; und wer auf dem freien Markt wenig Chancen hat, bleibt auf die öffentliche Hand angewiesen. Das hatten wir schon.

Allerdings sollten wir uns nichts vormachen: Wenn es um die Präsenz in den Medien geht, haben die Geisteswissenschaften keinen leichten Stand. Die Konkurrenz ist hart. Immerhin treten wir gegen Gesundheitsmagazine und Naturreportagen, Dokumentationen des technischen Fortschritts und Ratgeber in juristischen oder wirtschaftlichen Dingen an. Und dennoch hat gerade die Geschichte – um bei ihr zu bleiben – eine gute Chance. Historische Dokumentationen aller Art, die klassische Ausstellung eingeschlossen, haben Konjunktur. Offensichtlich suchen und finden die Zeitgenossen hier auch Antworten oder doch jedenfalls Anhaltspunkte für Antworten auf die drängenden Fragen unserer Zeit. In jedem Falle finden sie es faszinierend zu sehen, wie Staaten, Gesellschaften oder Individuen auch in früheren Zeiten oder anderen Kulturräumen gute und schlechte, triste und glanzvolle Zeiten durchlebt haben.

Und natürlich können sich auch die Macher solcher Dokumentationen nicht der Faszination dieses Mediums entziehen. Jedenfalls haben meine Mitarbeiter und ich bei der konzeptionellen und beratenden Mitwirkung an einer Reihe von Fernsehdokumentationen für öffentliche und private Rundfunkanstalten oder auch an großen Ausstellungen wie dem Dokumentationszentrum auf dem ehemaligen Reichsparteitagsgelände in Nürnberg stets das Gefühl gehabt, auch unserer eigenen Arbeit und damit unseren Studenten und Hörern neue Horizonte zu erschließen. Überrascht hat mich das nicht, weil ich immer schon der Überzeugung war, dass nicht nur der Kunde, sondern auch der Dienstleister selbst von seiner Arbeit profitiert – sofern er den eigenen wie den begründeten Ansprüchen und Erwartungen des Kunden, zum Beispiel der Studentenschaft, genügt.

Das ist natürlich leichter gesagt als getan, und als Faustregel gilt: Je leichter, je perfekter die Dinge von der Hand zu gehen scheinen, umso härter und intensiver ist die investierte Energie. Geisteswissenschaften sind und bleiben Kärrnerarbeit; Zeitgeschichte, um bei ihr zu bleiben, ist – viertens – immer auch Arbeit mit Quellen aller Art, allen voran mit und in Akten, und zwar in Bergen von Akten. Das ist zum Beispiel im Falle des Aktenbestandes einer Behörde, aufs Ganze gesehen, ein mühsames Geschäft. Aber es gehört zum Kerngeschäft des Historikers und es ist namentlich dann, wenn die Quellen für den Zweck einer Edition gesichtet und aufbereitet werden, eine Dienstleitung ersten Ranges.

So zum Beispiel im Falle der Akten des Auswärtigen Amtes und des Nachlasses von Willy Brandt, für die ich sprechen kann. Bei den „Akten zur Auswärtigen Politik der Bundesrepublik Deutschland“, die wir zu dritt im Auftrag des Auswärtigen Amtes für das Institut für Zeitgeschichte herausgeben, geht es zum einen um die Traditionssicherung dieses Ministeriums. Zum anderen aber und vor allem sollen die im Jahresrhythmus erscheinenden Bände die Mitarbeiter des Amtes wie die Öffentlichkeit ins Bild setzen, auf welchen Grundlagen die deutsche Außen- und Sicherheitspolitik der Gegenwart ruht und aufbaut. So gesehen ist auch diese Arbeit ein Beitrag zum Verständnis und zur Bewältigung einer unübersichtlichen Gegenwart.

Vergleichbares gilt für die „Berliner Ausgabe“ des Nachlasses von Willy Brandt. Sie erfolgt im Auftrag der überparteilichen Bundeskanzler-Willy-Brandt-Stiftung, die 1994 durch den Deutschen Bundestag ins Leben gerufen worden ist, und die – so der Text des entsprechenden Gesetzes – den Auftrag hat, „das Andenken an das Wirken Willy Brandts für Freiheit, Frieden und Einheit des deutschen Volkes und die Sicherung der Demokratie für Europa und die Dritte Welt, die Vereinigung Europas und für die Verständigung und Versöhnung unter den Völkern sowie für den Nord-Süd-Dialog zu wahren und so einen Beitrag zum Verständnis der Geschichte des 20. Jahrhunderts und der Entwicklung der Bundesrepublik Deutschland zu leisten“. Umfassender kann man einen Auftrag an die Geisteswissenschaften, in diesem Falle namentlich an die Zeitgeschichte, kaum formulieren.

Womit wir schließlich an einem sensiblen Punkt angelangt wären: Wissenschaft lebt von Aufträgen. In Aufträgen dokumentiert sich Nachfrage. Eine Institution oder Person, nach deren Leistungen keine Nachfrage besteht, hat geschäftlich beziehungsweise beruflich keine Legitimation und wenig Zukunft. Das gilt jedenfalls für das Wirtschaftsleben. Im öffentlichen Leben stellt sich die Lage – zumindest in weiten Bereichen des Wissenschaftsbetriebs – anders dar. Staatliche Alimentierung ersetzt die marktgesteuerte Nachfrage. Das ist nicht gesund, führt zu degenerativen Erscheinungen und ist dringend korrekturbedürftig.

Wer sich mit dem, was er als Forscher denkt und tut, nicht grundsätzlich auch auf dem freien Markt positionieren kann, muss sich die Frage nach der Legitimation seines Tuns und damit nach der Berechtigung seiner Alimentierung durch die öffentliche Hand gefallen lassen. Natürlich gibt es von Fach zu Fach zum Teil beträchtliche Unterschiede, haben es einige unter den obwaltenden Umständen leichter als andere, und selbstverständlich bleiben der Lehr- und Prüfungsbetrieb wie die Lehrerausbildung, jedenfalls auf absehbare Zeit, eine staatliche Angelegenheit. Aber grundsätzlich gilt das Gesagte für alle Wissenschaften, auch für die Geisteswissenschaften und allemal für die Zeitgeschichte.

Die Akquisition von Aufträgen und damit die Eigenfinanzierung jedenfalls eines Teils des Forschungsbetriebes ist mithin nicht nur – fünftens – eine weitere Möglichkeit, die den Geisteswissenschaften heute offen steht, es ist auch eine ihrer vornehmsten Aufgaben. Das häufig zu hörende Argument, solche Aufträge gefährdeten die Unabhängigkeit der Forschung, ist nur insoweit interessant, als es in aller Regel einiges über die entsprechenden Anstrengungen und Erfolge derer sagt, die es vortragen. Tatsächlich verfängt es nicht.

Die Unabhängigkeit einer wissenschaftlichen Dienstleistung hängt ja nicht vom Auftraggeber, sondern vom Forscher ab. So gesehen ist es gleichgültig, ob ein Auftrag durch eine staatliche Institution wie das Auswärtige Amt oder den Deutschen Bundestag oder durch eine private Einrichtung wie ein Industrieunternehmen erteilt wird. Dass die eine wie die andere mit ihrem Auftrag ein bestimmtes Interesse verfolgen, liegt auf der Hand und ist legitim; dass der Auftragnehmer an seiner Unabhängigkeit interessiert sein muss, um seinen Ruf nicht zu ramponieren und damit einen nächsten Auftrag, von welcher Seite auch immer, zu gefährden, liegt in der Logik dieser Dienstleistung.

Im Übrigen ist die Universität, in deren Gemäuern solche Aufträge ja in aller Regel abgewickelt werden, nach wie vor ein Garant für weitgehende Unabhängigkeit. Die Natur-, Ingenieur- und Lebenswissenschaften können hier auf eine lange, erfolgreiche Tradition zurückblicken. Einiges spricht dafür, dass es den Geisteswissenschaften bald ähnlich ergehen wird, wenn sie denn die Bereitschaft, die Energie und die kreative Phantasie mitbringen, die erstens vorhanden und zweitens mobilisiert werden müssen, wenn sie ihre Leistungen auf dem Markt mit Erfolg anbieten wollen.

Und damit das Ganze nicht wie folgenlose Zukunftsmusik klingt, will ich Ihnen – zum Abschluss und aus eigener Erfahrung – ein Beispiel geben, dass es gehen kann. Meine Mitarbeiter und ich haben in den letzten Jahren auf dem freien Markt Mittel in Millionenhöhe eingeworben. Unsere Quellen sind Industrieunternehmen, allen voran bedeutende familiengeführte Firmen der Region, aber auch Banken und andere Einrichtungen mehr. Die Mittel wurden und werden zweckgebunden vergeben.

Die Aufträge sind unterschiedlich gefasst – in aller Regel recherchieren wir aus diesem oder jenem Anlass die Geschichte der Unternehmen und schreiben sie auf, aber wir sichten und ordnen auch die Unterlagen großer und kleiner Firmen, bauen ihre Archive auf, suchen im In- und Ausland nach Dokumenten und fügen sie in das Firmengedächtnis ein oder wir konzipieren für Unternehmen historische Ausstellungen und filmische Dokumentationen. Mit den Mitteln, die uns so zur Verfügung stehen, richten wir Stellen für wissenschaftliche Mitarbeiter ein, finanzieren Dissertationsvorhaben oder geben interessierten und engagierten Studenten die Möglichkeit, sich auf diesem Feld umzutun.

Die Universität, die als Vertragspartner firmiert und damit den Auftraggebern unter anderem Rechtssicherheit garantiert, stellt die Infrastruktur zur Verfügung. Ein Beirat, der mit prominenten Vertretern aus den Reihen der Wirtschaft und der Politik, aber auch der Medien und des Ausstellungswesens besetzt ist, steht für die Qualität der Einrichtung. Und damit das Unternehmen, das in dieser Form im deutschsprachigen Raum beispiellos ist, nicht nur als Buchungsnummer in den Akten erscheint, haben wir ihm einen Namen gegeben: Das „Zentrum für Angewandte Geschichte" demonstriert und dokumentiert, was die Geisteswissenschaften in der modernen Welt leisten können und wohl auch leisten müssen, wenn sie die sich ihnen stellenden Aufgaben ernst nehmen.

Walter Slaje

Vernetzung als Planwissenschaft

Johannes Mehlig, dem dieser Beitrag aus Anlass seines am 8. Juli 2008 begangenen 80. Geburtstages zugeeignet ist, hat seinen Finger auf Wunden des DDR-Regimes gelegt, die die Gestalten geknebelter Universitäten, des strangulierten Geistes trugen, und hat seiner Darstellung eine Mahnung als Widmung vorangestellt: „Den Politikern in Bund und Ländern zur Mahnung".

„Zur Mahnung". – Wer hätte 1999, im Jahr des Erscheinens seines Buches, ernsthaft geglaubt, dass diese Mahnung schon so bald einen ausgesprochen hohen Aktualitätswert bekommen könnte? Denn die Wunden beginnen für die, die sehen wollen, erkennbar aufs Neue zu schwären. Wieder keimt Unfreiheit an den Universitäten auf. Und wieder lässt sich die beängstigende Beobachtung anstellen, dass einsetzende Gleichschaltung bei den einen Begeisterung auslöst, während die anderen sich konsensual in angestrengtem Wegschauen üben. Das mit Ignazio Silone in Verbindung gebrachte Zitat über den neuen Faschismus, der sich als Antifaschismus ausgeben werde, wenn er wiederkomme, lässt sich trefflich dahingehend abwandeln, dass auch die neue Unfreiheit an den Universitäten nicht sagen wird, „Ich bin die neue Unfreiheit." Vielmehr wird sie sagen: „Seht, ich bin die neue Freiheit. Meine Freiheit ist grenzenlos. Sie schließt euch alle in den gesamteuropäischen Hochschulraum ein." Auf die tiefere Beziehung zwischen Unfreiheit, Planwissenschaft und Zwangsvernetzung soll im Folgenden etwas näher eingegangen werden.

Bereits im Jahre 1952 hatte John Steinbeck hellsichtig die Erstickung freier Geister durch Formen des Produktionskollektivs diagnostiziert: „The group never invents anything".

Verordnete Kollektivierung

Von seiner Diagnose ausgenommen blieb die Wissenschaft. Das zeigt, wie gänzlich undenkbar es in den Vereinigten Staaten damals war – und heute noch ist –, die intrinsische Selbstbestimmtheit ihrer Vertreter auszuhebeln, um sie in normierte, staatlich kontrollierte Forschungskohorten einzugliedern. Die deutschen Hochschulpolitiker*Innen* bewunderten die Forschungserträge solch individueller und deregulierter Organisationsformen der Wissenschaft so uneingeschränkt, dass sie Imitation befahlen und dem ganzen Land gleich einmal flächendeckend die Einführung anglo-amerikanischer Studienstrukturen, Abschlüsse und Sprechweisen verordneten. Abgesehen von der kreativen Spitzenleistung, die sich mit der Nachahmung von mit Ursachen verwechselten Äußerlichkeiten verbindet, haben sie damit ungewollt den Nachweis erbracht, dass Steinbeck mit seiner ahnungsvollen Diagnose tatsächlich den ordnungspolitischen Ungeist deutscher Wissenschaftssteuerung des 21. Jahrhunderts beschrieben hat:

„When our food and clothing and housing are all born in the complication of mass production, mass method is bound to get into our thinking and to eliminate all other thinking. In our time mass or collective production has entered our economics, our politics, and even our religion [...]. Our species is the only creative species, and it has only one creative instrument, the individual mind and spirit of man. Nothing was ever created by two men. There are no good collaborations, whether in music, in art, in poetry, in mathematics, in philosophy. Once the miracle of creation has taken place, the group can build and extend it, but the group never invents anything. The preciousness lies in the lonely mind of man. And now the forces marshaled around the concept of the group have declared a war of extermination on that preciousness, the mind of man. [...] And this I believe: that the free, exploring mind of the individual human is the most valuable thing in the world. And this I would fight for: the freedom of the mind to take any direction it wishes, undirected. And this I must fight against: any idea, religion, or government which limits or destroys the individual".

Systematische Unterdrückung der Freiheit beginnt in der Regel mit Eingriffen in die Sprache. Mittels Sprachregelung versucht man das Denken der Menschen schleichend zu manipulieren, durch Tabuisierung, Umdeutung, Neuschöpfung, oder Begriffsersetzung. Es sind gewissermaßen DNA-Spuren, wie sie alle totalitaristischen Gesinnungstäter hinterlassen. Auch Name und Ansehen der „Universität" wurden so lange mit dem Begriff der „Hoch-Schule" unterspült, bis ihr der feste Grund wegbrach und letztere an ihre Stelle trat.

Blicken wir tiefer: Der daran geknüpfte Begriff des Hochschul-Lehrers blendet den wesentlichsten Aspekt wissenschaftlichen Bemühens, nämlich der Forschung, bereits völlig aus, was wohl Zweck der Übung war. Ob Vorschul-, Grundschul-, Ober-, Unter- oder Hochschul-Lehrer: Mit polit-propagandistisch geächtetem Lehrer-Gesindel wird man allzeit spielend fertig. Wer erinnert sich nicht an Gerhard (Gerd) Schröder, deutscher Bundeskanzler (1998–2005), der am 29. März 1995 als niedersächsischer Ministerpräsident Lehrer als „faule Säcke" bezeichnete, oder an Günther H. Oettinger, seit 2005 Ministerpräsident von Baden-Württemberg, der am 10. März 1999 Lehrer über 50 als „faule Hunde" qualifizierte.

Anders verhält es sich mit Universitäts-Professoren: Diese hatten sich – jedenfalls früher – als unabhängige Forscher auf zahllosen Gebieten gesellschaftliche Achtung erworben. Wohlgemerkt: aufgrund ihrer Forschung, nicht weil sie über irgendeine messbare Qualifikation als Lehrer verfügt hätten. Denn eine solche Funktion galt – anders als an Schulen – an Universitäten zu recht stets als nachrangig. Das einmal erworbene Ansehen forschender Universitätspersönlichkeiten blieb in der Bevölkerung weiterhin bestehen. Das war ärgerlich und zwang dazu, eine möglicherweise langwierige – und wenig zeitökonomische – Diffamierungskampagne gegen Universitätsprofessoren dadurch abzukürzen, dass man sie begrifflich kurzerhand zu Lehrern degradierte. Das Geschäft des professoralen Rufmords und der – nach begangener Tat – unvermeidbaren behördlichen Forschungsaufsicht wurde dann glatt und in einem besorgt.

Der ersichtlich leicht errungene Erfolg lud förmlich dazu ein, den unter Kuratel Gestellten weitere Bevormundungen zuzumuten. So gefiel der immer mehr in Gang kommenden zentralistischen Forschungslenkung die Idee einer Promotions-Schule, was zu einer Hoch-Schule ja auch wirklich passt. Das neudeutsche Wort dafür ist „Graduate School". Und wieder keimt der gewiss nicht unbegründete Verdacht auf, der Anglizismus solle den Blick hinter die Fassade verstellen. Das schillernde Fremdwort ist aber schnell entzaubert und in seine verdiente Banalität gebannt, wenn man es – lästerlich, weil entlarvend – im Kontext ins Deutsche übersetzt. Denn dann ginge man als deutscher Promotions-Schüler auf eine Promotions-Schule, um dort seine Doktorarbeit zu schreiben. Nicht eben modern und zukunftsweisend. Wirkt es da nicht entschieden weltläufiger, als deutscher Graduate Student an einer Graduate School in Deutschland seinen Post-Graduate Studies nachzugehen, mit eigenem Coach für einen *Pi Ätsch Di*?

Die Frage nach linguistisch modischen Denominationen erzwingt hier geradezu einen knappen Exkurs: Denn wer kennte unter vielen anderen nicht auch die neue Vokabel des „Exzellenz-Clusters"? Doch was heißt das Kompositum eigentlich? Das Deutsche Universalwörterbuch (Duden von 2001) führt für Cluster unter anderem die Bedeutung „a) pathologische (2) Zellwucherung, und b) anfallweise auftretender Schmerzzustand" an. Das kann kaum die intendierte Bedeutung sein. Nehmen wir daher an, Cluster sei vielleicht gar nicht so deutsch, wie das deutsche Vorderglied „Exzellenz" zunächst einmal nahelegen würde, sondern eigentlich Englisch. Die Wörterbücher erklären uns, dass engl. cluster ein „Bündel" oder einen „Haufen" bezeichne. Und dass man es mit dem Plural jener Einzelteile konstruiere, aus denen das cluster sich zusammensetzt („of flowers, bees, grapes, houses, trees," etc.). Exzellenz ist demgegenüber ein Abstraktnomen im Singular. Man kann kein Bündel eines einzelnen Abstraktums bilden. Daraus ergibt sich schlüssig, dass mit Exzellenz nur eine Persönlichkeit gemeint sein kann, die ebendiese Qualität besitzt. Dann könnte man Exzellenz-Cluster korrekt als „Haufen einer Exzellenz" – oder sogar als „Haufen vieler Exzellenzen" übersetzen. Das wird aber niemand tun, weil es so unappetitlich klingt. Das unbeholfene Dubbish – das ist Deutsch und Rubbish als eine weiterentwickelte Form des hierzulande so vorzüglich beherrschten Denglish – offenbart den Begriffshorizont derjenigen Bildungsträger, die das und Schlimmeres geschaffen haben ebenso wie den Horizont jener, die den größten Unsinn gehorsamst akzeptieren, wenn er nur von oben angestoßen wurde und wenigstens entfernt nach Englisch klingt. Schon vor 40 Jahren wusste die Londoner Times, dass „die Deutschen in ihrem typischen Hang zur Sprachunterwürfigkeit (linguistic submissiveness) nicht in der Lage seien, eigene Werte und Traditionen in ihrer eigenen Sprache zu vermitteln". Man darf also festhalten, lieber schlechtes Englisch als gutes Deutsch an deutschen Universitäten. Gläubige Kollegen haben es vermutlich etwas leichter, über all den Narreteien die Gemütsruhe nicht zu verlieren, denn sie können Trost im Lukasevangelium suchen, wo es heißt: „Vater, vergib ihnen, denn sie wissen nicht, was sie tun" (Luk 23, 32–34).

Ursachen der Zwangsvernetzung

Mit derselben qualitativ selbstentlarvenden Gründlichkeit wurde das eigene Hochschulsystem zerschlagen und der Wissenschafts-Suizid seiner Professoren eingeleitet. Doch nichts kommt von nichts, und alles hat seine Ursachen. Es sind besonders Ursachen, die den Forscher in ihren Bann ziehen: Könnte es denn sein, dass die überwiegende Mehrzahl unserer heutigen Hochschulplaner das geistige Produkt eines fortgeschrittenen Selbstinfantilisierungsprozesses der Gesellschaft abbildet? Dass ihr geradezu naiver Glaube an die Möglichkeit einer passgenau modularisierten Universitätslandschaft und ihre damit einhergehenden Planungsmuster mit hoher Wahrscheinlichkeit einer kindlichen Prägung geschuldet sind? Man denke etwa an Baukastensysteme eines Unternehmens wie Lego: Jeder industriell vorgefertigte Stein passt dort mit Notwendigkeit nahtlos auf den anderen, und alles zusammen muss immer ein glattes Ganzes ergeben, sonst hat man etwas falsch gemacht. Es dräuen Tadel der Eltern, Gespött der Spielkameraden. Erkennt man darin nicht geradezu musterhaft die zwanghaften Bemühungen wieder, alles, was hochschulpolitisch Ecken und Kanten hat, was individuell auch nur irgendwie vorkragt, angestrengt so lange umzubauen, bis es endlich in den mitgelieferten Bauplan aus vorgegebenen Modulen passt? Andernfalls muss es kaputtgemacht und neu versucht werden. Man sollte nicht unterschätzen, dass der gesamte Wissenschaftsbetrieb heute faktisch von Exponenten der „Legoland-Generation" gesteuert wird. Eine wissenschaftliche Untersuchung der Kindheitsprägungen durch modular normiertes Spielzeug und seine Auswirkungen auf Denk- und Handlungsmuster europäischer Hochschulplaner im (biologischen) Erwachsenenalter wäre sicher ein lohnendes Forschungsthema. Vielleicht ergeben sich daraus unerwartete Einsichten in verborgene Ursprünge der doch beklemmend gleichförmig in den Geist der Planer von Bologna gestanzten Einheitsmuster, nach denen sie ihr eigenes Handeln ausrichten und es bekehrungseifrig auch allen anderen aufdrängen wollen. Aber auch ohne gesicherte Diagnose müssen wir uns mit deren Architekturmustern auseinandersetzen, die darauf angelegt sind, mittels Organisationsformen systematischer Zwangsvernetzung Einzelfächern ihre Individualität und etablierte Identität zu nehmen und die selbstbestimmte Einzelforschung als schwer oder gar nicht kontrollierbar abzuschaffen. Dahinter stehen als unausgesprochene Prämissen auch die, dass (1) geisteswissenschaftliche Erkenntnis vorhersehbar, ihre Erzielung plan- und organisierbar, die beste aller wissenschaftlichen Organisationsformen das Kollektiv sei, und dass (2) Masse Klasse kompensiere.

Prämisse 1: Vorhersehbarkeit und kollektive Organisierbarkeit geisteswissenschaftlicher Erkenntnis

Fächervielfalt gilt ökonomiegesteuerten Wissenschafts-Effizienzprogrammen als widersetzlich. Es kommt daher zu Systemzwängen durch Vernetzung. Diese Systeme wiederum bilden in erster Linie ökonomische Interessen, aber keine freie und selbstbestimmte Wissenschaft ab. Vernetzungen werden daher bedenkenlos auch ohne fachlich inneren Zusammenhalt aufoktroyiert. Hintergrund ist eine a priori Hierarchisierung zweier andersgearteter Kategorien: Die bloße Organisationsform „Vernetzung" wird als Kategorie in Beziehung gesetzt zu einer völlig anderen, der des geisteswissenschaftlichen „Fachs", und sodann über letztere gestellt. Damit werden Organisationsstrukturen geschaffen, die zwar ohne inneren Bezug zu den einzelnen Wissenschaften stehen, diese aber dominieren.

Diese Form von Zwangsvernetzung führt dazu, dass die Fachvertreter sich in die Randzonen ihrer akademischen Disziplinen begeben müssen, um Übergänge zu schaffen. Besonders bei sogenannten Kleinen Fächern – ich für meinen Teil bevorzuge den Begriff „ausstattungsbenachteiligte Fächer" – mit sehr wenigen oder nur einem einzigen Fachvertreter müssen dann die Kernbereiche zugunsten der Peripherie – und in diesem Sinne oft auch nur peripherer Probleme – vernachlässigt werden, um vorgegebene „Themenachsen" zu bedienen. Die oft bemühten „Tellerränder", über die der engstirnige Forscher angeblich nicht hinausblickt, sind als Vergleich nur sehr bedingt brauchbar, weil sie mit verallgemeinernden begrifflichen Abstraktionen arbeiten, die die unterschiedlichen Perspektiven der Wirklichkeit, also die Breite und innere Anlage ungleicher Fächer, nicht adäquat abbilden. In einem bloß diskursiven Rahmen erscheint das Allgemeine in Zusammenhängen stimmig, büßt diese Stimmigkeit aber dann ein, wenn die Konkreta an ihre Stelle treten. Konkret nun liegt der Rand einer Mokka-Untertasse seinem Mittelpunkt doch erheblich näher als der Orbis einer gedachten Weltscheibe. Hier einem fachfremd von oben angestoßenen Prozess zur strukturellen Steuerung wissenschaftlicher Forschung auf Zuruf nachzukommen, wäre absurd.

Kooperations-Verordnungen, die weder inneren Fragestellungen noch der intrinsischen Dynamik der Fächer entspringen, würden die Forschung in Randzonen zwingen, um in Erfüllung planerischer Aufträge periphere Schnittstellen aufzuspüren. Die Kernaufgabe solcher Professuren wäre es aber gerade, die Erforschung ihrer eigenen Felder abzudecken und den wissenschaftlichen Nachwuchs hochspezialisiert, das heißt international konkurrenzfähig zu Absolventen historisch gewachsener, nicht kurzfristig zu solchen „ernannten", Elite-Universitäten auszubilden. Der drohenden Alzheimerisierung der Universitäten durch Schließung massenuntauglicher Studiengänge muss entgegengewirkt werden, sonst kommt es unweigerlich zum Verlust der wissenschaftlichen Autonomie des ganzen Landes. Erkenntnisorientierte Grundlagenforschung bliebe in weiten Teilen völlig dem Ausland überlassen.

Die apodiktisch vorgetragene Superiorität von „Vernetzung" ist im Bereich der Geisteswissenschaften nämlich unbewiesen und bleibt unbeweisbar. Ihre Erzwingung stellt ein unumkehrbares Experiment durch Hochschulfunktionäre dar. Man kann, sollte es sich nicht bewähren, nicht zu den bewährten Formen zurück. Ein Irrtum der Planer ist nicht vorgesehen: „Was mit der Zwangsabschaffung der alten Studiengänge aber bewirkt wird, ist nichts anderes als die Vernichtung der Kontrollgruppe. Damit wird es in der Zukunft unmöglich, festzustellen, ob die Beibehaltung (ausschließlich oder parallel) der alten Abschlüsse nicht doch besser gewesen wäre. Dies passiert ohne Not. Man darf sich daher fragen, wieso dieser Weg dennoch mit derartiger Vehemenz eingeschlagen wird. Die meines Erachtens überzeugendste Erklärung ist in der wirtschaftswissenschaftlichen Theorie des rationalen Herdenverhaltens zu finden" (Winter 2005). Dieser Vorgang ist irrational, denn man beruft sich auf dogmatisierte Mehrheitsmeinungen. Empirie und gesichertes Wissen bleiben außen vor. In der Wissenschaft sind mehrheitsfähige Abstimmungsprinzipien hinsichtlich der richtigen Richtung aber nicht möglich. Die Geschichte des Wissens zeigt, dass über wissenschaftlich Richtiges und Falsches weder demokratisch abgestimmt noch machtpolitisch bestimmt werden kann. Weder Masse (Mehrheitsmeinung und Kollektiv) noch Macht (Universitätsleitung und Dienstherr) sind brauchbare Indikatoren für richtig oder falsch. Freie Wissenschaft verträgt weder Steuerung noch Dogma. Die gegenwärtig doktrinär gesteuerte Wissenschaftsorganisation ist ein Rückfall in die Irrationalität vorwissenschaftlicher Glaubensinhalte. Interdisziplinarität wurde zum dogmatischen Leitbegriff unserer Tage erhoben. Aus freien Stücken aufgrund immanenter Notwendigkeit gesucht, ist sie ein möglicher Weg, den man bejahen wird wie andere Wege auch. Mehr nicht.

Dass mit den als innovativ gepriesenen, kollektiven Organisationsformen in Wahrheit das kommunistische Wissenschaftskollektiv Wiederauferstehung feiert, wird dabei überwiegend mit Begriffen verschleiert, die alle zur Netz-Semantik gehören. Die verräterische Metapher lässt sich allerdings passend weiterspinnen: Mit Netzen wird gefangen, oder man verfängt sich darin. Keines von beiden kann im Interesse freier Wissenschaft liegen. Zu all dem passen auch die mit „Exzellenz"-Rhetorik angereicherten, hochschulpolitisch konfektionierten Netzwerk-Förderprogramme. Mit derlei Forscher-Netzen fischen aber die, denen der Sinn nach Wissenschaftsregulierung entsprechend zeitgeistkonformen Kriterien steht.

Man vergegenwärtige sich kurz die Vorgeschichte: Es waren deutsche Flagellanten, die sich zuallererst für die wissenschaftlichen Versagenssünden ihrer Nation vor aller Öffentlichkeit selbst geißelten, und die mit ihrem Wehgeschrei dann auch andere dazu antrieben, in das unbegründete Krankjammern einzustimmen, um hinterher, als der Patient sich endlich für sterbenskrank hielt, mit kollektivem Gesundbeten und quacksalberischem Anpreisen der selbst entwickelten Heilmittel zu beginnen, an deren Verkauf sie ausgezeichnet verdienen. Besonders das, wo „Akkreditierung" draufsteht, wird sehr gerne verordnet. Ob der Patient die Zwangsbehandlung überlebt, spielt dabei keine Rolle. Denn selbstverständlich hat man die Wirksamkeit auch dieses Mittels im Vorfeld seiner Anwendung nie auf seine allgemeine Verträglichkeit hin getestet. Niemandem fiel auf, dass Außenstehende von der deutschen Krankheit zum wissenschaftlichen Tode gar nichts wahrgenommen hatten, und dass sie sich über das absurde Treiben nicht genug amüsieren konnten: Im Resultat heftet man hierzulande ja das Etikett beispielloser Unübertrefflichkeit bereits an, noch ehe die behauptete und akkreditierte Exzellenz überhaupt Gelegenheit hatte, sich in der Wirklichkeit zu beweisen. Mithin werden virtuelle Prädikate im Voraus verliehen, auf der Grundlage überlegener, das heißt an die Vernetzungs-Erwartung der Geldgeber ausdrucksvoll angepasster Antragsformulierungen. Das öffentlichkeitserprobte Prinzip, Verpackungen Gütesiegel ungeachtet ihres Inhalts aufzudrücken, da dieser ohnehin erst später ans Licht kommt, hat man offenbar Strategien der Werbebranche nachempfunden. In der Wissenschaft ist so etwas grotesk. Niederschmetternd bleibt, dass die ersehnte Anerkennung wieder nicht von außen kommen will: Deutsche Exzellenzen tragen stets nur deutsche Binnen-Orden.

Prämisse 2: Masse kompensiert Klasse

Wissenschaftliche Systeme lassen sich nicht durch einflussnehmende Steuerung von außen optimieren. Freie Geisteswissenschaft braucht daher kein Generalkommando von Führungsfunktionären, die in der Regel und vorwiegend auf Verdienste in der Wissenschaftsadministration pochen können. Sie braucht sich auch keine Leistungs-Zertifikate von Brigaden wissenschaftlicher Produktionsaufsichtsgemeinschaften ausstellen zu lassen. Im Grunde sind nämlich genau das die Rahmenbedingungen, die man geschaffen hat, um abhängige Fachvertreter an unfreien Universitäten zu bevormunden und sie einem Steuerungs- und Controlling-Prozess zu unterwerfen, der naturgemäß fest in den Händen der Hochschulplaner liegt. Das sind, nur zur Erinnerung, jene, denen keine Fehler unterlaufen, weshalb es – in maßloser Selbstüberschätzung – weder Erprobungsphasen gibt noch einen Plan B braucht.

Vielmehr optimiert sich Wissenschaft selbst und ganz von allein durch methodisch unbehinderte Bemühung und freie Entfaltung der geistigen Kräfte aller Fachvertreter. Ergebnisse unabhängiger Forschung stellen sich bekanntlich auf nicht planbare und unvorhersehbare Weise ein, als Summe frei wirkender Kräfte. Dabei ist die angebliche Superiorität der Vielzahl gegenüber der Einzahl im Kontext qualitativ zu bewertender Forschung nichts anderes als ein von Gläubigen – mit der für sie charakteristischen Inbrunst – vertretener Glaubenssatz. Zwar soll Sport im Verein am schönsten sein, und nicht wenige sind bekanntlich der Meinung, das verhalte sich genau so auch beim Sparen. Aber neuerdings flüchtet sich ja sogar die deutsche Wissenschaft zunehmend, vielleicht, weil sie die eigene Kreativität geflohen hat, in die verordnete Vereinswissenschaft, ihr Heil in geteilter Verantwortung suchend.

Eine Gruppe kann allerdings nie besser sein als ihr schwächstes Glied. Dessen Minderleistungstransfer auf alle anderen ist solchen Organisationsformen immanent. Eigenverantwortung wird dabei verschleiert. Das wiederum widerspricht dem stets öffentlichkeitswirksam beschworenen Wettbewerbsprinzip. Dasselbe gilt für Quotierungen beispielsweise in jenen Fällen, wo mittlerweile die ethnische Herkunft als qualifikationsäquivalent und exzellenzadäquat anerkannt wird. Das Wort vom „Wettbewerb" ist geheuchelt, wenn es ideologisch unterlaufen wird. Die Universität ist weder eine Einrichtung zur Förderung wissenschaftlicher Sozialfälle noch die Bühne, auf ihr wie auch immer geartete Träume von „Weltgerechtigkeit" zu verwirklichen. Ihre Aufgaben im Bereich der geisteswissenschaftlichen Grundlagenforschung definieren sich über Wahrheitsfindung. Wahrheiten sind nicht immer schön, manchmal sogar schmerzlich. Und keinesfalls sind sie mehrheitsfähig, daher auch nicht hierarchisierbar. Sie entziehen sich als Erkenntnisobjekt dem Einfluss von Macht und Mehrheiten. Wer die prinzipielle Superiorität von geisteswissenschaftlicher Mehrheitsforschung vertritt, setzt letztlich auf die Kompensation von Einfallslosigkeit durch Masse. Genau das definiert die hier vor sich gehende Umsetzung der in Bologna angestoßenen Reformpolitik.

Hinter dem Glauben an die Organisierbarkeit geisteswissenschaftlicher Erkenntnisse verbirgt sich ein sehr naiver und damit sehr realitätsferner Glaube, wonach es sich um Quantitäten handle, die sich additiv auch als Qualitäten darstellen lassen müssten. Zehn Maler malten wohl ein zehnfach schöneres Bild als nur einer? Kein Mozart käme gegen die höhere Qualität einer Komposition an, wenn nur ausreichend viele Komponisten sich zugleich daran versucht hätten? Von einer fünfzigköpfigen Forschergruppe wäre dann tatsächlich zu erwarten, eine qualitativ fünfzigfach höhere geisteswissenschaftliche Leistung zu erbringen oder eine wahrere Wahrheit zutage zu fördern als ein Einzelforscher alten Stils es je vermocht hätte?

Seltsamerweise stammen die großen Würfe, bahnbrechenden Einsichten und Werke immer von unabhängigen, freien Köpfen. Was waren denn die universitären Bedingungen, die die deutsche Geisteswissenschaft so prosperieren ließen, dass sie sich einen Weltruf sichern konnte, von dem sie heute immer noch zehrt? Sicher nicht die organisierte Rudelbildung, und sicher nicht der Pferch geisteswissenschaftlicher Zwangskollektive. Geisteswissenschaft ist ein schöpferischer, aber kein im Sinne industrieller Herstellung produktiver Prozess. Das ist eben der Unterschied zwischen Schaffen und Produzieren. Die Universität ist kein produzierendes Gewerbe, ein Professor kein gewinnspannenorientierter Krämer, seine Wissenschaft keine Bauchladenware, die er konsumierenden Studenten feilschend feilhält. Neuerdings ist man gar gehalten, Studierende als Konsumenten zu umgarnen. Konsumenten des Wissens also. Doch wer konsumiert, verbraucht und scheidet aus. Und so ähnlich wird man es sich wohl gedacht haben: Der geplante Abbau des Wissens regt den Appetit des Konsumenten neuerlich an, stimuliert seine Nachfrage, die wiederum mittels Erhöhung der Wissensproduktionsquote befriedigt werden kann.

Wer Geisteswissenschaft damit verwechselt, teilt sich seine Begabung für Wissenschaft mit der Grazie des Elefanten, Ballet zu tanzen, und sollte seine Begabung daher besser solchen Feldern zur Verfügung stellen, für die sie sich eignet. Die Geisteswissenschaft hat mit der Kunst gemeinsam, dass auch sie auf Inspiration und Kreativität angewiesen ist, auf Muße zum Nachdenken, wie sie durch wissenschaftliche Plansollmaßnahmen nicht herbeigeführt werden kann. Neue, noch nicht gekannte Einsichten lassen sich schwerlich geplant herbeiorganisieren, denn dazu müsste man sie ja bereits vorher kennen. Was außerhalb der Vorstellungskraft auch des besten Theoretikers liegt und damit seinen Horizont überschreitet, könnte auch er nicht als Forschungsergebnis vorherplanen. Die Organisation kann der Idee nicht befehlen, sich rechtzeitig einzustellen. Das verstimmt die Organisation.

Die Chancen, dass ein ergebnisoffen neugierig forschender Empiriker in Zonen des noch nicht Gesehenen, noch Ungedachten vordringt, sind bei diesem in weit höherem Maße gegeben als bei jemandem, den man ins Korsett des beschränkten Vorverständnisses seiner Planer geschnürt hat, und von dem man die fristgerechte Erbringung gemeinschaftlich geplanter und vereinbarter Ziele erwartet. Die natürliche Beschränkung aller Planwissenschaft ist, dass sie immer nur Modi des Bekannten planen kann. Planerisches ist Vorhersehbares und in erkenntniswissenschaftlichem Sinne daher nie wirklich „neu". Die vorhergeplante „Innovation" verdient den Namen nicht unbedingt. Von Theorie und Wirklichkeit als zwei entgegengesetzten Kategorien taugt die erste vielleicht zur Erklärung der zweiten, aber gewiss nicht dazu, die Wirklichkeit, und damit eben auch die Wirklichkeit der Forschung, nach ihren diskursiven Denkstrukturen zu gestalten. Die Wirklichkeit liegt ihrer Theorie voraus, nicht umgekehrt.

Ergebnis

Die Universität müsste für die Pflege der Geisteswissenschaften daher nicht mehr tun, als ein geistig entspanntes, schöpferisches Klima zu erzeugen und für ein gedeihliches Forschungsmilieu zu sorgen. „[...]das Reglementieren und Uniformieren ist in diesen Dingen vom Übel, und der Staat sollte sich darauf beschränken, dasjenige, was aus freier Initiative hervorgegangen gedeiht, materiell zu fördern." (Wilamowitz) Man braucht als ersten Schritt bloß die Zielmarken der Studentenzahlen zu reduzieren. Unlängst war zu lesen, die renommierte University of Chicago bilde bei mehr als doppelt so vielen Professoren mit deutlich geringerer Lehrverpflichtung nur etwa ein Drittel der Zahl von Studierenden an der Universität Münster aus. So schafft man Eliten! Diesem erprobten Muster gegenüber aber wird die in Deutschland vertretene Ideologie, Eliten müsse man scheffelweise produzieren, alles andere sei ungerecht, einmal mehr an der Realität scheitern. Masse und Klasse schließen einander aus. Auch das Ankleben von Etiketten wo Elite draufsteht aber keine drin ist, wird diese Tatsache nicht lange verschleiern können.

Im bloßen Ausbringen von Humus in Form eines tauglichen, entschleunigten Arbeitsklimas, das auf Vertrauen baut – den Professoren aber nicht einseitig mit grundlegendem Misstrauen begegnet –, wäre das Geld der Universitäten ertragreicher investiert als in der gegenwärtig grassierenden Bestallung umherschnüffelnder Leistungswarte, auf tabudeutsch: Evaluationsbeauftragter, um Kontrolle auszuüben und „Minderleistungen" nach oben zu melden. Der intellektuelle Sauerteig an Universitäten wird, statt ihn aufgehen zu lassen, durch Aufsicht und in Zwangskollektiven zu ersticken versucht. Denn Kollektive kann man nicht nur besser steuern und kontrollieren, sondern glaubt auf diese Weise den Erfolg auch noch herbeizuzwingen. Vernetzungszwang aber ist Methodenzwang. Wissenschaftliche Fragestellungen und Wege, das heißt Methoden zu ihrer Lösung, müssen sich demgegenüber aus der inneren Anlage der Fächer völlig frei ergeben können. Sie dürfen nicht – von bürokratischen Gleichschaltungsprozessen fremdbestimmt – ferngesteuert werden. Es muss Versagensrisiken in der Forschung geben können, denn genau das ist der Preis ihrer Freiheit. Freiheit und Sicherheit schließen sich mit Notwendigkeit aus, wie im wirklichen Leben so auch in der Wissenschaft. Wer kontrolliert, fürchtet die Freiheit. Wer an Universitäten die Geisteswissenschaften kontrolliert, fürchtet deren geistige Freiheit.

Es ist – vor allem im Lichte der politischen Geschichte des vergangenen Jahrhunderts – in der Tat an der Zeit, wieder wachsam zu werden und einem mächtig einsetzenden, totalitaristischen Überwältigungsversuch durch eine dirigistische Wissenschaftsnomenklatura, die sich ungebeten an die Macht gebracht hat, wirksam zu begegnen, ehe es zu spät ist.

Womit wir wieder bei John Steinbeck wären, der Johannes Mehligs Werdegang antizipiert haben mag, als er den eingangs zitierten Satz formulierte: „And this I must fight against: any idea, religion, or government which limits or destroys the individual."

Harald Welzer

Der Klimawandel und die Renaissance alter Konflikte

Das auf unablässiges Wachstum gebaute westliche Gesellschaftsmodell, so erfolgreich es ein Vierteljahrtausend lang war, kommt nun, in dem Augenblick, wo sein Siegeszug global wird und selbst kommunistische und gerade noch kommunistisch gewesene Länder in den Attraktionsrausch eines Lebensstandards mit Auto, Flatscreen und Fernreise gezogen hat, an eine Grenze seines Funktionierens, mit der in dieser Konsequenz kaum jemand gerechnet hätte.

Die Emissionen, die der Energiehunger der Industrie- und immer mehr auch der Schwellenländer produziert, drohen das Klima aus dem Takt zu bringen. Die Folgen sind jetzt schon sichtbar, für die Zukunft aber unabsehbar; gewiss ist nur, dass die schrankenlose Vernutzung fossiler Energie nicht endlos weitergehen kann und dass dieses Ende nicht, wie lange Zeit angenommen, vom Versiegen der Ressourcen diktiert ist, sondern von der Unbeherrschbarkeit der Folgen ihres Verbrennens. Aber nicht nur deshalb, weil die Klimawirkungen der emittierten Schadstoffe ab einem Schwellenwert der Erwärmung um etwa zwei Grad nicht mehr kontrollierbar sein werden, kommt das westliche Modell an seine Grenze, sondern auch, weil eine globalisierte Wirtschaftsform, die auf Wachstum und Ausbeutung von Naturressourcen setzt, als weltweites Prinzip nicht funktionieren kann. Denn logisch funktioniert sie nur dann, wenn Macht sich an einer Stelle der Welt akkumuliert und an einer anderen Stelle angewendet wird; ihr Wesen ist partikularistisch, nicht universal – nicht alle können sich gegenseitig ausbeuten. Da die Astronomie noch keine kolonisierbaren Planeten in Reichweite anbieten kann, kommt man um die ernüchternde Feststellung nicht herum, dass die Erde eine Insel ist. Man kann nicht weiterziehen, wenn das Land abgegrast und die Minen abgebaut sind.

Da nun aber die Überlebensressourcen schwinden, zumindest in manchen Regionen Afrikas, Asiens, Osteuropas, Südamerikas, der Arktis und der Inselstaaten im Pazifik, finden immer mehr

Menschen immer weniger Grundlagen zur Sicherung ihres Überlebens vor. Es liegt auf der Hand, dass dies zu Gewaltkonflikten zwischen denen führt, die sich von ein und demselben Stück Land ernähren oder aus derselben verrinnenden Wasserquelle trinken wollen, und genauso liegt es auf der Hand, dass man in absehbarer Zeit Umwelt- und Kriegsflüchtlinge nicht mehr sinnvoll voneinander unterscheiden können wird, weil neue Kriege umweltbedingt entstehen und Menschen vor der Gewalt fliehen. Da sie irgendwo bleiben müssen, entwickeln sich weitere Gewaltquellen – in den Ländern selbst, in denen man nicht weiß, wo man hin soll mit den Binnenflüchtlingen, oder an den Grenzen der Länder, in die sie hineinwollen, wo man sie aber auf keinen Fall haben möchte.

Der Zusammenhang von Klimaveränderungen und Gewalt ist nur in einigen Fällen, wie beim Krieg in Darfur, direkt, geradezu mit Händen zu greifen. In vielen anderen Kontexten heutiger und künftiger Gewalt – in Bürger- und Dauerkriegen, im Terror, in illegaler Migration, in Grenzkonflikten, in Unruhen und Aufständen – besteht die Verbindung zwischen Klimawirkungen und Umweltkonflikten nur indirekt und vor allem in der Weise, dass die Klimaerwärmung die globalen Ungleichheiten in den Lebenslagen und Überlebensbedingungen vertieft, weil sie die Gesellschaften sehr unterschiedlich trifft.

Aber ganz gleich, ob Klimakriege eine direkte oder indirekte Form dessen sind, wie Konflikte im 21. Jahrhundert gelöst werden – die Gewalt hat in diesem Jahrhundert eine große Zukunft. Es wird nicht nur Massenmigrationen sehen, sondern gewaltsame Lösungen von Flüchtlingsproblemen, nicht nur Spannungen um Wasser- oder Abbaurechte, sondern Ressourcenkriege, nicht nur Religionskonflikte, sondern Überzeugungskriege. Ein zentrales Merkmal der Gewalt, wie sie vom Westen ausgeübt wird, besteht im Bemühen darum, diese so weit irgend möglich zu delegieren – an private Sicherheits- und Gewaltunternehmen oder im Fall der Grenzsicherung dadurch, dass die Grenzen nach außerhalb, in wirtschaftlich und politisch abhängige Länder verlegt werden. Auch die sicherheitspolitischen Bemühungen, Täter schon dingfest zu machen, bevor sie Taten begangen haben, also die Vorverlagerung von Tatbeständen, gehört in diesen Prozess der wachsenden Indirektheit von Gewalthandeln. Während der Westen nicht nur zum direkten Mittel des Krieges wie in Afghanistan und im Irak greift, sondern Gewalt bevorzugt auslagert und indirekt macht, lassen sich in anderen Ländern Gesellschaftszustände beschreiben, in denen Gewalt permanent und die zentrale Bedingung ist, unter der Menschen ihr Leben zu fristen versuchen. All dies ist Ausdruck jener Asymmetrie, die vor 250 Jahren weltgeschichtlich bestimmend geworden ist, sich bis heute fortschreibt und durch die Klimaerwärmung vertieft wird.

Die Sozialwissenschaften sind schwach darin, Szenarien zu entwickeln und Prognosen zu wagen – man kann heute nicht wissen, welche Wanderungen das Auftauen der Permafrostböden in Sibirien in Gang setzt oder welche Gewalt die Überflutung einer Megacity oder eines ganzen Landes. Und noch weniger kann man wissen, wie Menschen auf künftige gefühlte Bedrohungen reagieren werden und welche Folgen wiederum diese Reaktionen auslösen werden. Das gilt aber für die naturwissenschaftlichen Ansätze, den Klimawandel und seine Folgen zu verstehen, genauso: Es wird allzu leicht übersehen, dass die argumentative Basis der Klimaforscher in der Regel eine historische ist: Sie rechnen nämlich Veränderungsprozesse hoch, die bereits nachweisbar stattgefunden haben, etwa wenn sie Kohlendioxidkonzentrationen in der Luft oder im Wasser in Eis- oder Gesteinsschichten messen, deren Alter man exakt bestimmen kann.

Die Zukunftsszenarien, die öffentliche Beunruhigung hervorrufen, beruhen also auf Daten aus der Vergangenheit, und ganz ähnlich kann man auch in den Sozialwissenschaften auf Untersuchungen darüber zurückgreifen, wie und wofür Gewalt in der Vergangenheit ausgetragen wurde und in der Gegenwart ausgeübt wird, um ermessen zu können, welche Zukunft die Gewalt im 21. Jahrhundert hat. Da Gewalt immer eine Option menschlichen Handelns ist, ist es unausweichlich, dass gewaltsame Lösungen auch für Probleme gefunden werden, die auf sich verändernde Umweltbedingungen zurückgehen. Es ist vor dem Hintergrund all dieser mit Händen zu greifenden sozialen Folgen von Klima- und Umweltveränderungen frappierend, dass nahezu alle wissenschaftlichen Auseinandersetzungen mit den Phänomenen und Folgen des Klimawandels naturwissenschaftliche Studien, Modellrechnungen und Prognosen sind – während vonseiten der Sozial- und Kulturwissenschaften Schweigen herrscht, gerade so, als fielen Phänomene wie Gesellschaftszusammenbrüche, Ressourcenkonflikte, Massenmigrationen, Sicherheitsgefährdungen, Angst, Radikalisierung, Kriegs- und Gewaltökonomien und so weiter nicht in ihren Zuständigkeitsbereich. Wissenschaftshistorisch gibt es wahrscheinlich keine vergleichbare Situation, in der ein mit wissenschaftlicher Evidenz vorgezeichnetes Szenario über die Veränderung von Lebensverhältnissen in weiten Teilen der Welt von Sozial- und Kulturwissenschaften mit derartigem Gleichmut verzeichnet wird, wie es gegenwärtig der Fall ist. Dies zeigt einen Mangel an Unterscheidungsvermögen ebenso an wie an Verantwortungsbewusstsein, geradezu eine Selbstentmündigung der zuständigen Fächer.

Das Versagen der Sozialwissenschaften

Die Verantwortung der Wissenschaft wird durch solche Interesselosigkeit schlicht den Naturwissenschaftlern aufgebürdet, die qua Disziplin für die Ausmessung der sozialen Dimension des Klimawandels weder kompetent noch zuständig sind. Übrigens auch nicht für die Beschreibung seiner sozialen Folgen, denn Naturwissenschaftler sind zwar in bewundernswertem Maße mit Komplexität vertraut, nicht aber mit den Konstruktionsprozessen von Wirklichkeit, wie Menschen sie vornehmen. Auch nicht mit der Rolle, die unterschiedlichste Gestalten von Kultur, Referenzrahmen und soziohistorische Deutungsmuster für die Wahrnehmung von Problemen und Lösungen spielen – von all dem haben sie professionell keine Ahnung, und das erwartet auch niemand von ihnen. Aber sie haben als Mitglieder von Gesellschaften ein Alltagsbewusstsein über soziale Probleme und Lösungen, und das wird regelmäßig in den Schlusskapiteln ihrer ansonsten profunden und beneidenswert hilfreichen Bücher über das Kollabieren von Gesellschaften, das Versiegen der Flüsse, das Schmelzen des Eises etc. bemüht – dann nämlich, wenn es um die Frage geht, was man denn nun, nach dem Aufzählen aller apokalyptischen Fakten, tun kann. Nicht nur, dass Natur- und Technikwissenschaftler in der Regel der Gedanke völlig fremd ist, dass Menschen Situationen hervorbringen können, in denen nichts mehr getan werden kann; es fehlen ihnen meist auch die Vorstellungen darüber, wie unterschiedliche Handlungsebenen, wie kollektive Vernunft und individuelle Unvernunft (und umgekehrt) zusammenhängen, wie Gefühle in rationale Handlungsabsichten intervenieren, wie soziale Handlungen entstehen, die kein einzelner der Beteiligten je im Sinn gehabt hat und die nichtsdestotrotz Bestandteile von Wirklichkeiten bilden und wiederum neue Handlungsprobleme aufwerfen.

Deshalb irritiert bei der Lektüre von Büchern etwa von Tim Flannery, Fred Pearce oder Jill Jäger der Kontrast zwischen der Schärfe der Analysen und der „Niedlichkeit" der Vorschläge zur Problemlösung. Wenn zum Beispiel Tim Flannery gegen Ende seiner demoralisierenden Studie über den Klimawandel empfiehlt, ein kleineres Auto zu kaufen und beim Heimwerken statt der Schlagbohrmaschine doch auch mal wieder den alten handbetriebenen Drillbohrer zu nehmen, dann ist das rettungslos unterkomplex und erreicht die Dimension des zuvor beschriebenen Problems überhaupt nicht. Das kann es auch gar nicht, denn Flannery ist für die professionelle Dimensionierung der physikalischen Aspekte des Problems zuständig, nicht für die der sozialen. Der Klimawandel, und da steht Flannerys Studie pars pro toto, ist hinsichtlich seiner Genese und der Projektionen seiner weiteren Entwicklung ein Gegenstand der Naturwissenschaften, aber hinsichtlich seiner Folgenseite ein Gegenstand der Sozial- und Kulturwissenschaften, denn seine Folgen sind sozial und kulturell, nichts anderes. Das lässt sich auch an einem anderen Beispiel verdeutlichen. Nirgends, außer in Sachbüchern von Neurowissenschaftlern, wird mehr in der ersten Person Plural argumentiert als in den Veröffentlichungen zum Klimawandel und zu anderen aktuellen Umweltproblemen. „Wir" haben dies oder jenes verursacht, „wir" sind mit diesem oder jenem Problem konfrontiert, „wir" haben dies oder jenes zu unterlassen, damit „unsere" Welt gerettet werden kann. Aber niemand weiß, wer hinter diesem „Wir" steckt.

Auf einer äußersten Aggregationsstufe repräsentiert das Wort „wir" die Menschheit, aber „die Menschheit" ist kein Akteur, sondern eine Abstraktion. In der Wirklichkeit gibt es Milliarden zählende Subjekte, die vor sehr verschiedenen kulturellen Hintergründen mit sehr unterschiedlichen wirtschaftlichen Chancen und politischen Machtressourcen innerhalb komplexer Überlebensgemeinschaften handeln. Zwischen dem Vorstandsvorsitzenden eines multinationalen Energieunternehmens, das auf der Suche nach neuen Rohstoffquellen ist, und einer chinesischen Landarbeiterin gibt es kein sozial konkretisierbares „Wir"; beide leben in völlig verschiedenen sozialen Welten mit differenten Anforderungen und vor allem: mit unterschiedlichen Rationalitäten. Und teilt dieser Vorstandsvorsitzende eine Zukunft in der ersten Person Plural mit seinen eigenen Enkelkindern? Oder gar mit den Enkelkindern der chinesischen Landarbeiterin? Selbstverständlich nicht, genauso wenig, wie er überhaupt dieselbe soziale Wirklichkeit bewohnt wie ein Flüchtlingskind in Darfur oder ein Mudschaheddin in Afghanistan oder eine Kinderprostituierte in Tirana.

Der Gebrauch des „Wir" unterstellt eine kollektive Wahrnehmung der Wirklichkeit, die es nicht gibt, nicht einmal im Kontext eines globalen Problems wie der Klimaerwärmung. Denn seine Folgen treffen Menschen höchst unterschiedlich, und während die einen ferne Ängste in Bezug auf die Zukunft ihrer Enkel entwickeln müssen, sterben schon die Kinder der anderen. Oder wenn „wir alle", also die Leserinnen und Leser dieses Essays und ich, ab morgen „klimaneutral" zu leben beschließen und niemals mehr CO_2-Emissionen verursachen über das unbedingt Lebensnotwendige hinaus, sabotiert ein anderes „Wir", sagen wir das der chinesischen Energieversorgungsfunktionäre, „unsere" Bemühungen mit jedem einzelnen der wöchentlich neu ans Netz gehenden 1.000-Megawatt-Kohlekraftwerke, das 30.000 Tonnen Kohlendioxid pro Tag emittiert.

Die politische Indolenz des abstrakten „Wir" ignoriert Macht- und Wirkungseinflüsse souverän und wird damit zur Ideologie. Wissenschaftlich ist eine Weltbeschreibung in der ersten Person Plural ohnehin unmöglich, wie gerade die Kulturgeschichte der Natur zeigt, die zu radikal unterschiedlichen Überlebensbedingungen auf der Erde geführt hat.

Alte Umweltprobleme

Der Klimawandel hat nicht nur einen Verstärkungseffekt für bestehende globale Asymmetrien, die folgenreich für die Entstehung von Gewaltkonflikten und Kriegen sein können, er verstärkt auch Folgen von Umweltveränderungen, die mit dem Klimawandel ursächlich gar nichts zu tun haben. In der aktuellen Debatte herrscht der Eindruck vor, man habe es erst neuerdings mit einem gravierenden, tendenziell existenzgefährdenden Umweltproblem zu tun. Obwohl die Ökologie-Bewegung schon mehr als drei Jahrzehnte alt ist und Vorläufer seit der Romantik hatte, spielen die alten Themen der Umweltbewegung – Verschmutzung der Meere, Vergiftung der Böden, Rückgang der Artenvielfalt, Verbrennen der Tropenwälder, Versiegen der Flüsse, Verschwinden von Binnenseen – gegenwärtig kaum eine Rolle, mit Ausnahme vielleicht der Debatte um die Kernenergie, die aber auch nicht mit dem Elan der 1970er- und 1980er-Jahre geführt wird. Das ist besonders irritierend, weil die Logik der Ausbeutung von fossilen Rohstoffen zur Energiegewinnung sowohl die Ursache der alten wie der scheinbar neuen Probleme ist.

Egal, welches der klassischen Themen der Umweltbewegung man nimmt – Landschaftsverbrauch durch Straßenbau und Urbanisierung, das Anwachsen des Individualverkehrs, die permanente globale Steigerung der emittierten Treibhausgase, die Meeresverschmutzung, Missbildungen von Neugeborenen in besonders belasteten Gebieten wie um den Aralsee – all das, was die ohnehin vorhandenen Probleme durch die Globalisierung weiter erhöht, scheint dem Alltagsbewusstsein weitgehend entrückt. Es ist hier nicht der Ort, die zum Teil haarsträubenden Fehlentwicklungen im Umweltbereich, insbesondere in den Ländern des ehemaligen Ostblocks, aber auch in den USA zu referieren, aber es ist darauf hinzuweisen, dass die ökologische Vorreiterrolle, die einige amerikanische Bundesstaaten wie Kalifornien oder europäische Länder wie Deutschland oder Österreich übernommen haben, durchaus lokale Erfolge erbracht haben, aber an der globalen Entwicklungsrichtung der wachsenden Ressourcenausbeute und Umweltverschmutzung nichts ändern können.

Was sich primär in den vergangenen dreißig Jahren verbessert hat, ist das Problembewusstsein, nicht das Problem. Das wirft die Frage auf, wie notwendige Verhaltensveränderungen dann motiviert werden sollen, wenn die Umweltprobleme so unüberwindlich scheinen, wie es angesichts der Klimaerwärmung der Fall ist. Die Kontrollierbarkeit des Problems ist ausgesprochen gering, was psychologisch immer die Schwierigkeit mit sich bringt, dass die Motivation gering ausfällt, wenn man sein Verhalten ändern soll, obwohl das Ergebnis höchst fraglich ist. Hinzu kommt übrigens der nicht marginale Umstand, dass die Weltbevölkerung aller Voraussicht nach bis zur Mitte des Jahrhunderts auf etwa neun Milliarden Menschen angewachsen sein wird – was bedeutet, dass weniger werdende Ressourcen von mehr werdenden Menschen nachgefragt werden. Für die damit verbundenen Probleme gibt es gegenwärtig so wenig Lösungen wie für die der globalen Ungleichheit und Ungerechtigkeit.

Das alles, vom anthropogenen Klimawandel über die irreversible Ausbeutung von Ressourcen und die nachhaltige Zerstörung von Überlebensräumen bis hin zum Bevölkerungswachstum, sind soziale Probleme – wie überhaupt alle ökologischen Probleme, wie gesagt, insofern soziale sind, als sie die Überlebensbedingungen von Menschen tangieren und auch nur von diesen wahrgenommen werden. Wenn es um das Schwinden des Artenreichtums in Seen, Flüssen und Meeren, im Regenwald und in der Savanne geht, ist das kein Problem der Natur, der es absolut gleichgültig ist, ob zu ihr Eisbären, Gorillas oder Quallen und Grünalgen zählen. Pflanzen und Tiere haben kein Bewusstsein darüber, dass ihre Überlebensräume verschwinden, sie sterben lediglich aus. Ökologische Probleme werden von menschlichen Überlebensgemeinschaften deshalb registriert, weil Menschen als einzige Lebewesen ein Bewusstsein nicht nur über die Vergangenheit, sondern auch über die Zukunft haben. Nur daher rührt die schwache Hoffnung, dass ihre Einsicht in das, was sie angerichtet haben, auch zu einem Denken über das führt, was man künftig nicht mehr tun kann.

Ungerechtigkeit und Ungleichzeitigkeit

Die Folgen des Klimawandels sind ungerecht verteilt, weil die größten Verursacher, soweit es abzusehen ist, den geringsten Schaden davontragen werden und die größten Chancen haben, Gewinn aus der Situation zu ziehen. Umgekehrt sind diejenigen Weltregionen, die bisher kaum zum Gesamtaufkommen der Emissionen beitragen, die die globale Erwärmung verursachen, am stärksten betroffen. In den Industrieländern werden je Einwohner durchschnittlich 12,6 Tonnen CO_2 im Jahr emittiert, in den ärmsten Ländern sind es lediglich 0,9 Tonnen. Fast die Hälfte aller Emissionen weltweit geht trotz der rasanten nachholenden Verschmutzung durch die Schwellenländer auf das Konto der frühindustrialisierten Länder. „Unregelmäßigkeiten im Monsun werden in erster Linie die Länder Südostasiens in Mitleidenschaft ziehen. Überschwemmungen werden vor allem die Bevölkerungen in den großen Deltagebieten der Erde heimsuchen, etwa in Bangladesch oder Indien. Der Anstieg des Meeresspiegels wird am stärksten die kleinen Inselstaaten treffen, etwa die unzähligen Eilande im Pazifik, oder auch Städte wie Mogadischu, Venedig oder New Orleans, die auf Meeresspiegelniveau liegen. Reichen Ländern wie den Niederlanden wird es im Vergleich leichter fallen, ihren Deichschutz zu verbessern; eine Wiederaufforstung nach Sturmschäden werden Gemeinden in Kansas eher leisten können als jene in Kerala."

Diese relative Ungerechtigkeit übersetzt sich dann in eine absolute, in dem ganze Bevölkerungen ihre Lebensgrundlage verlieren, weil aufgrund des Klimawandels Inselgruppen wie Tuvalu überflutet werden oder das Land verschwindet, auf dem die Inuit leben. Die Regierung von Tuvalu hat für ihre Bewohner Asyl in Australien und Neuseeland beantragt; die Inuit wollen unterstützt von Menschenrechtsorganisationen einen Prozess gegen die USA als die Hauptproduzenten von Treibhausgasen führen.

Gegenwärtig gibt es kaum Aussichten, internationalen Disparitäten wirksam zu begegnen; ein Umweltvölkerrecht befindet sich erst in der Entstehungsphase und hat gegenwärtig weder verbindlichen noch verpflichtenden Status. Internationale Gerichtshöfe, mit deren Hilfe Verstöße gegen Prinzipien nachhaltiger Entwicklung oder Umweltrücksichten geahndet werden könnten, gibt es nicht. International verbindliche Maßnahmen, etwa gegen eine weitere Erhöhung der Emission von Treibhausgasen, bedürfen daher der komplizierten Aushandlung von Verträgen und Abkommen, wobei hier wiederum das größte Problem ist, dass diese meist Selbstverpflichtungen der Unterzeichnerstaaten vorsehen – was umgekehrt bedeutet, dass nur schwer oder gar nicht sanktioniert werden kann, wenn ein Staat die Vereinbarungen nicht einhält. Im Übrigen neigen Staaten – wie im Fall des Kyoto-Protokolls die USA und Australien – nicht dazu, Verpflichtungserklärungen zuzustimmen, wenn sie dadurch wirtschaftliche Nachteile erwarten.

Dringend erforderlich, gleichwohl in weiter Ferne, sind daher die Schaffung einer internationalen Umweltorganisation und vor allem eines internationalen Umweltgerichtshofes – aber bevor so etwas Konturen annimmt, wird es vermutlich schon ein paar Grad wärmer sein. Die Ungleichverteilungen der Folgen des Klimawandels und die internationalen Disparitäten in der Betroffenheit wie in den Bewältigungskapazitäten sind nicht nur ein weiterer Beleg dafür, dass das Leben ungerecht ist – sie bergen auch erhebliches Konfliktpotential, wie an der menschenrechtlich komplexen Frage zu sehen ist, wie eigentlich Insel- oder Arktisbewohner zu entschädigen sind, deren Lebensräume durch Überflutung und Erwärmung bereits jetzt verschwinden. Ungerechtigkeit resultiert aber nicht nur aus der extrem ungleichen Verteilung von Ursachen und Folgen auf der zwischenstaatlichen Ebene, auch im Verhältnis zwischen den Generationen kann der Klimawandel beträchtliches Konfliktpotential entfalten, und das in mehrfacher Hinsicht. In den fünfziger Jahren des vergangenen Jahrhunderts ist die Kurve der Emissionen, die die Industrieländer verursacht haben, steil angestiegen – die Ursache des Problems, das jetzt in seiner Dimension erkannt wird, ist also mindestens ein halbes Jahrhundert alt. Aber die Ursachen für den Klimawandel liegen nicht nur Jahrzehnte zurück, sondern sind in diesem ganzen Zeitraum fortgeschrieben worden und haben sich mit der rasanten nachholenden Modernisierung der Schwellenländer globalisiert. Deshalb ist eine Umkehr des eingeschlagenen Weges auch schwer vorstellbar, und selbst ein Einbremsen des Emissionsaufkommens auf das gegenwärtige Niveau erscheint trotz gegenteiliger Beteuerungen utopisch.

Aber selbst wenn das möglich wäre, ist man mit dem Problem konfrontiert, dass das Klima träge ist. Leider haben die gegenwärtigen und zukünftigen Generationen es mit einem time lag von eben jenem halben Jahrhundert zu tun, dessen klimatische Folgen sich auch entfalten würden, selbst wenn ab heute kein einziges Auto mehr fahren, kein Flugzeug mehr starten und alle Fabriken schließen würden. Das wirkt nicht gerade motivierend, etwas gegen diese überlebensgroße Entwicklung zu unternehmen.

Überdies werfen die global wirksamen, hinsichtlich ihrer Folgen aber regional höchst unterschiedlich verteilten Folgen des Klimawandels erhebliche Gerechtigkeitsprobleme auf der zwischenstaatlichen Ebene auf. Zahlreiche internationale Programme zur Stärkung der Anpassungskapazitäten, zum Beispiel im Rahmen des IPCC oder auch durch die Global Environmental Facility (GEF) setzen hier zwar an, doch gibt es begründete Zweifel an ihrer Wirksamkeit. Es ist zweifellos frustrierend, wenn die gegenwärtig lebenden und zukünftigen Generationen das bewältigen müssen, was ihre Vorgänger angerichtet haben, besonders dann, wenn die Aussicht auf Besserung äußerst vage, die Folgen aber schon durchaus fühlbar sind.

Dazu kommt, dass Maßnahmen, die in der Gegenwart entwickelt und angewandt werden, nur höchst unsichere und überdies in einer weit entfernten Zukunft sichtbare Erfolge zeitigen können – während gleichsam im Hintergrund der Umbau der Lebenswelt schon abläuft. Hier ist die zeitliche Beziehung zwischen Handlungen und Handlungsfolgen generationenübergreifend verlängert, und es stellt sich die Frage, ob es überhaupt Handlungsspielräume gibt, die sichtbare Erfolge bringen können, von denen heute lebende Menschen tatsächlich noch profitieren werden.

Um es noch komplizierter zu machen: Zwar sind einige Auswirkungen des Klimawandels schon unmittelbar zu spüren, aber das, was an Hitzewellen oder extremen Wetterereignissen mit Stürmen und Starkregen direkt erlebbar ist, macht erst im Rahmen wissenschaftlicher Aussagen neuen Sinn. Niemand sagt mehr: „Das Wetter spielt verrückt", sondern man sagt und fühlt: „Das ist der Klimawandel". Aber was man da weiß, weiß man durch wissenschaftliche Forschungen und Modelle, und diejenigen, die ihre Lebensgrundlagen durch das Abschmelzen des arktischen

Eises verlieren und deshalb eine mehr als konkrete Anschauung davon haben, was geschieht, sind nicht sehr viele und leben unter besonderen Umständen, die mit der Lebenswelt von zum Beispiel Mitteleuropäern gar nicht zu vergleichen sind. Ihre Erfahrung ist einstweilen noch exotisierbar. Für die übrigen Menschen hat es dagegen erhebliche Bedeutung, dass die drohende Katastrophe vor allem im Rahmen von Modellen wahrnehmbar ist, denn psychologisch ergibt sich aus so etwas eine ziemlich geringe Motivation, das eigene Verhalten zu verändern oder von den bisherigen Prioritäten der Lebensführung und des Interesses abzuweichen. Das gilt, wie man sieht, auch in den westlichen Gesellschaften, wo das Wohlstands- und Bildungsniveau schon länger als ein Vierteljahrhundert einen luxuriösen Blick auf Umweltprobleme erlaubt. Aber die ungleichzeitige Entwicklung der Gesellschaften und vor allem die Praxis einer nachholenden Modernisierung in nicht-westlichen Gesellschaften sabotiert die dringend gebotene Entwicklung von Problembewusstsein und von Problemlösungsstrategien radikal. Dabei spielen Gerechtigkeitsargumente bei der Tolerierung und Akzeptanz des Nachhol-Arguments eine zwiespältige Rolle: Man könne, heißt es, diesen Gesellschaften jene Form technischer und wirtschaftlicher Modernisierung nicht vorenthalten, dem die frühindustriellen Länder des Westens ihre Standort- und Zukunftsvorteile und ihren hohen Lebensstandard verdanken. Hier wäre die Frage zu stellen, ob Gerechtigkeit darin besteht, jedem dieselbe Möglichkeit zu eröffnen, die Grundlagen des langfristigen Überlebens der Menschen abzuschaffen, aber darum geht es an dieser Stelle nicht. Es geht darum, dass Fragen und Argumentationen, die sich um Gerechtigkeit zentrieren, in den Auseinandersetzungen mit den Folgen des Klimawandels wichtig sind und künftig noch brisanter werden – denn schon jetzt ist ohne Weiteres sichtbar, dass diejenigen, die von einer weiteren Steigerung der verhängnisvollen Emissionen profitieren, die Karte der Gerechtigkeit spielen, um ungebremst ihre anachronistische Auffassung von Modernisierung in die Wirklichkeit übersetzen zu dürfen, während diejenigen, denen die Überlebensmöglichkeiten abhanden kommen, Gerechtigkeit wenigstens darin einzuklagen versuchen, dass sie wenigstens irgendwo überleben dürfen, wenn schon nicht dort, wo sie eigentlich leben möchten.

Kurz: Die industriellen Modernisierungsprozesse, wie sie im asiatischen Raum gegenwärtig geradezu explodieren und die – wie im Fall Chinas – nicht einmal demokratisch kontrolliert sind, lassen nicht entfernt erkennen, wie eine ressourcen- und überlebensorientierte Vernunft in die galoppierende Modernisierung eingebaut und wie das damit verbundene Gerechtigkeitsgefälle abgebaut werden könnte. Die Phänomene von Ungleichzeitigkeit und Ungerechtigkeit haben übrigens selbst beträchtliche gesellschafts- und demokratietheoretische Tragweite: Denn was bedeutet das Auseinanderfallen von zeitlich zurechenbaren Verursacher-Folgen-Ketten eigentlich für die Entwicklung von politischem Bewusstsein? Für das Gefühl, mit eigenen Handlungen etwas bewirken zu können? Für die Reichweite von Vorstellungen, wie etwas zu verändern wäre? Was heißt Politik unter solchen Umständen überhaupt über die schiere Abarbeitung von Sachzwängen hinaus?

Die Renaissance alter Konflikte

Die Empirie der Staats- und Systementwicklungen des 20. Jahrhunderts zeigt, dass unerwartete gesellschaftliche Entwicklungen ohne Weiteres und andauernd vorkommen und dass hier Wirklichkeiten gezeugt werden, mit denen vorher niemand gerechnet hatte. Vor diesem Hintergrund ist die Überzeugung, dass alle Gesellschaften früher oder später dem Entwicklungsmodell der OECD-Länder folgen werden, nichts als eine Illusion, und eine ahistorische zumal: denn das westliche Experiment läuft gerade mal seit 250 Jahren, und es wird nicht das Ende der Geschichte sein, wenn dieses soziale Experiment beendet ist.

Andere Herrschaftssysteme haben erheblich länger existiert und sind trotzdem irgendwann kollabiert. Bislang ist – von wenigen Ausnahmen abgesehen – dem Scheitern von Gesellschaften viel geringere Aufmerksamkeit zuteil geworden als ihrem Aufstieg, und deshalb gibt es so wenig Modelle für das Implodieren von Systemen wie für die Entstehung unerwarteter Entwicklungsvarianten. Welche Staatstheorie hat eigentlich kapitalistische Autokratien wie Russland oder China auf der Rechnung? Welche einen modernen fundamentalistischen Staat wie den Iran? Und welche kalkuliert mit Anachronismen, also dem Hereinbrechen scheinbar alter Konfliktanlässe in moderne Entwicklungsprozesse?

Nachdem die großen Gewaltkonflikte des 20. Jahrhunderts unter zunächst imperialen, dann, im Kalten Krieg, ideologischen Vorzeichen zu stehen schienen und die kurze Phase der europäisch-amerikanischen Glückseligkeit nach 1989 rüde von ganz neuen Typen von Kriegen und Konflikten beendet wurde, schält sich nun eine Renaissance von Konfliktlinien heraus, die man eigentlich eher dem 19. als dem 21. Jahrhundert zugerechnet hätte.

Was heute nach Religionskriegen aussieht, gehört zweifellos einer noch länger zurückliegenden Epoche der Geschichte an, und obwohl es sich hier um Reaktionsbildungen auf Modernisierung und Globalisierung handelt, sind es doch reale und handfeste Gewaltkonflikte, die unter Vorzeichen religiöser Überzeugungen entstanden sind – und es sind machtvolle wechselseitige Etikettierungen wie „Kreuzzügler“ oder „Schurkenstaaten“, die diese Konflikte auf beiden Seiten als antagonistisch und kategorial definieren. Ist ein Konflikt erst einmal so definiert, dass sich kategorial unterschiedliche Wir- und Sie-Gruppen gegenüberstehen, können Vermittlungslösungen gar nicht mehr gedacht werden, und das hat den fatalen Effekt, dass die zugrunde liegenden Konflikte auf Dauer gestellt sind, jedenfalls so lange, bis die eine Seite die andere besiegt hat. Das ist die wahlverwandtschaftliche Logik des „Kriegs gegen den Terror“ ebenso wie des Dschihad – ein Friedensschluss unter Gleichen ist bei dieser Art von Überzeugungskriegen logisch ausgeschlossen. Deshalb bestärken die gegnerischen Parteien in ihren Aktionen immer nur die Vorstellungen und Behauptungen, die sie wechselseitig über sich haben.

Überzeugungskriege haben daher die Eigenschaft, die Referenzrahmen der Parteien nicht unbeeinflusst zu lassen, die zu der Konfliktfiguration gehören. Es entstehen spiegelbildliche Fundamentalisierungen, wie es etwa das stetige Anwachsen eines fundamentalistischen Protestantismus in den USA zeigt, der – im Gewand scheinwissenschaftlicher Auseinandersetzungen um Kreationismus und Evolutionstheorie – inzwischen auch nach Europa schwappt. Welches Wertewandelpotential in diesen gespiegelten Reaktionsbildungen liegt, lässt sich heute schwer sagen, aber wer in der ganz und gar säkularen Aufbruchszeit der 1960er-Jahre, zu Zeiten von Bürgerrechtsbewegungen, antikolonialen Befreiungskriegen und einer wachsenden Liberalisierung in den westlichen Ländern und gelegentlichen Tauwettern in den östlichen gesagt hätte, dass nur drei Jahrzehnte später mit Glaubensüberzeugungen begründete Gewalt die dominanten Konflikte bestimmen würde, wäre gewiss für weltfremd erklärt worden.

Aber genau das ist heute der Fall, und wie die Glaubenskriege zurückgekehrt sind, so sind es auch die Klassenkonflikte, freilich in neuer Gestalt. Mit der Globalisierung und dem supranationalen Operieren von Wirtschaftsunternehmen und Hedge Fonds hat sich auch die Klassengesellschaft vom Nationalstaat emanzipiert; sie zeichnet sich gerade dadurch aus, dass sie sich unabhängig von nationalstaatlichen Grenzen herausbildet und die Angehörigen der jeweiligen Klassen transnational agieren. Der Vorstandsvorsitzende eines Automobilunternehmens, die Managerin einer Fondsgesellschaft, der IT-Spezialist, der Handwerker aus einem Billiglohnland und der illegale Wanderarbeiter – alle repräsentieren sie auf ihre höchst ungleiche Weise die globalisierte Asymmetrie der Handlungsräume und Erwerbschancen. Während die transnationale unternehmerische Rationalität sich längst von einengenden staatlichen und rechtlichen Rahmenbedingungen emanzipiert hat und nationale Regelungen nur noch als Gelegenheitsstrukturen für Lagerungen von Aufgaben technischer, fiskalischer oder politischer Art nutzt, so können die Fachkräfte ebenso wie die Ungelernten dort, wo sie hingehen, Einkommenschancen realisieren, die dort, wo sie herkommen, utopisch sind. Die Rückkehr der Klassengesellschaft findet also jenseits der traditionellen und zum Teil mühsam erkämpften Institutionen der Konfliktregulierung statt – weder gibt es handlungsfähige internationale Gewerkschaften noch supranationale Wirtschafts- und Sozialministerien, die Disparitäten moderieren könnten; dieser neue Typ von Klassengesellschaft ist nationalstaatlich entbunden. Welche Konflikte er birgt, ist gegenwärtig unabsehbar.

Schließlich gibt es eine Renaissance der Ressourcenkonflikte, und so wie es aussieht, werden diese mit der Geschwindigkeit des Erschöpfens der weltweit verfügbaren Reserven an Öl, Uran, Wasser etc. schnell schärfer werden. Die Auseinandersetzungen, die sich um die vermuteten Ressourcen unter dem arktischen Meer und dem antarktischen Eis ankündigen, geben schon einen Vorgeschmack auf die Rückkehr eines Ressourcenimperialismus, den man eigentlich für Geschichte hielt. Der Eroberungs- und Verteilungskampf hat bereits begonnen.

Die dominanten Konflikte des 21. Jahrhunderts sind also (globalisierte) Klassenkonflikte, (globalisierte) Überzeugungskonflikte und (globalisierte) Ressourcenkonflikte, und da es bislang weder besonders effektive transnationale Akteure noch ein zwischenstaatliches Gewaltmonopol gibt, existieren gegenwärtig kaum Regulierungsmöglichkeiten für diese neu-alten Konflikte. Allerdings muss man davon ausgehen, und das zeigt etwa die umwelt- und ressourcenbedingte Gewalt, die es schon gibt, dass solche Konfliktlagen niemals eindimensional sind, sondern interdependent – und wenn sie es nicht zu Beginn der Auseinandersetzungen sind, dann werden sie es im Verlauf, und hier spielen dann Fragen von Gerechtigkeit, Ethnisierung, Rache, Vergeltung etc. konfliktverschärfende Rollen.

Das im Rückblick fast idyllisch erscheinende Zeitalter der kalten Kriege, Systemkonkurrenzen und Utopien ist also vorerst vorbei; worum es nunmehr in einer eigentümlichen Wendung der Geschichte geht, sind heiße Raum- und Ressourcenkonflikte, und die werden in den nächsten Jahrzehnten fundamentale Auswirkungen auf die Gestalt der westlichen Gesellschaften haben.

Aus den totalitären Systemen und den Völkermorden des 20. Jahrhunderts wissen wir, wie schnell die Lösung gefühlter sozialer Fragen in radikale Definitionen und tödliche Handlungen übergehen kann.

Die Autoren

Benda, Ernst, ist Präsident des Bundesverfassungsgerichts a.D.

Buchheim, Thomas, Dr. phil., Ordinarius für Philosophie, speziell für Metaphysik und Ontologie an der Universität München, Mitherausgeber der Schriften Schellings durch die Bayerische Akademie der Wissenschaften sowie geschäftsführender Herausgeber des philosophischen Jahrbuchs der Görresgesellschaft.

Frühwald, Wolfgang, Dr. phil., Dr. h.c. mult., Univ.-Professor (em.), Universität München, Neuere Deutsche Literaturwissenschaft, Präsident der Deutschen Forschungsgemeinschaft 1992 bis 1997, Präsident der Alexander von Humboldt-Stiftung 1999 bis 2007.

Furth, Peter, Dr. phil., Professor für Sozialphilosophie i.R. am Institut für Philosophie der Freien Universität Berlin.

Glück, Helmut, Dr. phil., Univ.-Professor, Deutsche Sprachwissenschaft und Deutsch als Fremdsprache an der Universität Bamberg.

Heinemann, Friedrich, Dr., Leiter des Forschungsbereichs „Unternehmensbesteuerung und Öffentliche Finanzwirtschaft" am Zentrum für Europäische Wirtschaftsforschung ZEW in Mannheim. Studium der Volkswirtschaftslehre und Geschichte, nach Studienabschluss als Diplom-Volkswirt Mitarbeiter am ZEW. Forschungsgebiete: Europäische Union und Integration, Föderalismus in Deutschland, Steuerpolitik.

Henrich, Dieter, Dr. phil., Dr. h.c. mult., ordentlicher Professor (em.) für Philosophie an der Universität München. Er erhielt zahlreiche Auszeichungen. Zum Thema dieses Interviews ist von ihm im Suhrkamp-Verlag das Werk „Grundlegung aus dem Ich. Untersuchungen zur Vorgeschichte des Idealismus. Tübingen – Jena 1790-1794" erschienen. Henrich lehrte von 1968 bis 1986 an Universitäten in den USA, von 1973 bis 1986 an der Harvard-Universität.

Hey, Johanna, Dr. iur., Univ.-Professor, Direktorin des Instituts für Steuerrecht an der Universität zu Köln. Sie ist Mitglied im Wissenschaftlichen Beirat des Bundesfinanzministeriums und Erste Vizepräsidentin des Deutschen Hochschulverbandes. Ihre Forschungsgebiete sind Verfassungs- und europarechtliche Grundlagen des Steuerrechts, Ertragssteuerrecht.

Kocka, Jürgen, Dr. phil., Dr. h.c. mult., Univ.-Professor, Historiker an der Freien Universität Berlin und am Wissenschaftszentrum Berlin für Sozialforschung. Zahlreiche Werke zur deutschen, europäischen und nordamerikanischen Geschichte des 19. und 20. Jahrhunderts, u.a. Das lange 19. Jahrhundert. Arbeit, Nation und bürgerliche Gesellschaft, Stuttgart 2001.

Landfried, Christine, Dr. phil., Univ.-Professor, lehrt Politische Wissenschaft an der Universität Hamburg.

Macho, Thomas, Dr. phil., Univ.-Professor, Kulturgeschichte am Institut für Kultur- und Kunstwissenschaften der Humboldt-Universität Berlin.

Mittelstraß, Jürgen, Dr. phil., Dr. h.c. mult, Dr.-Ing. E.h., Univ.-Professor, lehrt Philosophie an der Universität Konstanz.

Morkel, Arnd, Dr. rer. pol., Univ.-Professor, Politikwissenschaft, ehem. Präsident der Universität Trier.

Negt, Oskar, Dr. phil., Univ.-Professor (em.), Sozialwissenschaften, Universität Hannover.

Obama, Barack, studierte Rechtswissenschaft an der Harvard Law School und wurde dort zum Präsidenten der Fachzeitschrift Harvard Law Review gewählt. Er lehrte bis zu seiner Wahl in den US-Senat 2004 Verfassungsrecht an der University of Chicago. Er ist der 44. designierte Präsident der Vereinigten Staaten von Amerika.

Papier, Hans-Jürgen, Dr. iur., Dres. h.c., Univ.-Professor, Präsident des Bundesverfassungsgerichts.

Roth, Gerhard, ist Professor für Verhaltensphysiologie und Entwicklungsneurobiologie am Institut für Hirnforschung der Universität Bremen, Gründungsrektor des Hanse-Wissenschaftskollegs in Delmenhorst und Präsident der Studienstiftung des deutschen Volkes.

Schleiermacher, Friedrich (1768-1834), Theologe, Philosoph, Pädagoge, Platonübersetzer u.v.a.m. Er trug wesentlich zur Konzeption der 1810 gegründeten Universität in Berlin bei, war Dekan der Theologischen Fakultät und 1815 Rektor der Universität.

Schmoll, Heike, Dr. h.c., ist Redakteurin der Frankfurter Allgemeinen Zeitung. Im Jahr 2005 wurde sie von der Henning-Kaufmann-Stiftung im Stifterverband für die Deutsche Wissenschaft mit dem Deutschen Sprachpreis ausgezeichnet.

Schöllgen, Gregor, ist Direktor des Zentrums für Angewandte Geschichte (ZAG) an der Universität Erlangen-Nürnberg. Er war u. a. Gastprofessor an der Columbia University New York, am St. Antony`s College in Oxford und an der London School of Economics.

Slaje, Walter, Dr. phil., Lehrstuhl für Indologie, Martin-Luther-Universität Halle-Wittenberg.

Welzer, Harald, Dr. phil., Univ.-Professor, ist Leiter der Forschungsgruppe „Interdisziplinäre Gedächtnisforschung" am Kulturwissenschaftlichen Institut Essen und Forschungsprofessor für Sozialpsychologie an der Universität Witten-Herdecke.

Quellennachweis

Ernst Benda: *„Politik als Beruf"*
Aus: Frankfurter Allgemeine Zeitung, 6. Juni 2008.

Thomas Buchheim: *„Unser Verlangen nach Freiheit"*
Vortrag gehalten auf der Tagung „Frei sein" der Evangelischen Akademie Tutzing am 11. Januar 2008.

Wolfgang Frühwald: *„Die Autorität des Zweifels. Verantwortung, Messzahlen und Qualitätsurteile in der Wissenschaft"*
Der vorliegende Text ist (ergänzt und überarbeitet) der der Universitätsrede, die am 6. Dezember 2007 in Göttingen vorgetragen wurde.

Peter Furth: *„Die Revolte hat eine Wächtergeneration hinterlassen"*
Aus: Frankfurter Allgemeine Zeitung, 6. August 2008.

Helmut Glück: *„Deutsch als Wissenschaftssprache"*
Aus: Schriften der Stiftung Deutsche Sprache, Ausgabe 1. Juni 2008.

Friedrich Heinemann: *„Die Erosion der Moral. Warum der Wohlfahrtsstaat zur Trägheit verführen kann"*
Vortrag, gehalten in SWR2 Aula am 28. September 2008.

Dieter Henrich: *„Kreativität des Denkens in der Universität. Schelling, Hegel und Hölderlin im Tübinger Stift – Eine Begegnung mit Folgen"*
Aus: Forschung & Lehre 2/2008, S. 84-86.

Johanna Hey: *„Gerechte Steuern? Eine Analyse aus steuerrechtlicher Sicht"*
Aus: Forschung & Lehre 7/2008, S. 442-443.

Jürgen Kocka: *„Bürger und Bürgerlichkeit im Wandel"*
Aus: Aus Politik und Zeitgeschichte, 9-10, 2008, S. 3-8.

Christine Landfried: *„Politik als Beruf"*
Aus: Frankfurter Allgemeine Zeitung, 6. Juni 2008.

Thomas Macho: *„Sterben heute"*
Aus: Aus Politik und Zeitgeschichte, 4, 2008, S. 3-4.

Jürgen Mittelstraß: *„Der Geist und die Geisteswissenschaften"*
Aus: Frankfurter Allgemeine Zeitung, 14. Januar 2008.

Arnd Morkel: „Was es heißt, menschlich zu leben. Anmerkungen zu Ciceros Begriff Humanitas"
Erstveröffentlichung.

Oskar Negt: „Demokratie als Lebensform. Mein Achtundsechzig"
Aus: Aus Politik und Zeitgeschichte, 14-15, 2008, S. 3-7.

Barack Obama: „A World that Stands as One"
Aus: www.barackobama.com; Rede gehalten am 24. Juli 2008 in Berlin.

Hans-Jürgen Papier: *„Der Zweck des Staates ist in Wahrheit die Freiheit. Das Spannungsverhältnis von Freiheit und Sicherheit aus verfassungsrechtlicher Sicht"*
Vortrag vom 30. Mai 2008 vor der Politischen Akademie Tutzing; Aus: Die Welt, 2. Juni 2008.

Gerhard Roth: *„Homo neurobiologicus – ein neues Menschenbild?"*
Aus: Aus Politik und Zeitgeschichte, 44, 2008, S. 6-12.

Friedrich Schleiermacher: *„Erkennen, nicht lernen ist der Zweck der Universität". Ein fiktives Gespräch zur Qualität der Lehre mit Friedrich Schleiermacher*
Aus: Forschung & Lehre 9/2008, S. 592 - 594, Fragen und Textgestaltung: Felix Grigat. Die Antworten Schleiermachers sind entnommen: Friedrich Schleiermacher: Gelegentliche Gedanken über Universitäten in deutschem Sinn. Nebst einem Anhang über eine neu zu errichtende (1808), Reclam Verlag Leipzig, 1990.

Heike Schmoll: *„Die Institution frisst ihre Kinder. Warum die Exzellenzinitiative Elitebildung verhindert"*
Aus: Forschung & Lehre 2/2008, S. 76 ff.

Gregor Schöllgen: *„Die Dienstleister. Von den Aufgaben der Geisteswissenschaften in der modernen Welt."*
Aus: Erlanger Universitätsreden 70/2007, 3. Folge. Festvortrag zum Dies academicus aus Anlass des 264. Jahrestages der Gründung der Friedrich-Alexander Universität Erlangen-Nürnberg am 5. November 2007.

Walter Slaje: *„Vernetzung als Planwissenschaft“*
Festgruß für Johannes Mehlig, Martin-Luther-Universität Halle-Wittenberg, 17. Juli 2008.

Harald Welzer: *„Der Klimawandel und die Renaissance alter Konflikte“*
Aus: UNIVERSITAS, September 2008, S. 915 - 931.

Bei Fragen zur Produktsicherheit wenden Sie sich bitte an:
If you have any questions regarding product safety,
please contact:

Walter de Gruyter GmbH
Genthiner Straße 13
10785 Berlin
productsafety@degruyterbrill.com